为了做更好的自己

456N区域教师发展模式研究

张丽璇 著

华南理工大学出版社
SOUTH CHINA UNIVERSITY OF TECHNOLOGY PRESS
·广州·

图书在版编目（CIP）数据

教育：为了做更好的自己：456N区域教师发展模式研究／张丽璇著. -- 广州：华南理工大学出版社，2024.10. -- ISBN 978-7-5623-7747-4

Ⅰ. G451.2

中国国家版本馆CIP数据核字第2024NQ7320号

Jiaoyu：Weile Zuo Genghao De Ziji——456N Quyu Jiaoshi Fazhan Moshi Yanjiu

教育：为了做更好的自己——456N区域教师发展模式研究

张丽璇　著

出 版 人：房俊东
出版发行：华南理工大学出版社
　　　　　（广州五山华南理工大学17号楼，邮编510640）
　　　　　http：//hg.cb.scut.edu.cn　E-mail：scutc13@scut.edu.cn
　　　　　营销部电话：020-87113487　87111048（传真）
策划编辑：梁玉琪　庄　严
责任编辑：梁玉琪
责任校对：盛美珍
印　刷　者：广州小明数码印刷有限公司
开　　本：787mm×1092mm　1/16　印张：15.25　字数：271千
版　　次：2024年10月第1版　印次：2024年10月第1次印刷
定　　价：68.00元

版权所有　盗版必究　印装差错　负责调换

前 言

百年大计，教育为本；教育大计，教师为本。学校是学生发展的场所，也是教师发展的场所。实践表明，教师发展是一个持续而复杂的过程，受多种因素的影响。当中，既有内在因素，如教师掌握的知识能力、运用的方式方法，以及个人的性格、情感、态度、价值观等，又有外在因素，如教育政策、区域环境、学校文化等，这些因素都会对教师发展产生潜移默化的影响。教育从研究开始，研究离不开教师，作为教育发展的第一资源，教师发展理应受到重视。

写作本书，主要原因如下：

一是区级教师发展中心建设的需要。2018年初，中共中央、国务院颁布《关于全面深化新时代教师队伍建设改革的意见》，明确要求"建立健全地方教师发展机构和专业培训者队伍，依托现有资源，结合各地实际，逐步推进县级教师发展机构建设与改革，实现培训、教研、电教、科研部门有机整合"。2019年下半年，广州市黄埔区教育研究院（加挂"广州市黄埔区教师发展中心"牌子）正式成立。2021年底，黄埔区教师发展中心经过总结提炼，提出"456N区域教师发展模式"，2022年上半年通过广州市教育局组织的考察认定，后成为广东省第一批通过认定的县（市、区）级教师发展中心。2023年6月，广州市教育局继续推进市区两级教师发展中心建设，加强成果凝练，推动各教师发展中心走内涵发展之路。

二是课改实验区课题研究的需要。2021年上半年，黄埔区人民政府与教育部课程教材研究所签订合作协议，成立课改实验区。为推进区域基础教育高质量发展，时任黄埔区教育研究院院长王定铜申报课改重点课题"促进区域基础教育高质量发展的课程教学与教研研究"并获得立项（课题批准号：2022SYQ001），随后带领课题组成员从不同维度展开研究。在教师发展方面，课题组围绕如何建设"三类四阶段"进阶式培训新体系、如何促进研训一体、如何为教师搭建发展平台等问题，进一步深化

"456N 区域教师发展模式"的实践研究。

此后，在黄埔区教育研究院李碧武院长的带领下，全体人员通力合作，协同创新，深入研究，支持和指导全区中小学开展教师研修，促进教师发展，取得了较丰富的成果。在此基础上，笔者结合多年从事区域教师发展工作的经历，完成本书的写作。

本书结合教师发展规律，立足黄埔区教师发展现状进行阐述，分为六个部分：第一章为绪论，阐述 456N 区域教师发展模式研究的缘起、内容和意义等；第二章，根据区域教师发展的优势与挑战，提出区域教师培训的问题与对策；第三章，阐述 456N 区域教师发展模式的理论、内涵与特征；第四章，联系区域教师发展的实际，从"四位一体""五级阶梯""六个层级"和"N 种资源"等方面，提炼出 456N 区域教师发展的实施策略；第五章，总结 456N 区域教师发展模式的评价策略；第六章，强调教师发展的四大要素，明确 456N 区域教师发展模式的走向，提出高品质教师发展中心的建设路径。

问题即课题，对策即研究，收获即成果。本书既总结了区级教师发展中心建设的经验做法，也呈现了课改实验区课题研究的阶段性成果。希望本书的出版，能为其他区域的教师发展提供一些参考。

教师大计，学习为本。在教师发展的进程中，教师应当成为一个学习者，通过自主学习和实践反思，实现自我更新和发展。因此，本书还汇集了笔者关于中小学教师发展的一些思考，主要来自多年学习和工作的体会。写作本书，对笔者来说既是挑战，也是学习；既是实践反思，也是自我超越，因为"教育：为了做更好的自己"。

由于才学疏浅，本书难免有一些缺漏之处，恳请各位读者批评指正。

著者

2024 年 3 月

本书是教育部课程教材研究所基础教育课程改革实验区重点课题"促进区域基础教育高质量发展的课程、教学与教研研究"（课题批准号：2022SYQ001）成果之一。

目　录

第一章　绪论 ⋯⋯⋯⋯⋯⋯⋯⋯⋯⋯⋯⋯⋯⋯⋯⋯⋯⋯⋯⋯⋯⋯⋯⋯⋯ 1

　　第一节　研究缘起 ⋯⋯⋯⋯⋯⋯⋯⋯⋯⋯⋯⋯⋯⋯⋯⋯⋯⋯⋯⋯ 2

　　第二节　研究内容和意义 ⋯⋯⋯⋯⋯⋯⋯⋯⋯⋯⋯⋯⋯⋯⋯⋯ 6

第二章　区域教师发展的现状 ⋯⋯⋯⋯⋯⋯⋯⋯⋯⋯⋯⋯⋯⋯⋯ 11

　　第一节　区域教师发展的优势与挑战 ⋯⋯⋯⋯⋯⋯⋯⋯⋯⋯ 12

　　第二节　区域教师培训的问题与对策 ⋯⋯⋯⋯⋯⋯⋯⋯⋯⋯ 15

第三章　456N 区域教师发展模式的内涵与特征 ⋯⋯⋯⋯⋯⋯⋯ 21

　　第一节　456N 区域教师发展模式的理论 ⋯⋯⋯⋯⋯⋯⋯⋯ 22

　　第二节　456N 区域教师发展模式的内涵 ⋯⋯⋯⋯⋯⋯⋯⋯ 25

　　第三节　456N 区域教师发展模式的特征 ⋯⋯⋯⋯⋯⋯⋯⋯ 28

第四章　456N 区域教师发展模式的实施策略 ⋯⋯⋯⋯⋯⋯⋯⋯ 33

　　第一节　"四位一体"策略 ⋯⋯⋯⋯⋯⋯⋯⋯⋯⋯⋯⋯⋯⋯ 34

　　第二节　"五级阶梯"策略 ⋯⋯⋯⋯⋯⋯⋯⋯⋯⋯⋯⋯⋯⋯ 53

　　第三节　"六个层级"策略 ⋯⋯⋯⋯⋯⋯⋯⋯⋯⋯⋯⋯⋯⋯ 81

　　第四节　"N 种资源"策略 ⋯⋯⋯⋯⋯⋯⋯⋯⋯⋯⋯⋯⋯⋯ 104

第五章　456N 区域教师发展的评价策略 ⋯⋯⋯⋯⋯⋯⋯⋯⋯⋯ 127

　　第一节　让评价成为教师发展的"发动机" ⋯⋯⋯⋯⋯⋯⋯ 128

　　第二节　让发展性评价成为教师发展的"加油站" ⋯⋯⋯⋯ 135

　　第三节　让评价成为区级教师发展中心建设的"助推器" ⋯⋯ 144

第六章　结　论 153
第一节　教师发展的四大要素 154
第二节　456N 区域教师发展模式的走向 157
第三节　建设高品质的区级教师发展中心 162

附　录　教育思考 169

教育：为了做"更好"的自己

——广州市首期中学卓越校长培养对象之教育思想凝练 170

刚柔并济　相得益彰

——谈消减教师职业倦怠的对策 182

加强校本培训　促进教师专业发展 188

谈谈教师培训课程的设置多元性 194

浅谈教师培训方式的有效、高效与优效 200

黄埔教师书院：打造区域教师发展的"高端智库" 204

加快新教师专业发展的实践研究

——广州市黄埔区 2017 学年新教师发展调查报告 210

黄埔区中小学教师培训工作年度调查报告 224

参考文献 230

后　记 237

第一章

绪 论

教育兴则国家兴，教育强则国家强。十八大以来，党中央高瞻远瞩、审时度势，坚持教育优先发展，将教师工作提到前所未有的高度，把教师队伍建设摆在重要的战略位置。加快建设教育强国、科技强国、人才强国，必须建设高素质专业化创新型的教师队伍。

第一节 研究缘起

教师是立教之本、兴教之源。"师者，传道授业解惑也"，作为学生成长的重要他人，中小学教师对学生的成长影响极其深远，只有好的老师，才有好的教育。古今中外，概莫能外。

一、总书记心目中的好老师

习近平总书记说："一个人遇到好老师是人生的幸运，一个学校拥有好老师是学校的光荣，一个民族源源不断涌现出一批又一批好老师则是民族的希望。"那么，怎样才能成为好老师？总书记多次在不同场合做出了回答。

2014年教师节前夕，习近平总书记视察北京师范大学，首次提出做好老师要"有理想信念、有道德情操、有扎实学识、有仁爱之心"，在教育界引起巨大反响。

2016年教师节前夕，习近平总书记在北京市八一学校看望慰问师生时，提出了做"四个引路人"的殷切希望——广大教师要做学生锤炼品格的引路人，做学生学习知识的引路人，做学生创新思维的引路人，做学生奉献祖国的引路人。

2022年4月，习近平总书记在中国人民大学考察调研时强调，老师应该"做学生为学、为事、为人的大先生，成为被社会尊重的楷模，成为世人效法的榜样"。在如何做大先生的问题上，总书记给出了答案：培养社会主义建设者和接班人，迫切需要我们的教师既精通专业知识，做好"经师"，又涵养德行，成为"人师"，努力做精于"传道授业解惑"的"经师"和"人师"的统一者。

2023年教师节前夕，习近平总书记致信全国优秀教师代表，强调"大力弘扬教育家精神"。在他看来，教育家精神"具有心有大我、至诚报国的理想信念，言为士则、行为世范的道德情操，启智润心、因材施教的育人智慧，勤学笃行、求是创新的躬耕态度，乐教爱生、甘于奉献的仁爱之心，胸怀天下、以文化人的弘道追求"。

从"四有好老师"到"四个引路人"，从"大先生"到"教育家精神"，习近平总书记给出了完整的系统的回答，这些表述一脉相承，层层递进，自成体系，体现了总书记对广大教师的殷殷嘱托和高度期望，成为新时代教师重要的行为准则，引领教师发展向前迈进。

二、教师是教育高质量发展的根本

教师是建设高质量教育体系、发展高质量教育的根本力量。2018年初，中共中央、国务院印发《关于全面深化新时代教师队伍建设改革的意见》（以下简称《意见》），这是中华人民共和国成立以来第一份专门致力于加强教师队伍建设的里程碑式文件，系统部署教师队伍建设改革任务。《意见》从党和国家事业发展全局的高度，深刻系统回答了新时代中国特色社会主义教师队伍建设改革"从哪里来""到哪里去"的一系列重大理论和实践问题，成为当前和今后一个时期做好教师工作的根本遵循。① 2022年，教育部等八部门印发《新时代基础教育强师计划》，构建教师思想政治建设、师德师风建设、业务能力建设相互促进的教师队伍建设新格局，为加快实现基础教育现代化提供强有力的师资保障。

相关政策措施都是基于现实问题，充分掌握了问题本质和背后根源，具有扎实的实证研究基础和规范的政策研制流程，是以事实为据尊重规律的科学决策。近年来我国出台了一系列教育政策文件、法律法规，彰显了党和国家对教师队伍建设的高度重视，充分肯定了教师在传播知识、传播思想、传播真理以及塑造灵魂、塑造生命、塑造新人中的重要地位和作用，将教师工作的基础性、先导性、全局性地位和作用提升到空前高度。

---

① 朱旭东，赵英. 为建设教育强国提供"第一资源"[N]. 中国教育报，2019-11-21.

三、教师发展是教育高质量发展的要素

学校教育中"人的要素"主要是教师和学生，其中教师又是教育活动中最能动、最积极从而也最有可能深刻地影响教育质量的要素。提升教育质量，必须提升教师，而教师的专业发展问题，至关重要。① 教师专业发展指的是教师通过学习，掌握专业理论、丰富专业知识、提高专业技能的过程。其影响因素包括社会、学校和个人三个层面。其中，社会层面主要受教师管理制度、职业吸引力以及教师的社会地位所影响，学校层面与民主管理制度的保障、校长的引领以及教师文化的激励有关，个人层面则受专业结构、家庭因素所制约。在三者中，个人层面的因素起关键作用——教师是专业发展的主体，拥有专业发展的自主权，强调自主发展、自我导向、自我驱动和自我调控。

教师专业发展关注的重心在于专业，而教师发展关注的是作为具体而丰富的人的整体发展问题。专业发展是人的整体性发展的重要且与其他方面的发展相关联的组成部分，但不是全部。② 教师对学生的影响，是通过人的整体来实现的，其中包括人格、情感、意志等因素，而这些不是"专业发展"所能涵括的，可见"教师发展比教师专业发展具有更为广泛的意蕴"③。教师是人，充满着诸多不确定性，不可预料，不可控；教师的工作既有群体性，又具有个体性，充满着创造；教师又具有鲜明的差异，有不同的发展基础，有不同的发展需求，呈现不同的发展状态。④ 因此，教师发展因人、因时、因地而异，而今天的教师将决定未来社会的发展，已经成为共识。

四、教师发展是教育高质量发展的关键

当前，面对当今世界百年未有之大变局，教育的高质量发展离不开必要的课程改革，因为课程承载着国家的教育意志、教育目标和教育内容，直接影响人才培养的质量。

---

① 胡惠闵，王建军. 教师专业发展［M］. 上海：华东师范大学出版社，2014：13.
② 叶澜. "新基础教育"论——关于当代中国学校变革的探究与认识［M］. 北京：教育科学出版社，2006：358.
③ 庄辉明. 明天的教师：师范生必读［M］. 上海：华东师范大学出版社，2008：10.
④ 成尚荣. 做中国立德树人好教师［M］. 上海：华东师范大学出版社，2020：255-256.

为了应对信息化、全球化与知识经济对人才社会培养需求的变化,2016年9月,历时3年完成的《中国学生发展核心素养》(图1-1)研究成果正式发布,培养学生适应终身发展和社会发展需要的必备品格和关键能力成为中小学教育的重要任务;2017年,高中实施新课改,稳步推进新课程新教材建设;2021年,义务教育推进"双减"工作,减负提质,全面育人;2022年,义务教育新课程方案和课程标准颁布,推进教与学方式的转变,促进学生全面发展。

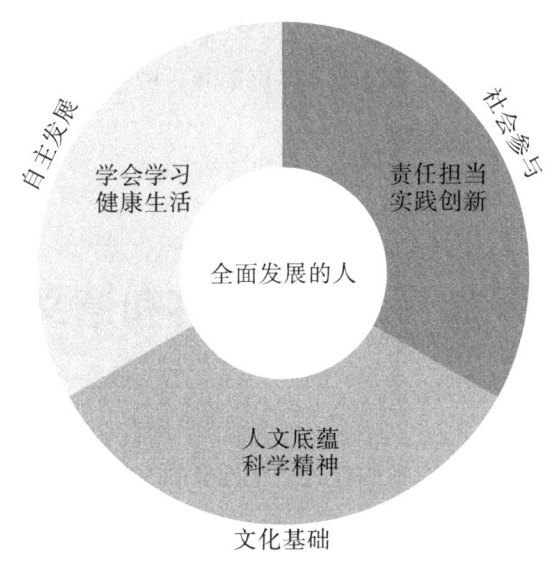

图1-1 中国学生发展核心素养

新一轮的课程改革旨在落实立德树人根本任务,发展学生核心素养,培养学生适应未来发展的正确价值观、必备品格和关键能力,体现着国家意志和人民期盼,是实现"为党育人、为国育才"的基本遵循和重要载体,规定着学什么、怎么学、学到什么程度,教师教什么、怎么教、教到什么水平。

现实中,受传统教育观念影响,教师被设定为传递知识的权威者,学生作为接受知识的聆听者。教师工作稳定而保守,致使部分教师墨守成规,安于现状,不愿意甚至抵制教育教学改革。而教育改革能否取得成效,关键在教师,因为"教育改革的核心环节是课程改革,课程改革的核心环节是课堂改革,课堂改革的核心环节是教师的专业发展"①（钟启泉，2009）。如今，新一轮课改将教师专业发展视为更新教师角色、提升教师新课程实施能力的关键环节。从"教师应当教什么"到"学习者如何学习"，新课改对教师提出了更高的要求，并成为教师专业发展的重要契机和平台，即课改提升教师的育人意识和境界，提升课程意识、课程能力和教学能力，提升教师的研究能力、创造能力。②

面对新的课程改革，教师要在终身学习和持续发展理念的指引下，构建自我发展的"立方体"，通过合理规划自身发展目标和多样化学习途径，增加自我发展的宽度、厚度、高度，实现理念、知识和能力等全方位提升，培养更多适应未来社会发展的有理想、有本领、有担当的时代新人。

第二节　研究内容和意义

有高水平的教师才会有高质量的教育。从已有的文献来看，国内研究教师发展的文献多，研究区域教师发展的文献少；在教育科研、教学研究、教师培训和教育技术等某一方面研究得多，在区级教师发展中心建设方面研究得少，涉及数字化背景下区域研训一体化的研究更少。因而，就促进区域教师发展而言，本研究极具必要性。

一、研究内容

（一）研究456N区域教师发展的实施策略

聚焦"四位一体"协同发展的实施策略：在教研方面，坚持立德树人，实施新课程改革，建设以全面育人为导向的"教—学—评"新生态，提高学业质量，成为教研人追求的目标；在科研方面，面对新课程、新教材、新技术、新方法，如何以课题引领学校、教师发展，培育各级教学成果，促进教育高质量发展，成为科研人思考的要

---

① 曾艳. 教师领导与教师学习[M]. 上海：上海交通大学出版社，2020：3.
② 成尚荣. 做中国立德树人好教师[M]. 上海：华东师范大学出版社，2020：241.

点；在培训方面，如何立足教师发展需求，依据广州市"三类四阶段"教师发展体系，实施精准培训，打造区域研修特色，成为培训者研究的重点；在信息技术方面，提高教师信息素养，推动人工智能实验区建设，做好数字化背景下的教育评价，成为技术人员行动的指南。

探讨教师发展"五级阶梯"的实施策略：新教师发展注重区校联动，规范培养；新秀教师发展注重教书育人，学赛结合；骨干教师发展注重"四力"合一，即借力、用力、助力、发力；名师发展注重同向而行，双向奔赴；专家型教师发展注重发挥"五力"，即内驱力、学习力、研究力、创新力和领导力。

依托"六个层级"支持教师发展的实施策略：充分发挥教育部课程教材研究所（以下简称"教育部教材所"）、广东省教育研究院、广州市教育研究院、黄埔区教育研究院、教育集团（片区）和学校的作用，做到以"部"为核心，汇聚力量谋发展；以"省"为依托，改革创新再前行；以"市"为平台，合作办学创一流；以"区"为阵地，资源共享促提升；以"校"为主体，特色发展提质量。通过整合多种力量，共同促进教师发展。

利用"N种资源"助力教师发展的实施策略：通过与国内知名高校、师范院校、科研院所合作开展教师研训活动，与省市名校联合办学，引进优质教育资源，示范辐射全区中小学，引领教师发展。

通过评价促进教师发展的实施策略：教师评价是教师发展的重要推动力，研究教师发展必然离不开科学的、客观的、可行的教师评价。如何改革教师评价，践行教书育人使命，以评价改革激发教师发展的内驱力，成为本研究的内容之一。

（二）研究区级教师发展中心的建设路径

2018年1月，中共中央、国务院颁布《关于全面深化新时代教师队伍建设改革的意见》，明确要求"建立健全地方教师发展机构和专业培训者队伍，依托现有资源，结合各地实际，逐步推进县级教师发展机构建设与改革，实现培训、教研、电教、科研部门有机整合"。各级教育行政部门纷纷加快推进教师发展中心建设，整合培训资源，推进区域内教研、科研、培训、信息技术的一体化，更好地服务教师专业发展，进一步提升基础教育质量。

2019年，黄埔区根据省市文件精神，积极主动协调有关部门共同推进区级教师发展中心建设工作,以全面提高教师队伍专业化水平和基础教育质量为目标,以服务教师专业发展为要义,遵循教师专业发展和教师成长规律,坚持改革创新,优化资源配置,建立融合发展、协同创新机制,正式成立"广州市黄埔区教育研究院"(加挂"广州市黄埔区教师发展中心"牌子),实现教研、科研、培训和信息技术等职能"四位一体"。其主要职能包括:指导中小学、幼儿园的教学工作,开展教学指导、教学研究、课程改革实施;承担在职教师、校(园)长培训;开展教育科学研究及成果推广;促进教师专业发展;推动教师教育信息化建设;提供教育决策服务。

经过几年的实践,区级教师发展中心建设取得了较大的进步,"四位一体"消除了不同单位之间的壁垒,推动了教育资源的整合。当然,如何在新课程改革和数字化学习的背景下,进一步发挥各部门的作用,更好地实现 1+1+1+1＞4,还需要继续加强研究。面向未来的区级教师发展中心建设,仍有许多可为之处。

二、研究意义

教师专业发展是一个复杂的过程,既包含教师本人的知识(内容知识、教育知识等)与技能的变革,也包括教师更基本的素质(如价值观、内在需要、兴趣及个人经验等)的变化,还包括教师所处情境中组织架构、教师文化的变化对教师专业发展的影响。①

广东作为改革开放的先行地,其经济建设一直走在全国前列;黄埔作为广州经济发展的主阵地,其经济发展在全市排名第二。在全球经济一体化和粤港澳大湾区建设的背景下,教育面临新的形势新的挑战,对中小学教师素养提出了新的要求。

区级教师发展中心关注的重点是在职教师的培养,强调以教师为本,实行研训一体,开展实践研究,推动区校联动,激发教师主动发展的内生动力,提高教育教学质量。目前,针对教师发展动力不足、专业资源供给有限、研训实效不佳等行业难题,区级教师发展中心亟需转变教育理念,整合各方资源,以课题为引领,研训合一,科学评价,逐步形成部门协作、资源共享、优势互补的教师发展新格局,推动区域基础教育高质量发展。

---

① 胡惠闵,王建军. 教师专业发展[M]. 上海:华东师范大学出版社,2014:55.

三、研究方法

文献研究法。收集、查阅、整理相关的教育文献、论著、报告、经验总结等文献资料，通过文献研究了解教师发展状况，形成对事实的科学认识。

问卷调查法。以问卷形式搜集资料，调查范围较广、效率较高，所获资料的真实性较强，所获得的结果便于进行量化分析，如新教师的培训需求、校本研修负责人的培训效果、教师继续教育绩效评价等。

行动研究法。把教师发展作为研究对象，在教研、科研、培训和信息技术等方面关注不同阶段教师发展状况，坚持"为行动而研究、在行动中研究、由行动者研究和对行动的研究"，边研究边实践，边实践边研究。

案例研究法。以单一的、典型的对象为具体的研究对象，通过对其进行直接或间接的、深入和具体的考察，了解其发展特点，如新秀教师培养、专家型教师发展等。

经验总结法。通过对教师发展的具体情况进行归纳与分析，使之系统化、理论化，上升为456N区域教师发展的经验做法。

总之，456N区域教师发展模式研究立足教师培训工作，言及教师发展路径，推进教育实践，通过总结提炼区域教师发展和区级教师发展中心建设的经验做法，正视不足，分析原因，促进自身发展，也为其他地区教师研训及教师发展工作提供参考和借鉴。

本章小结

身为教师，教书育人是根本；作为教师，学会学习与研究是关键。如何传承优良传统、如何改革创新、如何促进教师发展，既关系学生的成长，更关系国家的未来。就区级教师发展中心而言，研究教师发展的行动路径和实施策略成为促进区域基础教育高质量发展的必然选择。

第二章

区域教师发展的现状

区域发展是一个复杂的系统的协调和整合的过程，包含了区域经济发展、科技发展和社会发展等多方面因素。区域教师发展主要考察教师群体和教师个体的专业发展进程，通过增强教师的整体素质，促进学生全面发展，进而提高区域教育质量。

第一节　区域教师发展的优势与挑战[①]

一、黄埔教育的基本情况

黄埔区位于广州市东南部珠江之滨，粤港澳大湾区的湾顶位置，珠江东西两翼交汇处。全区总面积484平方千米，辖16街1镇。这里钟灵毓秀，人杰地灵，文化资源丰富，有千年文物古迹——古代"海上丝绸之路"发祥地南海神庙，有近代中国民主革命策源地、被称为中国"将帅摇篮"的黄埔军校旧址，有岭南建筑的瑰宝玉岩书院、横沙书香街等。作为广州实体经济主战场、科技创新主引擎、改革开放主阵地，黄埔区工业科技发达，是全国最具实力、最具活力、最具效益的工业区之一。

2023年，全区共有各级各类学校240所。其中，幼儿园131所，中小学109所（小学61所，初中17所，完全中学7所，九年一贯制学校18所，十二年一贯制学校3所，特殊学校2所，中等职业学校1所），在校生近19万人，全区专任教师近1.3万人。目前，黄埔教育处于快速发展阶段，呈现出蓬勃发展的良好态势。

二、黄埔教师发展的优势

1. 坚持教育优先发展

黄埔区委区政府以习近平新时代中国特色社会主义思想为指导，以"打造广州东部教育高地"为目标，以办好人民满意的教育为出发点，深化教育领域综合改革，在增强教育供给、提升教育品质、打造教育品牌、促进各级各类教育健康协调发展等方

[①] 参见黄埔区人民政府门户网站，www.hp.gov.cn。

面成效显著。

近年来，黄埔持续加大教育经费投入，优先保障教育，确保教育投入不断增长、教育投入效益持续提升。下足政策"先手棋"，将基础教育优质均衡发展纳入"我为群众办实事"重点民生项目清单，不断深化教育综合改革，出台"教育10条""教育配套6条"等措施，在机制创新、经费投入、均衡发展、融合发展上解难题、出实招，充分释放教育发展活力，逐步提升教育综合实力。

2. 实施"人才强教工程"

黄埔教育坚持"软硬兼施、引育并举、教学相长、量质同升"的原则，培养具有先进理念、扎实学识、突出业绩的名优教师，遴选优秀校长和后备干部，推动区域教育稳步发展。截至2024年初，全区共有中小学特级教师30人、正高级教师52人、高级教师1100多人。公办中、小学教师学历达标率100%，有研究生学历的教师约占18%。2019—2023年，共招聘教师6200多名，为黄埔教育注入了活力。

为整合区内外资源，黄埔区成立区级教师发展中心，为教师发展提供专业指引。加强教研员队伍培养，实行"旋转门"制度，选拔优秀中小学教师到区教研院任职，利用国家、省、市优质资源，构建线上与线下、集中与划片、分学段与分学科、校本研修与专项培训相结合的多维教研培训体系，提高区内教师专业素养。

3. 形成科教融合、产教融合新格局

黄埔区大力推进创新驱动发展战略：创新资源集聚成势，省高水平创新研究院占全省的2/3；产业集群发展壮大，高新技术企业逾2000家，居全市第一、全国开发区首位；创新生态日益完善，引进钟南山、赵宇亮等科学家近百名，集聚各类高层次人才总量超千人，居全市第一、全省前列。这既为教师发展提供了丰富的科教资源，也对人才培养的目标、规模、模式、规格等提出了新需求和高要求。新时期黄埔教育必须进一步增强自身发展的适应性，积极推进科教融合、产教融合，加强各类教育之间的沟通衔接，创新人才培养的模式，为社会培养更多优秀人才。

4. 促进信息技术与教育深度融合

加快教育信息化建设，推动黄埔教育改革创新，构建基于新一代信息技术的教育教学模式、教育服务供给模式、教育治理模式，形成具有黄埔特色的智慧教育发展模式。计划到2025年，实现数字化教学覆盖全体教师，智慧校园建设覆盖全部学校，师生信息素养和信息化应用水平大幅提高，教育信息化公共服务体系更加完善，建立健全智慧教育持续创新发展的动力机制。

自2021年以来，黄埔区政府先后与教育部直属单位签订合作协议，启动教育部基础教育课程改革实验区、黄埔数字与智能化教育装备创新与应用项目、中外人文交流广州（黄埔）教育创新区三大项目建设（表2-1），加强教师队伍建设，通过"走出去，请进来"的方式，邀请专家到校调研、专题指导，组织优秀校长和骨干教师前往国内示范基地学校跟岗学习，加强课程建设，为教师发展提供高端资源，指导广大教师紧跟教育发展，提高教育教学质量，推进教育现代化。

表2-1　黄埔区政府与教育部直属单位合作项目

年份	要点	项目	指导方
2021	改革	教育部基础教育课程改革实验区	基础教育课程教材研究所
2022	创新	黄埔数字与智能化教育装备创新与应用项目	教育技术与资源发展中心
2023	开放	中外人文交流广州（黄埔）教育创新区	中外人文交流中心

三、黄埔教师发展的挑战

1. 优质资源未能完全满足社会需求

近年来，黄埔区经济高速发展，人口吸引力不断增强。《广州第七次全国人口普查公报》显示，2020年黄埔区常住人口126.44万人，10年新增52万人，增长率达52%，且大部分为较高学历、较高素质的年轻人，他们对于优质教育的期望值高，这使得黄埔区全面解决教育公平，实现基本公共教育服务均等化的问题尤为突出。区内虽也有一些优质中小学、幼儿园，但由于历史原因，与市内先进区相比，整体办学质量仍有待提高。如何建立起与城区承载能力、人口结构变化、入学需求等相适应的教育资源、教育结构和布局调整机制，是黄埔教育面临的新挑战。

2. 教师专业发展受到一定的制约

2016年，中国学生发展核心素养正式颁布，以培养"全面发展的人"为核心，重在培养学生应该具备的、能够适应终身发展和社会发展需要的必备品格和关键能力，是关于学生知识、技能、情感、态度、价值观等多方面要求的综合表现。此后，高中新课标和义务教育新课标相继出台,以核心素养为导向,转变教与学的方式,提高学生解决问题的能力,成为教师发展的航向灯。面对新课标新教材新要求,黄埔教师亟待更新观念,掌握新知,获得新能。

与广州市中心城区相比,黄埔区中小学、幼儿园专任教师人数少,教师职称结构不够合理,中级及以上职称教师比例偏低,学科带头人偏少;新建校(园)多,新招教师多。大批新教师的加入,在为黄埔教育增添活力的同时,也对黄埔教育发展产生了一定的影响,如何加快新教师发展,帮助新教师尽快适应教职、站稳讲台,成为区域教育的一项重要工作。因为新开办学校多,编制数有限,学校里的雇员制教师比例大、人数多,不少雇员制教师忙于考编,流失率高,导致教师队伍不够稳定。

此外,新黄埔区于 2015 年 9 月正式揭牌。由于原黄埔区、原萝岗区在教育发展基础、设施设备投入以及师资队伍、管理模式等方面存在较大差异,区划调整后,教育系统更面临着机构整合、职能融合、人员磨合等复杂的问题,教师招聘、培养、考核及交流机制等一系列教育管理制度仍待完善。

第二节 区域教师培训的问题与对策

教师发展与教师培训息息相关,因为"通过教师培训可以促进教师专业成长,教师的专业成长引领着教师培训活动的不断展开,教师专业成长是目标,而教师培训是手段,即组织教师培训不是目的,通过教师培训促进教师专业发展才是真正的目的"[1]。实际上,在教师培训、教师继续教育与教师发展三者中,教师发展外延最广、途径最多,教师继续教育内涵最丰富,教师培训则是实现教师发展目标的最主要工具和手段之一,三者之间具有包含关系(图 2-1)。[2]

---

[1] 杜尚荣,王笑地. 中小学教师培训模式的改革与创新 [M]. 北京:中国社会科学出版社,2020:65.
[2] 于维涛,杨乐英. 县域教师发展支持体系建设研究 [M]. 北京:北京师范大学出版社,2020:15.

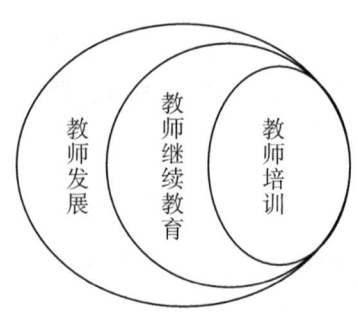

图 2-1 教师培训、教师继续教育和教师发展的关系

一、区域教师培训存在的问题

多年来,各级教育部门高度重视教师培训工作,不断加大培训力度,增加培训经费,扩大培训规模,有效地促进了教师发展。尽管如此,综观全国各地,教师培训仍存在一些比较突出的问题。

1. 培训需求调研少,针对性不强

培训的起点是需求调研。现实中,有的培训项目未对参训教师进行前期调研,未做好学情诊断与分析,凭经验设置课程,培训内容契合度不高,难以满足不同教师的发展需求。有的培训"存在以粗放型培训为主的倾向,侧重通识性的理论学习和理念传播,较少直面一线教师在教育教学和科创改革实践中所面临的实际问题"[①],难以满足课程改革的要求,有关新课程新标准新教材新考试、如何开展校本研修、如何进行课题研究等内容的培训未能引起足够的重视。

2. 培训课程偏理论,实践性不足

现有的培训课程多由施训单位"独立"设计,多以专家视角开设课程,根据专家的名气、学识、能力和特长组织教学,受训教师参与度不高、实践性不强。来自高校的专家学者有丰富的理论知识,但由于长期处在集中关注理论的层面,忽视了对实践的关注,导致培训专家在授课过程中所讲授的内容与中小学教师的实际需求容易出现

---

① 李源田,王正青."四阶段"教师培训模式设计与实践——以重庆市组织实施"国培计划"为例[J].中国教育学刊,2012(1):71.

脱节的情况[①]，难以真正运用在一线教师的课堂教学中，无法解决中小学课堂教学实践问题。另外，由于教师的教育背景、教育经验和能力以及在实践中遇到的问题不一样，通过理论学习获得的方法与路径并不完全适用于每一个教师，以致部分教师认为理论脱离实际。

3. 培训方式较单一，吸引力不够

传统的培训多为集中式学习，以专家讲座（报告）为主，侧重听与记、想与写，交流研讨、情景模拟、现场考察等情景性、生成性、参与性的培训方式引入不够。[②] 讲座型的培训为"输入型"培训，较多考虑的是大多数教师的共性问题，强调教师"应该知道什么"，却忽视成人学习的特点，如自主性、问题性、探究性、实践性、过程性等。教师往往沦为被动的接受者，不利于教师自主性的发挥，影响教师参训的主动性和积极性，教师的实践较少，参与度不高。

4. 工学矛盾很明显，积极性不高

大部分中小学教师工作繁忙，用于学习提高的时间不多。教师教学国际调查（TALSI）的数据（来自经济合作与发展组织2013—2014年对36个国家和地区的调查，总计调查了7636所学校和117 836名教师）显示，有50.3%的教师认为参加专业发展最主要的障碍是"与工作时间冲突"。[③] 2021年国家义务教育学习质量监测结果报告显示，全国超过50%的四年级、八年级数学教师认为，"培训时间与工作安排冲突"是教师培训遇到的最主要的问题。"一个萝卜一个坑"，脱产培训调课却不减课时，培训前后还要完成个人的工作任务，由此造成大部分教师因精力有限而不愿投入学习，参训的积极性不高。

5. 培训评价较缺乏，质量监测待改进

如何评估培训效果是培训管理中的一个难题，因为培训往往具有滞后性、内隐性特征，行为改变很难在短期内出现。由于多数培训的指导定位、培训目标不够具体、

---

① 杜尚荣，王笑地. 中小学教师培训模式的改革与创新［M］. 北京：中国社会科学出版社，2020：71.
② 吴振利. 中小学骨干教师培训理论与实践［M］. 北京：人民出版社，2019：40.
③ 陈纯槿. 国际比较视域下的教师教学效能感——基于TALSI调查数据的实证研究［J］. 全球教育展望，2017，46（4）：12.

清晰，难以即时做出全面、深入、客观的评估。对于大部分项目而言，课程结束，培训也就结束了，没有后续的跟踪指导，以致有些教师认为"培训就是——培训时心动，培训后激动，回到学校一动不动"。至于培训评价，大多数为培训后的满意度调查，从课程组织、实施和后勤保障等方面设问，以选择题的方式作答，比较简单，培训的质量监测效果不太明显。

二、提高区域教师培训质量的对策

教师培训是有目标、有计划、有指导地组织教师参加与教育教学工作相关的学习活动，旨在改进和发展他们的专业知识、专业技能、专业态度、专业能力和工作行为，从而开发教师人力资源潜能，以适应教育教学改革和发展需要。[①] 提高区域教师培训质量，要以教师为本，从教育教学的实际出发，结合教师的发展需求，采用合适的培训方式，为教师提供适切的培训课程，促进教师的发展。具体措施如下：

一是开展需求调研，提高培训的针对性。现代培训要把激发广大教师参训动力，服务教师发展作为教师培训的出发点和落脚点。培训前切实做好需求调研，在遵循教师发展规律的前提下，研究教师发展路径，以问题为导向，针对不同发展阶段的教师需求，根据教育教学的热点、重点、难点开设相应的课程，指导教师加强理论学习，并以理论指导实践，从课程的执行者转变为课程的规划者、组织者、实施者和评价者，更好地实现学科课程的育人价值，发展学生的核心素养。

二是丰富培训资源，提高培训的实践性。整合培训资源，充分发挥教研、科研、培训和信息技术部门的力量，依托各类高端资源，借助专家学者、优秀教师等专兼职教师培训者的力量，为不同发展阶段的教师更新教育理念、开发教师智力资源、解决教育教学问题提供学习资源。加大实践课程的比例，强调教师为了实践、基于实践、在实践中学习，发展教师的实践能力，形成个人的教学风格和实践智慧，增强培训效果，支持教师全面发展。

三是改进培训方式，提高培训的吸引力。中小学教师有自己偏爱的培训方式，多跟参与式、案例式、现场式教学紧密相关。如果说以往的教师培训对"解释问题"关

---

① 余新. 教师培训师专业修炼［M］. 2版. 北京：教育科学出版社，2022：55.

注度高，那么当下教师更希望"解决问题"的培训，分析问题的症结，给出解决问题的方法，呈现解决问题的案例，开展解决问题的行动。改进培训方式，开展基于问题解决的主题式技能培训，推动教师培训由自上而下向自下而上转变，从专家讲座到案例教学，从个人研修到集体研讨交流，通过脱产集中培训和校本研修，提高培训的吸引力。

四是发挥网络优势，提高培训的便捷性。对于教师培训普遍存在的培训与工作相冲突这一问题，一方面要重心下移，变外出培训为校本研修，结合学校实际，邀请专家入校指导，强化课堂教学主阵地作用，在行动中改进教学行为，增强教学效果；另一方面，增设网络课程，增加网上教研活动，减少参训教师舟车劳顿，降低时间成本，让教师时时可学、处处可学，提高培训的效益。近年来，教育部积极推进教育数字化战略行动，建设"国家中小学智慧教育平台"，通过组织开展寒暑期教师研修等活动，指导一线教师用好平台提供的精品资源，学习优秀教学案例，提高教学设计和课堂教学能力，提高教师使用国家平台的主动性，教师数字化素养得到显著提升。

五是实施培训评估，提高培训的质量。"评估"包括评议、估量和评价，如开展满意度测评、教师学习过程考核、行为改进评价，通过评价学员的出勤率、作业完成率以及对承办项目工作的培训机构的满意度等要素，有助于发挥评价的激励功能、诊断功能和导向功能，为后续培训工作的改进提供依据，提高培训的专业化水平。此外，教师身为成人学习者，具有独立、自律和内省的特点，教师培训是一种有前提的、有基础的和背景的改进，其既不是在"零"基础上的塑造，更不可能是完全的"改造"[1]，而是在自身已有的知识结构和经验的基础上对知识进行重新排列、组合、建构、创新与生成，使其在发生内在本质上的转变后内化为教师内在的知识，促进教师专业发展[2]。因此，教师培训评估侧重过程性和增值性评价。

本章小结

国际教师教育学会倡导教师学习的三大定律：越扎根教师的内在需求越有效，越

---

[1] 陈永明. 教师教育研究 [M]. 上海：华东师范大学出版社，2003.
[2] 陈向明，王志明. 义务教育阶段教师培训调查：现状、问题与建议 [J]. 开放教育研究，2013，19 (4)：11-19.

扎根教师的鲜活经验越有效,越扎根教师的实践反思越有效。[①] 在新课程背景下,教师培训应坚持提高"输血"功能和发展"造血"功能并重,且以"造血"功能为主[②];教师发展的重点在于激发教师学习的主动性,指导教师在学习新课标、新理念、新教材、新方法上下功夫,从学科本位转向课程本位,实现师生共同发展。

[①] 钟启泉. 教师研修的挑战 [N]. 光明日报,2013 - 05 - 13.
[②] 吴振利. 中小学骨干教师培训理论与实践 [M]. 北京:人民出版社,2019.

第三章

456N 区域教师发展模式的内涵与特征

教师的学习和发展延伸覆盖教师职业生涯和实践。理论是行动的先导，456N区域教师发展模式顺应了教师发展理论，并结合本地区教育实践进行了深化和创新，了解其内涵与特征，有助于开展区域教师发展研究与实践。

第一节 456N区域教师发展模式的理论

中小学教师学习理论并不是以发展理论本身为目的，而是借助理论的学习解决实际的问题，帮助教师更好地思考、行动、创新、发展。456N区域教师发展模式的建立，主要源于以下的理论：

一、成人教育理论

1967年，美国著名成人教育学家诺尔斯提出"成人教育学"，主要观点包括：一是成人在学习心理上倾向于自主学习，学习者的自主性和独立性在很大程度上取代了他们对教师的依赖性；二是成人在认知过程上以经验学习为主，在社会生活中积累的经验为成人学习提供了丰富的资源，成人学习更多借助自己的经验来理解和掌握；三是成人在学习任务上体现出完善社会角色的要求，学习的针对性很强；四是成人的学习目的主要是解决问题，直接运用所学知识解决现实问题。①

成人教育理论对教师发展的启示：激活学习者内部动力，以有效激励为特征；基于学情分析，以解决问题为导向；以案例为载体，联结直接经验与间接经验。②

二、终身学习理论

终身学习概念的提出始于20世纪60年代，以1972年联合国教科文组织的《学会

---

① 马尔科姆·S.诺尔斯，等. 成人学习者——成人学习和人力资源发展之权威 [M]. 7版. 龚自力，马克力，杨勤勇，等，译. 北京：北京师范大学出版社，2016：63-68.
② 余新. 教师培训师专业修炼 [M]. 2版. 北京：教育科学出版社，2022：110.

生存——教育世界的今天和明天》报告为标志，开展个性化的终身学习，建设学习型社会，逐渐成为各国政府的决策理念和广泛共识。在我国，1999 年教育部颁布的《面向 21 世纪教育振兴行动计划》第一次使用"终身学习体系"概念。终身学习强调学习者自觉利用各种学习资源和机会自主学习，为学习型社会建设提供更多的可能性，也为终身学习体系的打造奠定了基础。[①]

终身学习理论对教师发展的启示：教师之所以为教师，前提就是不断学习。教师发展的本质就是学习，包括理论与实践，涉及本专业，涉猎多学科，超越经验性，走向开放性。

三、建构主义理论

建构主义主张世界是客观存在的，但客观世界并没有现成的意义，学习者在获取信息的过程中往往根据自己的需要、意向、态度、信念和情感对客观世界进行加工，在真实的情境中建构其意义。教师的学习是教师在专业引领下实践探索、积累经验的过程，是教师在原有经验的基础上进行反思的过程，是教师主动建构新知识、新经验，形成新理念、新技能的过程，也是教师在实践中开展行动研究的过程。可以说，教师学习是一个新旧知识、各种经验之间相互冲突、相互作用的过程，从而引发其观念的转变、知识结构的重新排列和重组。

建构主义理论对教师发展的启示：教师研修要以学习者为中心，以问题为导向，以案例为载体，通过参与式、情境式、体验式活动，调动教师研修的积极性和主动性，增强研修的针对性和实效性。

四、迁移理论

迁移是经验的扩展与提升，应用是将内化的知识外显化、操作化的过程。在教师研训中，迁移指的是学员将学习到的知识、技能、态度等有效地应用到教育教学中的程度，贯穿研训前、研训中、研训后的整个过程，即经培训习得的行为必须适用且能够在工作中持续一段时间，这才能说明迁移已经发生。

---

① 张立迁. 构建适应新发展格局的终身学习体系 [N]. 中国教育报，2020 - 12 - 09.

迁移理论对教师发展的启示：基于教师学习需求，正确引导培训动机；采取研训一体化的培训模式，建立学习情境和工作情境的超级链接；培养参训教师的学习迁移力，关注培训结果对工作绩效的影响；建立师干（教师和干部）联动培训模式，创造支持培训迁移的学校氛围；加强对培训迁移效果的测量与反馈，提升培训影响力。①

五、学习共同体理论

共同体是德国社会学家斐迪南·滕尼斯提出的一个学术概念，"共同体强调人与人之间的紧密关系、共同的精神意识以及个体对共同体的归属感和认同感"②。在此基础上，美国教育家杜威提出了学习共同体的理念，经日本教育家佐藤学研究后得到了发展。所谓"学习共同体"，就是由学习者及助学者共同构成的，以完成共同的学习任务为载体，以促进成员全面成长为目的，通过人际沟通、交流，分享学习资源而相互影响、相互促进的学习团体。

学习共同体理论对教师发展的启示："学习共同体"既包括研训者与教师之间，也包括教师与教师之间。研训者通过教育理论、学科知识和研训技能，参与、组织、促进教师学习共同体建设，利用教师已有的知识、技能和能力，改进教师的情感、态度、价值观，但"更多强调的是协商以及成员之间的关联式、互动式发展"③。

基于现代教育教学理论，456N区域教师发展模式更加注重以教师为中心，突出教师的主体地位，尊重和满足教师的个体化差异和不同的学习需求，激发教师高层次的学习动机，充分挖掘教师的潜能。基于教师发展的教师研训，不在于给教师传播了多少理论知识，而在于能否借助教育理论启发教师的思维，培养教师的实践智慧，引导教师切实提高教书育人的能力，更好地适应新时代的新要求。

---

① 余新. 教师培训师专业修炼［M］. 2版. 北京：教育科学出版社，2022：118-119.
② 斐迪南·滕尼斯. 共同体与社会［M］. 林荣远，译. 北京：商务印书馆，1999：56.
③ 杨茜. 成为大先生：教师发展论［M］. 杭州：浙江大学出版社，2023：73-75.

第二节 456N 区域教师发展模式的内涵

任何一种教师发展模式都是在特定的背景和现实环境中产生的。随着社会政治经济和教育科技的变化，教师发展的政策、制度、条件和环境等要素与时俱进，培养高素质专业化创新型的教师队伍，成为各地提高教育质量的重要抓手。

经过多年的探索，广州市黄埔区逐步形成 456N 区域教师发展模式（图 3-1），有效促进区内中小学教师的专业发展。

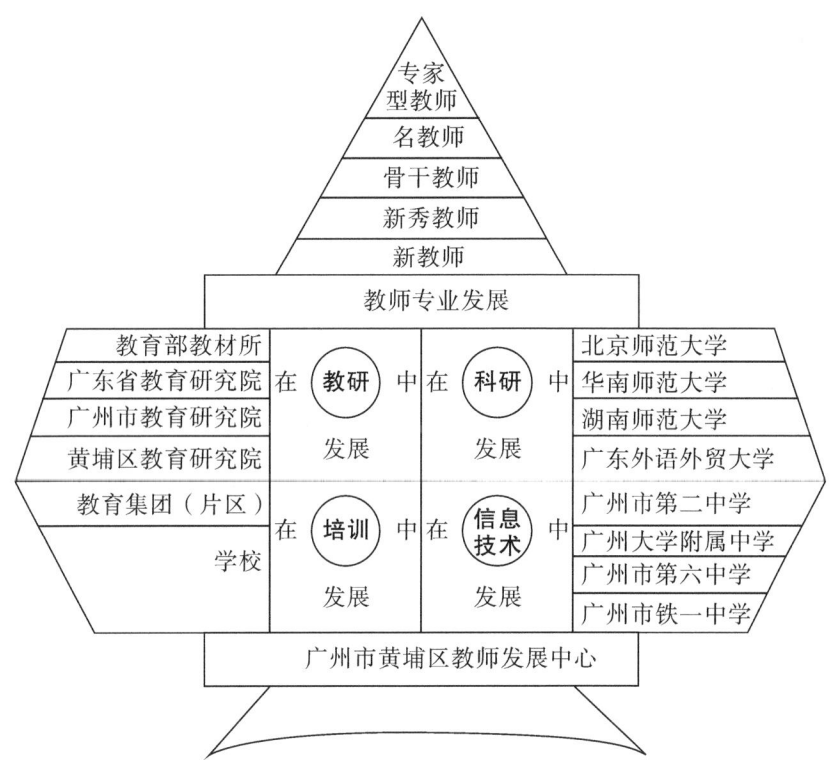

图 3-1 黄埔区 456N 区域教师发展模式

"4"是保障教师专业发展的四大功能，即教研、科研、培训、信息技术"四位一体"。

"教研"是核心，是教师发展的重点；"科研"是方向，引领教师发展；"培训"是基础，促进教师发展；"信息技术"是手段，支持教师发展。"四位一体"指的是在

"互联网+"的背景下，以教育科研做先导，通过系列教研活动对教师进行有目的、有计划的培训，使教研活动成为教师培训的课堂，使教研活动与教师的专业提升结合起来，通过教师参与问题解决的过程来获得经验，促进教师由"个体被动"转向"个体主动"的专业发展，由"个体"转向"区域群体"的专业发展，取得以训促研、以研带训、研训结合的效果，从而整体提升区域教育教学质量。① 实现"四位一体"协同发展的区级教师发展中心，能够较好地做到"以人为本"，兼具开放性、包容性、合作性和时代性，促进理论与实践的结合，共同指向现代化的教师专业发展。

"5"是教师专业发展的五级阶梯，即新教师、新秀教师、骨干教师、名教师、专家型教师，引导教师关注自身发展阶段及努力方向。

在教师发展的五级阶梯中，通过新教师入职培训、见习教师规范化培养、青蓝工程等形式，为新教师成长搭建平台；通过举办各种竞赛活动，推动新秀教师成长；通过认定和培养骨干教师，推动骨干教师向名教师发展；通过培养市级、区级"三名"工作室主持人，培育名师队伍；通过名师培养工程，引导名师成为正高级、特级教师，跻身省市教育专家行列。

"6"是支撑教师专业发展的六个层级，即教育部教材所、广东省教育研究院、广州市教育研究院、黄埔区教育研究院、教育集团（片区）、学校。借助各级资源，发挥各自作用，形成上下连通、纵横交错的研修模式，助力黄埔教师专业发展。

（1）教育部教材所：课程教材研究的"国家队"。黄埔区与教育部教材所签订合作协议，共建课程改革实验区，深化基础教育课程改革，聚焦课程、教学、评价关键环节，提高教育教学质量。依托实验区的平台，充分发挥教育部教材所的高端资源优势，促进教师发展。

（2）广东省教育研究院：省级教育智库。黄埔区与省教研院合作开办广东省教育研究院黄埔实验学校，全方位打造品牌学校，开展教育教学改革，探索未来教育"黄埔样板"。

（3）广州市教育研究院：市级教育智库。黄埔区与市教研院合作开办广州实验中学，打造"知识经济创新高地上的全国知名、湾区一流的浸润式研究型中学"，力争短

---

① 唐西胜. 区域研训教现代转型研究与实践［M］. 杭州：浙江大学出版社，2018：25.

时间内将其建设成为全国一流的中学。

（4）黄埔区教育研究院：区级教师发展中心。致力于服务学校教育教学、服务教师专业成长、服务学生全面发展、服务教育管理决策。黄埔区教育研究院实验小学为区级教师研训基地和科研成果孵化基地，承办教师书院活动，开展"订单式"教研等多项研训任务。

（5）教育集团（片区）：现有四大片区13个教育集团，覆盖全区70所学校，占比超过60%。发挥片区教研的力量，集中教育集团的资源，扩大优质教育资源覆盖面，支持带动薄弱学校发展。

（6）学校：发挥主观能动性，加强校本研修，健全研修制度，研究学生学习、改进教学方法、优化作业设计、解决教学问题、指导家庭教育。注重课程体系建设，在国家课程精准实施、地方课程校本实施、校本课程特色建构上下功夫，提高教育教学质量。

"N"是促进教师发展的"N种资源"和"N个项目"。

"N种资源"如北京师范大学、华南师范大学、湖南师范大学、广东外语外贸大学等高等院校，以及广州市第二中学、广州市第六中学、广州大学附属中学、广州市铁一中学等市属名校，与黄埔区联合办学，把优质教育资源辐射全区，有力地促进了教师发展；"N个项目"如教育部中学校长培训中心指导的中学办学质量提升项目、上海市教育科学研究所指导的课程建设项目、省市教师继续教育部门指导的"英特尔®未来教育"项目等。

"N"还是一个不确定数，说明地处广州开发区的黄埔教师发展的动态性和开放性，展现黄埔教育的开拓进取精神，体现"公平卓越、活力创新、开放包容"的广州教育特质以及"敢为人先、务实进取、开放兼容、敬业奉献"的广东精神。

在456N区域教师发展模式中，"4""5""6""N"之间既有区别，又相辅相成。教研、科研、培训和信息技术这四项功能，贯穿于教师发展的五个阶段，六个层级上下贯通、纵横交错，通过不同职能影响不同阶段、不同岗位、不同类型的教师，而N个学校（项目）的N种资源，包含了教研、科研、培训和信息技术等方面，依托不同的教学支撑机构，推动合作共赢，促进黄埔教师发展。

这一模型看似一架飞机：以区级教师发展中心为平台，以专家学者和名校资源为双翼，共同推动中小学教师的专业发展。因此，456N区域教师发展模式是黄埔教师发展的缩影，具有先进性、独特性和综合性。

第三节 456N区域教师发展模式的特征

教师发展是一个长期的过程，取决于不同的主体和客体；教师发展是一个系统工程，涵盖方方面面的内容。基于区域实践的456N教师发展模式，具有如下特征。

一、关注主体性，激发内驱力

1993年，美国学者斯潘塞博士等人设计了"素质冰山模型"（图3-2），对人的素质进行了深入的研究。所谓"素质冰山模型"，就是把个体素质形象地描述为漂浮在洋面上的冰山，其中，知识和技能是属于裸露在水面上的表层部分，容易了解与测量，可以通过培训来改变和发展；社会角色、个性品质、自我形象、动机和内驱力等属于潜藏于水下的深层部分的素质，难以测量，不太容易通过外界的影响而得到改变，却对人的行为与表现起着关键性的作用。

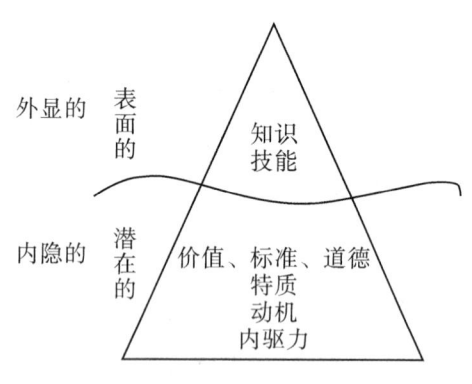

图3-2 素质冰山模型

当今社会是一个学习型的社会，学习成为一种生活方式和生活习惯，是学习者自身需要的、主动的、自愿的活动。理想状态下的教师，既是学习者，也是学习的主体，从被动参加培训，到主动参与学习，形成了自主学习的习惯，成为能动的思想者、研究者、行动者。因此，现代教师培训主张以教师（学员）为本，建立健全教师自主选学机制，通过"菜单式、自主性、开放式"的选学服务平台，为教师创造自主选择培训内容、时间、途径和机构的机会，以解决问题为导向，激活学习者的内部动力，以有效激励为特征，发挥教师的主观能动性，引导教师主动学习、持续学习。

二、关注实践性，提高学习力

教师培训面向教育教学实践，具有很强的实践性。2013 年，《教育部关于深化中小学教师培训模式改革全面提升培训质量的指导意见》指出，"以典型教学案例为载体，创设真实课堂教学环境，紧密结合学校教育教学一线实际，开展主题鲜明的技能培训。实践性课程应不少于教师培训课程的 50%"。2018 年，《关于全面深化新时代教师队伍建设改革的意见》明确提出："改进培训内容，紧密结合教育教学一线实际，组织高质量培训，使教师精心钻研教学，切实提升教学水平。"作为成人教育，"教师培训不是脱离实践的填鸭式的知识灌输，也不是无视学习者需求的独白式讲座，而是一种基于教师工作实践需求的学习共同体活动"[①]。这就要求培训要"从实践中来，到实践中去"，聚焦需要解决的主要问题，强化应用和实践，通过培训者在具体实践情境中指导、促进和帮助学习者解决问题，以参与互动等方式，帮助学习者获取信息，理解掌握知识，应用知识，创造价值。

落实立德树人根本任务，大力发展学生核心素养，需要改进教师培训工作，使之主动适应新的教育形势，以实施好基础教育新课程为主要内容，以满足教师专业发展个性化需求为工作目标，引导教师把学习嵌入教育教学实践中，在学习新课标践行新理念的实践中，发现问题、提出问题、解决问题，在具体的教学情境中不断地反思与学习，促进学习的转化和应用，从而获取实践性知识、增强教育能力、生成教育智慧。

三、关注多元性，增强吸引力

教师培训的多元性，首先体现在学习资源的丰富性。随着信息时代的到来，各种资源浩如烟海，教育理论、学校文化、学科教学、班级管理、课题研究、师生心理、社团活动等，培训内容极其丰富，如何选择成为一个难题。面对"互联网+"、大数据、人工智能，提高教师培训的实效性，需要积极探索多样化的学习方式，以参与式、案例式、合作式为基本原则，大力推进讲授式的改革创新，注重多种培训方式的综合应用，通过专家引领、主体参与、课例研讨、团队协作、现场观摩、互动生成等形式，

---

① 余新. 教师培训师专业修炼 [M]. 2 版. 北京：教育科学出版社，2022：58.

以多维度、立体式、综合式的培训，强化学员互动参与，增强培训的吸引力、感染力，提升教师参训的积极性。同时，针对教师学习特点，强化基于教学现场、走进真实课堂的培训环节。通过现场诊断和案例教学解决实际问题，采取跟岗培训和情境体验的方式改进教学行为，利用行动研究和反思实践提升教育经验，确保培训实效。

此外，还要推进教师网络研修社区建设，推动教师线上和线下研修结合、虚拟学习和教学实践结合的混合学习；开展区域间教师网上协同研修，促进教师同行交流。推进高等学校、培训机构与中小学教育协作，引进优质培训资源，建立校本研修良性运行机制。

四、关注合作性，推进协同力

教师培训的"合作性"，包括大学与中小学之间的合作，也包括培训专家、培训教师和参训教师之间的合作，还包括培训机构与中小学之间的合作，以及教师在学习共同体中同其他成员之间的沟通、交流与合作。[①]

就区级教师发展中心而言，部门之间的合作极为重要。就教研与培训来说，两者在促进教师发展方面都很重要，只是工作重心不同（表3-1）。两者结合，能够相得益彰，实现研训一体、资源整合、使命共担，避免研训工作分离、学校顾此失彼、教师学习负荷超重等问题[②]。

表3-1 教研与培训的比较

异同点	教研	培训
相同点	1. 面对教师群体，通过支持和促进教师学习，提高教师工作水平； 2. 提供专业支持与服务，发挥重要作用	
不同点	1. 扎根课堂实践，更需高于课堂、再生课堂，侧重课堂教学具体行为的指导、调整和完善； 2. 更关注解决教师发展眼前出现的"一时"问题	1. 着力学科，注重对教师工作情感、态度、价值观的引导，凸显教师发展的应然走向； 2. 强调解决教师发展的"一世"问题

---

① 杜尚荣，王笑地. 中小学教师培训模式的改革与创新［M］. 北京：中国社会科学出版社，2020：104-105.

② 余新. 教师培训师专业修炼［M］. 2版. 北京：教育科学出版社，2022：63.

因此，区级教师发展中心建设要有效整合科研、教研、培训和信息技术等多种资源，形成科研引领、研训一体、学科教学与信息技术融合的良好局面，建设专家引领、全员参与、团队合作的教师学习共同体，提升教师的研修水平。

五、关注创新性，培养发展力

教育改革致力于解决现实中的问题，要为学习者创造适合学习的环境和条件，而教师培训则为教师专业发展提供持续性的专业性补给服务，为教师发展"充电""续航"。面向当前和未来的教师培训，面对"实践导向""问题中心"和"能力为本"的培训要求，需要不断创新，优化教师培训的方式，引导教师主动学习，促进学生发展和学校发展。[①]

创新是第一生产力。随着教育技术的不断进步，数字化技术广泛应用于教育的各类场景中，构成一个个有机的整体：学习可以不受时间、地点、条件的限制，在适合的时间，通过适合的学习手段，对适合的学习者，传递适合的能力，从而取得最优化的学习效果。教师研训借助互联网技术，将线上的资源共享优势和线下的现场指导优势充分结合起来，具有灵活多样、优势互补、时代适应性、经济实用性、快捷时效性等特点，有助于促进教师发展。[②]

总之，教师培训通过投资于教师而使学生受益，促进学校组织的发展。456N区域教师发展模式，以教师培训为基础，整合多方力量，创设黄埔研训品牌，有效地促进了区域教师专业发展。

本章小结

教师培训是教师发展的重要组成部分，是教师为了适应社会发展的再学习、再变化、再发展。基于成人教育理论、终身学习理论、建构主义理论、迁移理论和学习共同体理论的教师培训，为区域教师发展奠定了理论基础。建立在这些理论基础上的456N区域教师发展模式，结合本地区的教育实际进行深化和创新，体现了教师发展的特征，丰富了教师发展的内涵。

---

① 杜尚荣，王笑地. 中小学教师培训模式的改革与创新［M］. 北京：中国社会科学出版社，2020：32.
② 杜尚荣，王笑地. 中小学教师培训模式的改革与创新［M］. 北京：中国社会科学出版社，2020：89-90.

第四章

456N 区域教师发展模式的实施策略

第一节 "四位一体"策略

在456N区域教师发展模式中,"4"是保障教师专业发展的四大功能,即教研、科研、培训、信息技术"四位一体"(图4-1)。四大功能相辅相成,共同促进区域教师发展。

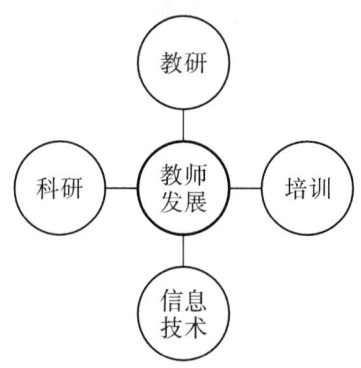

图4-1 "四位一体"协同发展

一、加强学科教研,提高教学能力

教研工作是保障和提高基础教育质量的重要支撑,在推进课程改革、指导教学实践、促进教师发展、服务教育决策等方面发挥着重要的作用。在新的历史形势下,如何健全教研机构、加强教研队伍建设、落实教研主要任务、创新教研工作机制、创新教研实践样态、构建教研开放合作新格局、完善教研保障措施等,被列入各级教研机构的议事日程中。黄埔区教育研究院加强学科教研,加大教师培养力度,把提高教师教学能力作为学科研训的主要内容,深入开展项目研究,不断改进教育教学工作,积极构建以"全面育人"为导向的教学评价生态,提高新课程新教材的实施水平。

(一)上下联动,构建协同创新的教研体系

加强与教育部教材所等单位的合作,共建课程改革实验区、数字与智能化教育装

备创新与应用实验项目。依托教育部的高端资源，在课程、教学、教研以及教育装备等方面，深入开展基础教育课程教学改革研究和实验，建设黄埔基础教育优质均衡发展的新体系。

加强与广东省、广州市教研机构的合作，共建广东省教育研究院黄埔实验学校、广州实验中学。借助省市优质教育资源，丰富区级课程建设，开展教学成果的实践研究与推广应用。

加强区级教研体系建设，完善区、片区（含集团）、校三级教研联动机制。增强区级教研统筹与指导能力，明确三级教研工作重点，构建三级网格化教研体系。推动区教研机构下沉一线，推进课程改革，指导教学实践，促进教师发展，服务教育决策，切实履行落实国家课程方案、开展教学改革实验、组织教学研究、实施教学诊断与改进、建设课程教学资源、培育推广优秀教育教学成果、为教育管理决策提供服务等职责（图4-2）。

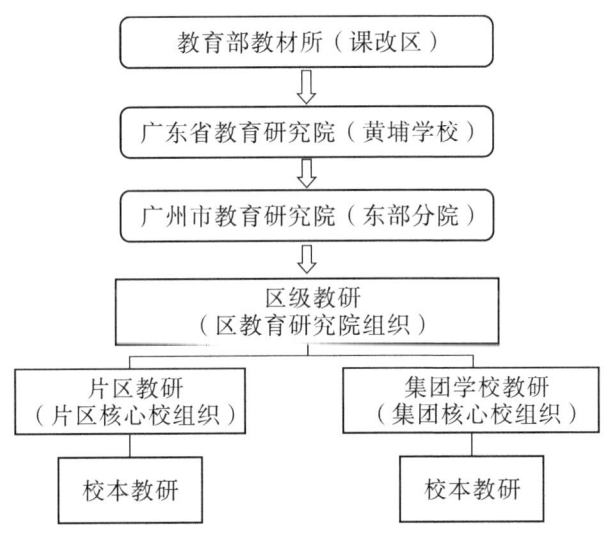

图4-2 黄埔区教研体系建设

（二）市区联动，开展主题鲜明的教研活动

在广州市教育研究院的指导下，黄埔区进一步加强教研活动的针对性，建立改进型的教研机制，根据教学实际设计教研主题，深入开展教学研讨。实行市区联动，以线上教研与线下教研相结合、集中教研与分片教研相结合、区域教研与校本教研相结

合的方式，不断优化教研配置，在课例研讨、案例分析、经验分享、学术沙龙中发展教师。关注薄弱片区学校，重点帮扶薄弱学校，科组开展教学研讨，制定教改措施，促进区级教研活动优质均衡发展。

构建指向深度学习的区域教研改进新机制。深度学习是我国全面深化课程改革、落实核心素养的重要路径，黄埔区借助"深度学习"教学改进项目，推进黄埔区以全面育人为导向的"教—学—评"新生态的建构（图4-3）。

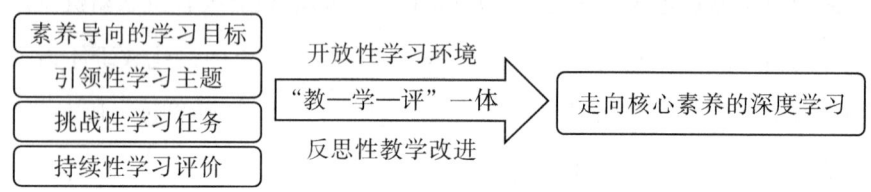

图4-3 构建"教—学—评"一体的区域教研新生态实践模型

（三）区级发力，支持教师专业发展

区级教研主要"面向区域内的全体学科教师，针对课堂教学中出现的问题，通过教学研究活动，解决教师'如何教学'"的问题[①]。随着教育改革的深化，学校在课程建设、教学实施、教学评价、教学管理、队伍建设等方面的需求逐渐增多。区级教研机构转型势在必行，丰富教研内容、改进教研方法，从单一教研到"教科研训"一体化，引导教师从"教"为主到"学"为主，从"学科教学"到"学科教育"，落实立德树人根本任务，着力培养教师的学科能力和教学能力，成为区级教研的重点和难点。

一是狠抓教学"常规"，夯实课改教改基础。教学常规是中小学教师从事教学工作应当遵循的基本规范，加强教学常规管理是深化课程教学改革、提高教学质量的基础性工作。2020年，区教研院组织编印《黄埔区中小学教学管理常规》，由各学校组织学习，规范教师教学行为；2023年初，再根据新课标理念，组织各学科教研员修订完善教学管理常规，指导中小学教师与时俱进，改进教学。加强教学视导工作，提高服务学校、服务教师和学生发展的水平，每周组织教研员到校集体视导，通过课堂观察、评课议课，了解教师的教学状况和业务能力，做好学科教学诊断，为教师教学、学科

---

① 徐伯钧. 我国地方教师发展机构建设研究[J]. 中国教育学, 2020（6）: 60.

组建设提供有效指导，为学校发展出谋划策。此外，各学科教研员坚持每周不少于一次的自主到校视导，通过定点帮扶与个性化指导，促进蹲点学校教师专业发展和学生全面成长，提高学校教育教学质量。

二是推进"双减"行动落实，实现减负提质增效。2021年7月，中共中央办公厅、国务院办公厅出台《关于进一步减轻义务教育阶段学生作业负担和校外培训负担的意见》（以下简称"双减"），提出着眼建设高质量教育体系，强化学校教育主阵地作用，深化校外培训机构治理。黄埔区教研院对标省市要求，积极发挥教研职能，组织研讨各学科作业优化设计与有效管理问题，制定指导意见，为学校推进课堂教学改革提供指引。此后，黄埔区教研院组织全区教研组长、备课组长及学科教师参加专项培训，提高全体教师对"双减"意义的认识，统一思想，在"减"上用力，在"增"上创新，通过开展专题研究，优化作业设计，形成典型案例，改进教学管理方式，做到"减负提质增效"。

三是组织"课标"学习，践行新课程理念。课程标准体现的是国家意志，具有"准绳""尺子"的规范和依据作用。正确理解核心素养的内涵是落实新课改的前提条件。为此，黄埔区教研院积极推进高中新课程实施，协助做好市级"双新"示范校和学科基地建设，带动区内教师提高新课程教学能力与新教材使用水平。《义务教育课程方案和课程标准（2022年版）》颁布后，黄埔区随即在教育部教材所的支持下，在全国率先组织义务教育阶段全体教师学习新课标，聆听各学科修订组核心成员的课标解读，指导教师从关注知识、关注学科转向关注人的发展，着力发展学生核心素养。组建学科教学研究团队，指导学校高质量开足开齐课程，进一步提升区域新课程新教材实施水平，满足学生个性发展，凸显普通高中多样化、特色化发展，义务教育均衡化、优质化发展的新格局，建设"教—学—评"一体化新生态。

四是坚持"问题"导向，开展"订单式"教研。创造始于问题，有了问题才会思考，有了思考才有解决问题的方法，才有找到独立思路的可能。2023年，黄埔区教研院创新工作思路，开展"问需于校、问需于师、自下而上选择教研"的"订单式"教研，在"孵化订单—产生订单—解决订单"的过程中，积极建构"自下而上选择教研"的新型教研体系（图4-4），即由学校提出问题，学科教研组形成问题清单，教研员从中提炼"真问题"，产生订单。然后，教研员根据订单内容落实专项指导，解决

"订单"。2023年上半年,"基于问题—解决问题—聚焦课堂—提质增效"的"订单式"教研现场会在教研基地校举行,获得好评。

图4-4 "订单式"教研实施路径

现场会后,黄埔区教研院继续以点带面,面向全区学校发送"订单式"教研问题需求清单,选择有意向的学校联合开展试点工作。同时,根据区域学校地域特点,采取"分片区集中教研"与"跨片区联合教研"的方式,以片区校际联动推进主题活动,培育优秀种子学校作为"订单式"教研基地校,发挥基地校在区域教育发展过程中的辐射引领作用,共建"黄埔教研样本"。2023年下半年,黄埔区长洲岛片区的"订单式"教研,为岛上教研活动提供了样本,受到学校和老师的欢迎。

发现问题就是发现发展空间。"订单式"教研遵循成人教育理论,以教师为中心,以需求为导向,鼓励教师思考问题、提出问题,变"自上而下"的教研为"自下而上"的教研,变教研员的"个人指导"为"团队共研",较好地发挥了教研部门研究、指导和服务的职能,促进了教研和科研的融合。

五是树立科学评价观,组织质量监测。发挥教学评价的引导、诊断、改进与激励作用,以核心素养为导向,明确教学评价要素,注重教育创新和特色发展,以评促教、以评促学,通过观课评课指导教师更新教学观念,增强专业素养,促进学生全面发展。探索人工智能技术辅助教学评价,利用技术手段为考生作"数据画像",提高教学的针对性和毕业班的备考水平。组织相应学段相应学科参加国家、省市组织的学业质量监测,构建"报告解读—调研定位—决策优化—学科改进—督导跟踪"的结果应用机制,诊断学校教育质量状况及学生的学业水平,指导学校树立科学的教育质量观和评价观,改进教育教学工作,推动区域教研生态的良性发展。

(四)校本研修,推进学校课程改革

"教师、校长的教育、教学以及管理的知识和技能必须在教育、教学和办学的真实

情境中进行学习、研修而获得。"[①] 黄埔区教研院加强校本研修指导力度，指导全区中小学有计划地开展主题研修、科学设计与实施研修活动，以实施新课程新教材、探索新方法新技术、提高教师专业能力为重点，落实"双减"政策，推进高中"双新"建设，改进教育教学工作。整合各级教研力量，推进黄埔区"教学评"新生态的建构。发挥教研组、备课组、年级组在研究学生学习、解决教学问题、指导家庭教育等方面的作用，加大教学成果推广力度，增强校本教研创新发展的动力。

实践表明，教研在推进学校变革、促进教师发展、提高教育质量方面具有不可替代的作用。黄埔区教育研究院坚持协同发展理念，加快构建新发展格局，实现教研工作全面转型，教研引领课程教学改革，服务学校教育教学、教师专业成长、学生全面发展和教育管理决策的能力得到了进一步的提升，培育了一批有价值、有影响的项目成果，形成具有黄埔特色的新课程样式。

二、重视教育科研，指引教师发展

教师的专业发展是一个动态、持续的专业化成长过程：既需要有良好的外部研修环境，也需要教师主动自觉地开展反思式研究与实践；不仅需要专业培训，也需要基于实践的教育科研与教学研究，并实现彼此的有机结合。[②]

（一）重视教育科研工作，提高教师专业素养

教育科研是用先进的教育理论作指导，采用科学有效的方法、规范的形式来解决学校发展、课堂教学、教师成长等各方面的问题，总结课程改革中成功的经验，反思教育教学中的行为，推广应用先进成功的科研成果，提高教育教学质量的认识实践活动。

在新课程背景下，教师在实践中提出的问题不是一次两次教研活动就能解决的，只有将问题转化为课题，以科研带教研，以教研促科研，才能进行有深度的教研，从传统教研工作过于注重经验总结向实践研究型教研转型，从而更好地解决实践中的问

---

① 李更生，刘力. 走进教育现场：基于研修共同体的教师培训新模式［J］. 教育发展研究，2012，32（8）：76-80.
② 徐伯钧. 我国地方教师发展机构建设研究［J］. 中国教育学，2020（6）：60.

题。① 作为研究者的教师，只有在基于问题的研究中提高自我学习力和课程领导力，才能真正实现专业化成长。作为学生成长的促进者，教师积极参与教科研实践，由"经验型"转向"科研型"，通过自觉学习理论，更新教育观念，以科研带教研，以教研促教改，更好地服务学生的全面发展。

可见，教师参加教育科研，是在更高的水平层次上开展教学。教师从强化日常教学中的科研成分着手，以科研的思路重新审视教学过程，发现问题、思考问题，形成解决问题的策略，并通过教学实践使其得到验证与完善，从而使教学工作逐步朝着最优的方向发展，也使教师自身的素质得到提升。

（二）推进区域教育科研，提升教育教学质量

教育科研工作是教师可持续发展的重要途径，是学校可持续发展的必然选择，是助力区域教育发展的强大动力。区级科研主要"通过教育科研活动为一线教师在课堂教学中遇到的问题求解，回答为何'这样教学'"②。黄埔区历来重视教育科研工作，积极探索和实施课题研究与教学实践相结合的策略，延展科研深度，提升教研品质。

1. 建立健全制度，促进科研工作开展

为加强和完善教育科研管理，提高教育科研的质量和效益，更好地发挥教育科学研究对教育改革与发展的促进作用，《黄埔区教育科研工作管理规定》（以下简称《规定》）明确指出，"凡在本区以及区级以上教育行政部门、教研部门、其他教科研机构、教育学会、学校立项或归口管理的教育科研课题项目、研究成果项目及相关的科研活动，均纳入本规定管理范畴"。《规定》从课题类别、选题申请和立项、研究实施与过程管理、结题验收与成果转化、科研档案管理与统计报备、经费资助与使用等方面予以指导，规范本区教育科研的管理，推动区域教育科研工作的发展。此外，《规定》明确指出，区内学校要成立教科研领导小组，建立科研队伍，配备专职或兼职科研工作负责人和管理人员，制定学校的教育科研项目管理规定，编制学校教育科研工作发展规划，形成校本教育科研制度，并要求参照区级课题的管理要求，按学校科研规划和管理规定，完成校级课题的评审和立项。

---

① 吴熙龙. 区域性教研工作转型发展的实践与思考［J］. 中国民族教育，2017（6）：39-40.
② 徐伯钧. 我国地方教师发展机构建设研究［J］. 中国教育学，2020（6）：60.

2. 组织专项培训，增强教师科研素质

为提高教师的科研素养，黄埔区教研院每年都组织区内学校参加各级各类教育科研专项培训，指导学校开展科研工作。

📖 案例

【骨干教师培训】

2021年10月，黄埔区教研院组织中小学、幼儿园骨干教师参加教师科研素养提升项目网络培训，由华南师范大学博士生导师扈中平教授主讲第一课，共4823人实时在线观看了直播，累计约1.85万次的访问量。另外，还邀请了三位高校的专家学者授课，内容包括理论层面的教育问题深层剖析，实操层面的学术写作、课题申报和成果培育，注重理论与实践的相结合，较好地激发了广大教师的学习热情，推动黄埔教育科研工作的开展。

【科研管理者】

2022年6月，黄埔区教研院立项教育部教材所基础教育课程改革实验区重点课题后，课题组立足区域实际，结合课改要求，围绕课程、教学和教研三个方面确定研究目标，开展研究。为指导全区教育科研工作，黄埔区教研院面向全区中小学组织开题报告会，邀请教育部教材所专家进行指导，为全区中小学课题管理干部和80项子课题研究团队更好地开展研究提供了样例。

【课题主持人】

2023年10月，黄埔区教研院针对科研中的热点和难点问题，分别组织省市级和区级课题主持人参加面授培训，强化教师的问题意识和实践应用，指导各课题主持人边研究、边实践、边反思，促进教师专业发展。

此外，黄埔区教研院积极组织教师参加市教育局主办的科研专项培训，如省市课题研究的申报、文献综述的方法、青年教师课题研究策略等，提高区内学校教师的科研素养。部分市区级课题开题、结题通过网络直播，让更多学校和教师受益。

多种形式的科研素养培训，指导教师在教育教学实践中发现问题、思考问题、解决问题，通过文献综述、问卷调查、行动研究、教育观察等研究方法，用新的教育理念去审视教育教学工作，反思教育教学行为，从单一的教学走向教学与科研的整合，

以研究促进发展。可以说，课题驱动、实践研究是教师专业发展的基本方法，也是学校高质量发展的主要路径。

3. 加强课题研究过程性管理，提高课题研究水平

在各级课题的管理中，黄埔区教研院坚持依规管理，评审、推荐、批准和指导全区中小学各级各类教育科学研究课题项目的申报、立项、实施和结题工作。在选题方面，要求对教育发展和改革有一定的理论和实践指导意义，对教育教学质量和课堂教学改革有促进作用，对素质教育实施和课程改革有推动作用，对学校发展、教师发展、学生成长有指导作用。在评审阶段，邀请学科专家进行开题论证，对课题的实施开展提出建设性的意见和建议，完成课题的批准立项或推荐上报。鼓励教师开展研究，每年区级课题立项100多项；组织学校申报各类课题，支持学校开展校本课题研究，指导学校通过研究促进教师发展。做好教学成果培育工作，邀请国内知名专家对教学成果申报予以指导，提高本区教学成果的含金量。

4. 培育教学成果，推广应用成果

黄埔区教研院建立"以成果为导向"的科研管理体系，培育、扶持、宣传和推广优秀教育科研成果，评审、奖励、推荐优秀成果。对实践意义较大、影响较广的研究成果，以观摩、讲座、研讨会、经验交流会、公开课等形式示范、展示与分享，推动教育科研成果在教学中的转化和应用，促进本土成果的推广和传播，指导和推荐本区优秀教育教学成果参加上级部门组织的评选。

五年来，黄埔区共立项教育部课改实验区重点课题1项，省级课题20项，市级课题77项，在全市处于中上水平。仅2022年，就有广东省规划课题立项5项（含重点1项），省综合改革专项课题立项1项，市规划课题立项64项。在教学成果培育方面，2023年市级教学成果19项；2019年、2021年，黄埔区共有小学语文、初中语文、初中生物和学前教育四项教学成果获广东省教育教学成果（基础教育类）一等奖；2023年，黄埔区天韵小学曹利娟校长主持的"过快乐的语文生活：小学语文读写结合策略的实践探索"和香雪幼儿园王秋老师主持的"幼儿园高质量大型户外建构游戏的实践探索"两项成果获2022年度国家级基础教育教学成果奖二等奖，成绩斐然，在全市各区中居于榜首。

（三）改进区域教育科研，注重课堂成果转化

教育科研对教育改革发展具有重要的支撑、驱动和引领作用。当前，教育改革发展十分活跃，新情况新问题层出不穷。区级教研机构要坚持吸收借鉴和创新相结合，综合运用各种研究方法，创新教育科研范式，不断提升教育科研质量。

一是理论联系实际，激发创新活力。深化区级科研组织形式和运行机制改革，加强科研人员的配备，推进研究范式、方法创新，调动教育科研工作者的积极性、主动性、创造性。坚持实事求是、理论联系实际，围绕社会关注、人民关切的教育热点难点问题，在落实立德树人根本任务、发展学生核心素养、推动义务教育优质均衡发展等重点领域和关键环节展开研究。义务教育新课标颁布后，在教育部教材所的指导下，黄埔区持续开展课标实验研究生物学、信息科技（信息技术）学科项目，面向全国20个实验区分享研究经验，展示研究成果，优秀课例通过"教研网"向全国推广。

二是服务实践需求，增强科研意识。华东师范大学教授郑金洲认为，中小学教师的教学科研要"立足于日常教学实践，通过经验总结、教学反思、行为改进等自身的行动方式，解决教学实践中碰到的问题，推动教学改革，提高教学质量"[①]。在区域教育科研中，要加强以问题为导向，注重调查研究，通过深入教育一线，掌握第一手资料，寻求破解教育难题的有效策略和办法。指导学校和教师加强校本研修，特别在教育理念、课改政策、教学方法，以及强化作业和考试评价等育人关键环节进行研究。以国家、省、市教育科学规划课题研究为抓手，进一步提升教师教育教学研究能力和理论素养，探索适应新时代要求的教书育人有效方式和途径，推动解决教育教学实践问题。

三是打造"教育智库"，催生科研成果。作为区级教育智库，要加强教育研究，普及教育科学知识，凝聚社会共识，为教育改革发展营造良好氛围。同时，进一步完善教育科研机制，充分发挥专业引领作用，发挥大数据分析、决策模拟等在政策研制中的作用，提高教育科研工作质量和服务水平，建设一支高素质创新型科研队伍，催生出一批优秀的教育科研成果。

四是支持课题研究，指导教学成果转化。聚焦教育综合改革，悉心指导学校教育

---

① 李冲锋. 教师教学科研指南［M］. 上海：华东师范大学出版社，2012.

教学工作，推动科研成果转化为教育实践。支持学校开展教育教学实践研究，引导教师坚持理论联系实际，遵循科研规律，树立正确的科研价值导向，加强学术自律，主动学习新知识，善于运用新技术，改进教学方法，提高教育质量。积极搭建交流展示平台，传播先进教育理念，促进教育科研的开展，并把教育科研成果转化为教案、转化为决策，汇聚成推进教育现代化的强大动力，实现教育科研提质增效，推动区域教育优质均衡发展。

教师是研究者。与教学相比，科研过程具有面向未知世界、探索未知知识、解决真实问题等特点，有助于拓展学生素质结构，提升人才培养质量。身为教师，在教学工作中可以融入科技前沿的学习认识、科研心得和成果，优化教育教学成果，提升自己的科研境界，从而在研究中实现"教学相长"。[①]

三、实行分层分类，推进精准培训

教师培训是提升教师专业素养的基本途径，是建设高素质专业化创新型教师队伍、推动教育高质量发展的基础保障。近年来，广州市、黄埔区树立新思维、采取新机制、探索新方法、突出供给侧，通过分层、分类、分科组织实施教师培训，提高教师培训的针对性和实效性。

（一）优化教师培训体系建设

自2003年起，广州市实行中小学教师继续教育全员培训，分为远程和面授两种形式。课程类型覆盖各学段和各学科，主要内容包括思想政治教育和师德修养、专业知识更新与扩展、现代教育理论与实践、教育科学研究、教育教学技能训练和现代教育技术、现代科技与人文社会科学知识等。截至2024年上半年，广州市中小学教师继续教育网累计培训课程5300多门，为广大中小学教师提供了"菜单式、自主性、开放性"的选学服务平台，老师们根据各自的需求，从中选择相应的课程学习。"十四五"期间，广州市中小学教师每年参加继续教育累计不少于90学时，其中公需科目不少于30学时，专业科目不少于42学时，个人选修科目不少于18学时。

为进一步优化中小学教师培训体系，推进分层分类精准培训，提高教师专业素养，广

---

① 严纯华. 浅谈教学与科研的关系［N］. 光明日报，2020-09-10（16）.

州市加强教师发展支持体系建设,构建"1+6+11+N"教师发展支持体系(图4-5)。采取"三加强"措施,即加强研训队伍建设,深化培训模式创新;加强培训资源建设,建立教师智能研修体系;加强培训特色品牌建设,健全培训质量管理体系。按照"三类四阶段"进阶式培训新体系建设(图4-6),服务教师发展体系,服务教师队伍规划,服务教育现代化人才保障,服务教师专业发展。

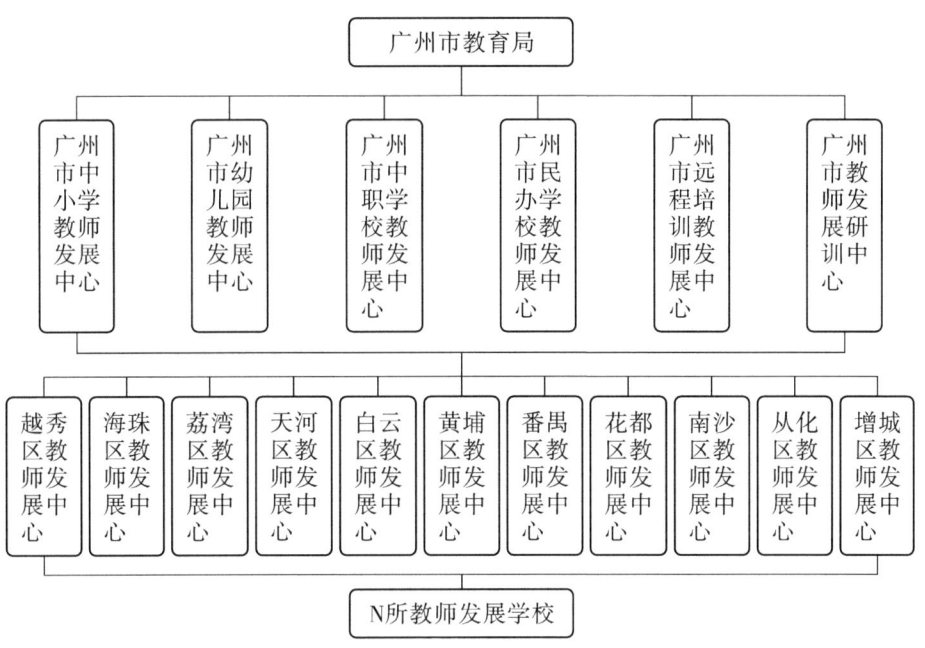

图4-5 广州市"1+6+11+N"教师发展支持体系

随后,广州市中小学教师继续教育平台根据"三类四阶段"进阶式培养要求,结合继续教育实施意见修改选课系统:由教师先进行测试,了解自己所处的阶段,系统根据教师测试结果,精准推送培训课程,力求增强培训的针对性,进一步满足教师发展的不同需求。

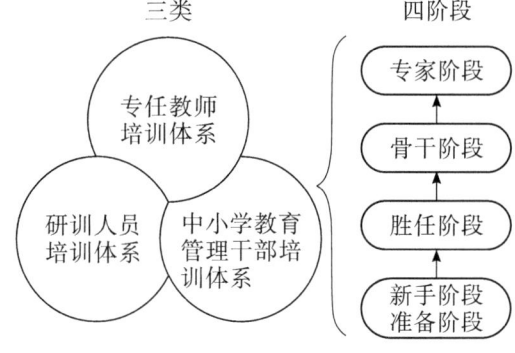

图4-6 广州市"三类四阶段"进阶式培训体系

(二)推进教师精准培训

广州市共有11个区级教师发展中心,其主要职责为:在市区两级教育行政部门的领导下,在市级业务部门的指导下,做好教师专业化发展规划设计,落实区域内教师全员培训任务,加强民办学校教师培训,开展小学校长和幼儿园园长任职资格培训、提高培训、高级研修和专题研修,开展区域内骨干教师、学科带头人和幼儿园教师培训,加强对校本研修和教师发展学校建设的管理和指导,做好高水平教育人才的储备,开展教师专业发展研究及成果推广。

据此,黄埔区教育研究院(黄埔区教师发展中心)不断完善教师培训体系建设,满足不同阶段、不同类型、不同学科的教师成长需要,为教师成长创造条件、搭建平台。

一是选派教师参加高端培训。选送优秀校长、教师参加国家、省、市培训项目,主要包括"百千万"人才培养工程、"卓越校长"培养工程、"强师工程",以及学科骨干教师培训、校(园)长任职资格培训、校长信息化领导力培训、基础教育领域改革人才高级研修、中小学教师育德意识和育德能力培训等。选派研训管理者参加国培、省培、市培项目,学习新理念新技能新方法;选派教研员参加教育部课改实验区专项培训和省市新课程、新教材、新教学研修,组织教研员参加省市教育研究院组织的理论学习和教研活动。支持干部教师外出学习,通过参加各类高端培训,汲取养分,学以致用。

二是组织实施区级培训项目。为增强培训的实效性,黄埔区教研院走访区内学校,开展专题调研,举办座谈交流,了解教师培训需求,设计培训方案,做好课程设置,改进培训内容,贴近一线教师教育教学实际,加强培训的过程性管理,重视培训评价工作。强化研训一体,以实施新课程新教材,探索新方法新技术,提高干部教师专业能力为重点,每年面向行政干部、研训人员和学科教师组织教育管理、教学研究、综合素养提升等多项培训,助力区内中小学干部、教师的专业发展。

1. 分层分类施训,提高培训的针对性

教育管理干部培训。结合当前教育改革发展形势与政策要求,引领中小学校干部拓展思维视野,提升能力素养,着力增强适应新时代教育改革发展要求的本领,打造高素质管理干部队伍。例如,组织校(园)长任职资格培训,采取理论学习、集中培训相结合的方式,提高新任校级(后备)干部履职能力;组织年轻干部培训,支持学员到区内外名校、市（区）教育行政部门及支撑机构跟岗学习，在岗位锻炼中增强综合素质；组织教导主任培训，邀请国内知名专家授课，更新学员的教育理念，提高解决问题的能力；组织教学管理干部和校本研修负责人研修，学习义务教育新课程标准，指导校本研修，带领学员走进国内知名学校，感知校园文化，深入课堂观察。推荐优秀校长前往国内校长研修基地跟岗学习，学经验促发展，提升区内学校办学质量。

研训人员研修。研训人员是"教师、校长及管理干部的培训者、引导者、服务者，通过培养、培训、服务和指导来影响教师、校长乃至管理者的素质和技能，是教师继续教育的引领人"[①]。组织教研员专项培训，既注重专家引领，做好"输入式"学习，更注重经验分享，做好"输出式"学习；重视学习共同体建设，组织省、市、区名校长、名教师、名班主任工作室主持人参加各级各类研修，提高工作室建设水平，带动工作室成员的发展，引领区域教师发展；组织中小学校本研修负责人培训，提高研修人员的理论水平和组织管理能力，推进校本研修工作。

专任教师培养。除了日常的学科教研外，面向不同发展阶段不同类型的教师组织专项培训，提高教师的师德修养、学科教学能力、班级管理水平，组织开展全员信息技术素养大赛，落实新教师、骨干教师、名师培养工作，支持专家型教师发展。通过师徒结对、遴选认定、培养培训、挂职锻炼等方式，在培训、奖项、课题、论文、公开课、教学成果孵化等方面为广大教师创造条件、搭建平台、促进发展。如初中数学教研以问题驱动、研训一体、共同发展为原则，聚焦年轻教师、骨干教师发展，科学调研教师需求，设计区域教研主题，围绕"高效课堂建设、课程标准学习、教材教法研究"三个方面开展片区教研系列培训活动。

2. 推进研训一体，增强培训的实践性

"要想让教师、校长获得真实的知识和技能，就必须让他们走进真实的教育现场，走进学校，走进课堂，走进教师，对话实践者。"[②] 黄埔区教研院立足教学实践，以典型案例为载体，紧密结合学校实际，组织主题鲜明的教师培训活动，引导教师适应新的教学形势，更新教学理念，改进教与学的方式。例如，新教师培训项目，通过理论

---

① 李更生，吴卫东. 教师培训师培训——理念与方法 [M]. 杭州：浙江大学出版社，2014：8.
② 李更生，吴卫东. 教师培训师培训——理念与方法 [M]. 杭州：浙江大学出版社，2014：5.

学习、专题讲座、课例研讨、案例分析、现场诊断、专业阅读、分享交流,指导年轻教师成长;区级名师工作室主持人培训项目,由主持人在省市教学现场会、阅读研讨会等多项活动中执教课例,邀请国内知名专家、省市教研院专家进行课前指导和课后点评;校本研修负责人培训项目,带领学员走进学校,现场教学,增进认识……此外,还通过组织区级微课、论文比赛以及课题研究等形式,引导广大教师"做中学、学中做",切实提高专业素养。

3. 鼓励创新发展,打造黄埔师训品牌

创新是发展的不竭动力。紧密结合区情,创新教师培训形式,丰富教师发展内涵。2021—2023年,黄埔区每年新进教师1000多人,为做好新教师的培训工作,黄埔区教研院连续三年委托国家教育行政学院开展网络培训,在遵循新教师成长规律、依据教师培训课程指导标准的前提下,聚焦新教师专业发展核心素养、信息技术与学科融合、学科素养养成等设置培训内容,突出实操性、实用性和实效性。这一经验做法在中宣部的"学习强国"APP得到宣传推广。

传承书院文化,延请知名专家登台开讲,形成黄埔师训特色。2021年5月,黄埔区继承中国古代书院的优良传统,在全市首创"教师书院",为区内中小学教师开辟学习、研讨、交流的新场所。黄埔教师书院结合热点难点问题,邀请李希贵、吴颖民、李海鹰等名家讲学论道,鼓励骨干教师教学创新,以学术讲座、名师论坛、主题研讨、教师沙龙等多种形式,从教育科研、课程建设、学科教学、艺术素养等多个角度组织系列培训,逐渐成为黄埔师训的特色品牌,获得广泛赞誉。

指导校(园)本研修。黄埔区教研院以"基于学校、在学校中、为了学校"为旨归,发挥学校的主观能动性,鼓励学校积极开展校本研修,在政策、资金等方面予以必要的支持。加强对全区中小学校本培训的管理,做好日常指导、检查、督促工作,自2018年起全区中小学(幼儿园)在广州率先建立暑期全员培训制度,强化师德师风建设,要求围绕安全教育、高中"双新"建设、义务教育新课标学习、"双减"政策解读等内容,结合学校实际组织校本培训。2023年,黄埔区教研院分批组织校本研修负责人前往上海和成都,学习两地的先进经验,培训后迁移应用,推进各校教师研修工作的开展。

合作开展教师培训。多年来,黄埔区秉持开放的心态,与国内知名高校、国家省市科研机构合作，引入外部资源，深入推进课程教学改革。如与北京师范大学合作"儿童阅读""攀登英语"项目，在提高学生的阅读素养和英语水平的同时促进教师专业发展；与华东师范大学教育部中学校长培训中心合作"中学办学质量提升工程"，立足三所初中实验校，辐射全区中小学，提高学校的办学水平；与上海教育科学研究所合作"品质课程建设"，强化学校的课程意识，提高课程建设水平。目前，黄埔区借助教育部基础教育课改实验区、黄埔数字与智能化教育装备创新与应用项目、中外人文交流广州（黄埔）教育创新区等"三大项目"的优质资源，组织优秀干部教师外出前往国内优秀骨干教师研修基地学习培训，拓宽黄埔教育管理干部和骨干教师的视野，助力黄埔教育迈上新的台阶。

教师培训是教师发展的重要路径。课程化、多元化、个性化的教师培训，有助于突出教师的核心素养，引导教师建立专业认同，为教师开发课程提供指引，支持教师个体发展，促进学校组织发展，推进教育改革发展，提高学生的学习能力和思维发展水平，更好地服务于学生成长。

四、发挥技术优势，提升信息素养

当今世界，数字技术正成为推动教育变革的重要力量，以人工智能、大数据等为标志的新一轮科技革命正在全球范围内兴起，以数字化、智能化、终身化、融合化为特征的技术革命，对中小学教育产生了巨大的影响。为顺应新形势新理念发展，黄埔区教育研究院多措并举、多管齐下，提升教师信息素养，推动区域教育现代化。

1. 组织全员培训，技术赋能教师发展

信息技术应用能力是新时代高素质教师的基本素养。大数据、人工智能等新技术变革对教师信息素养提出了新要求，服务国家"互联网＋"、大数据、人工智能等重大战略，黄埔区教育局推动教师主动适应信息化、人工智能等新技术变革，构建以校为本、基于课堂、应用驱动、注重创新、精准测评的教师信息素养发展新机制。2022年底到2023年上半年，为促进新媒体新技术在教学中的有效应用，黄埔区教研院委托区内科技企业组织全区中小学教师信息素养大赛，以教育理念创新、教育实践创新、教育评价改革创新和教育质量提升为重点，全面促进信息技术与教学融合创新发展，提高了教师教育信息化教学能力。

📖 案例

大赛分为三个阶段。第一阶段为教师线上训练营培训（全员学习）。教师登录线上学习平台"希沃学苑"，按平台要求在规定时间内完成培训视频"交互式课件制作"的学习及测试。第二阶段为骨干教师线下提升研修班，每所学校推选1~2名热爱信息化教学的骨干教师参加。第三阶段为教师信息素养能力大赛，借助希沃白板及希沃信鸽为教师提供集体备课和在线教研的工具，开展教师信息素养能力大赛，以赛促用，以赛代培，展现中小学教师信息素养提升培训的成果，提升教师信息化深度应用能力。本次大赛，提高了教师的教学课件制作能力、微课制作能力，指导教师丰富教学内容，优化教学方式，增强教学效果。同时充分发挥备授课教学软件、学生评价系统等功能，对整校推进教师信息应用能力提升起到较好的促进作用。

本次全员信息素养大赛，将集中培训、网络研修与实践应用相结合，以学科信息化教学为重点，全方位升级支持服务体系，保障融合创新发展。适应信息技术发展趋势与分层分类培训需求，更新拓展标准体系，提高能力标准的引领性；优化培训团队建设，创新教师培训方式方法，提高培训指导的针对性；激励开放建设，改善资源供给，提高研修资源的适用性；变革测评方式，充分利用新技术开展教师研修伴随式数据采集与过程性评价，提高测评助学的精准性。

此外，黄埔区教研院积极推动信息技术与教师培训的有机融合，实行线上线下相结合的混合式研修，组织开展多项教师培训，如优秀网络学习空间建设、优秀微课系列在教学教研中的应用、万彩动画大师使用、Classin未来教室等，整校推进教师信息技术提升工程2.0，组织教师参加微能力比赛。选送优秀作品参加省市基础教育精品课评比，在竞赛中促进教师信息素养提升，引领带动中小学教师、校长将现代信息技术有效运用于教育教学和学校管理。

2. 开展专项培训，提高学科教师专业素养

近年来，为帮助教师掌握现代教育技术，黄埔区教研院面向学科教师开设了大数据、云计算、人工智能和"互联网+"等专题培训课程，提升学科教师的信息技术素养，使教育教学与信息技术深度融合。2019年，黄埔区成为"广州市中小学人工智能课程改革实验区"，广州版人工智能教材在区内学校举办新闻发布会；2021年，人工智

能课程教学被列入常规教学视导范畴。目前已实现公办中小学人工智能科创室全覆盖，人工智能普及型课程全开设。

在教师发展方面，黄埔区教研院重视在日常教研、科研、培训中培养学科教师。2020年，组织全区50所学校教师参加专项培训，共培训教师400人次；2021年，组织人工智能教师教学能力、信息技术教师专业发展、人工智能科学普及等专项培训10场，共培训教师1020余人次；2022年，累计开展讲座16次，共培训教师2400人次。此外，黄埔区教研员主持广东省"十四五"教育规划重点课题研究，市区名师工作室与科技教育名教师工作室多次联合组织教学研讨活动，多种形式促学科教师发展。

3. 创新研训实践样态，构建智慧研训新方式

黄埔区地域狭长，中小学分布广、场地分散，集中教研通勤不便。为减少工学矛盾，提高教研的便捷性，黄埔区教研院不断探索基于"互联网＋"的教研组织形式，积极利用大数据、云计算、人工智能等现代技术，着力推动教研主体融合、教研内容创新、教研路径优化、教研方式升级，提高指导教师信息化教学的能力。通过视频会议、网络连线，教师可以足不出户，只要打开电脑端（电视端）的摄像头，就可开启网络教研（网上观课、聆听讲座、经验分享、研讨交流等）模式。

2020—2022年抗击新冠肺炎疫情期间，黄埔区教研院制定措施，第一时间指导教师学技术、用技术，在线上教学、电视课堂及远程培训中有效提高教师的现代教育技术水平。2020年，组织教师录制201节"广州电视课堂"三年级线上课程，点播量及点赞率位居全市第一；2021年，组织教师录制广州"共享课堂"268节，涵盖各学段多学科；2022—2023年，组织教师参加教育部基础教育"精品课"评比，在竞赛中提高教师信息技术素养。

黄埔区教研院将继续常态化开展网络教研活动，实现教研活动线上线下结合，促进信息技术与教学、科研、培训的深度融合。目前，黄埔区教研院组织的多项研训活动，如学科教研、工作室研修、教师书院系列培训等，覆盖西藏、新疆、贵州、福建以及省内的清远、湛江、梅州等教育协作地区，支持中西部教育协作，分享优质教学资源，广泛传播先进教学理念和有效教学方法，在跨区域联合研训中提升教师发展水平。

4. 加快信息化建设，开展教学评价研究

黄埔区教育顺应"互联网＋"形势发展，积极发挥区内人工智能、虚拟现实等科技型企业和研发机构的创新优势，加大信息化装备投入，优化基础设施，以智慧教育提升教师信息技术应用能力，构建数据驱动的区域教育治理体系，打造智慧教育示范区，提升区域教育智能化水平。

黄埔区教研院加强网络平台建设，搭建"黄埔区智慧教育云平台"，链接国内权威优质中小学教育资源门户网站，接入国家数字教育资源公共服务体系，汇聚学科资源建设总量达839万多份，开通空间数量2万余个，重点建设典型案例和网络课程，积极开发微课程，推动数字教育资源的共建共享，提高优质课程资源供给水平，为教学活动提供网络平台保障。建成"黄埔区教师发展管理平台"，为教师发展与评价提供技术支撑。

积极探索"人工智能"时代教育教学管理、课程建设、教学方式变革。推进仿真实验、移动终端、智能纸笔、智能教学助手、智能学伴进课堂等新技术、新媒体的应用。通过大数据、人工智能精准掌握学情及个体差异，重塑课堂教学模式与方法，实施分层教学，实现因材施教，推进标准化教育向个性化教育的转变。开展"人工智能助力高中学习能力提升"等项目实践，探索基于大数据和学习分析技术的差异化教学、个性化学习、学科教学评价，提升作业与考试质量。构建以学习者为中心的智慧校园生态，"建设教育教学大数据平台和教与学诊断系统，加强数据研究和应用，推进教与学深度研究和困难问题精准解决"[①]，促进黄埔区新课程高质量实施。以科学的评价促进黄埔区新课程高质量实施，打造智慧教育示范区。

经过多年的培育，黄埔区多所中小学被确定为各级各类实验学校，如中央电教馆中小学虚拟实验教学实验学校、广州市中小学教师信息技术应用能力提升工程2.0试点学校、广州市人工智能课程改革实验学校等。2023年，黄埔区成为广州市创建"智慧教育示范市"支撑区。

5. 利用高端资源，促进教育高质量发展

为提高黄埔区中小学数字与智能化教育装备建设与应用水平，提升教育教学质量，

[①] 李冉，何成刚. 区域教研工作要可操作、可落地——对各省级教研工作实施意见的特色简析与思考[J]. 人民教育，2022（04）：18.

2022年，黄埔区和教育部教育装备研究与发展中心合作，启动全国首个"数字与智能化教育装备创新与应用项目"建设。教育部装备项目专家组开展专题调研，走访学校、深入课堂、组织座谈，了解一线教育教学情况，形成调研报告，量身定制绘就黄埔教育数字化转型发展的路线图。专家团队为全区校（园）长作"教育高质量发展与数字化转型"等专题报告，提高校（园）长信息技术领导力，与学校教师线上研讨线下指导，探索学校教育数字化发展和转型的有效路径，形成案例群。教育部教材所信息技术课程项目组专家多次开设讲座，组织交流分享会指导课例，提升学科教师的专业素养。2023年，黄埔教育数字化转型经验在全国教育技术与资源装备会议上宣介推广。

"互联网＋教育"既是教育变革的必然趋势，也是构建服务教师终身学习体系的必然选择。在发展学生核心素养中，教师唯有不断学习、不断探索，才能适应新的教育形势，提升网络学习空间应用能力、课程资源开发能力，抓实质量检测和绩效评估，促进信息技术与教育教学融合创新发展，实现师生的共同成长。未来，黄埔区教育研究院将聚焦"应用、共享、创新"这一主题，加强教育平台与优质教育资源建设，用"互联网＋"思维为承载新理念的现代教育新生态服务，探索智能化教育、跨学科教学等教育教学新模式，提升校长、教师实施数字化教育的能力，为黄埔教育可持续发展注入新的动能。

第二节 "五级阶梯"策略

在456N区域教师发展模式中，"5"是教师专业发展的五级阶梯（新教师、新秀教师、骨干教师、名教师、专家型教师）（图4－7）。在教师发展的五级培养中，通过新教师培训、师徒结对等形式，为新教师成长搭建平台；通过举办各种竞赛活动，推动新秀教师成长；通过认定和培养骨干教师，加入名师工作室研修，推动骨干教师向名教师发展；通过培养区级、市级"三名"工作室主持人，培育名师队伍；通过名师培养工程，引导名师成为正高级、特级教师，跻身省市教育专家行列；通过梯级培养，引导教师终身学习。

图 4-7 教师发展五级阶梯

一、区域教师发展的基本策略

正如前文所言,在区域教师发展中,黄埔区遵循教师发展规律,组织形式多样的教师发展活动:如"订单式"教研重心下移,以问题为导向,以课例为载体,发挥教师的主体性,提高教师的教研水平;课题研究侧重过程性管理,引导教师做好申报、立项、开题、研究、结题等工作,增强实践性,在研究中提高教师的研究水平;教师培训分层分类,注重创新性,坚持"输入式"学习和"输出式"学习相结合,提高实效性;在教研、科研和培训中,广泛运用信息技术,通过网络传播,开展线上教研、远程培训、课题指导等,实现实时互动,大大提高了教师研训的便捷性。

实践表明,整合了教研、科研、培训和信息技术等职能的区级教师发展中心,有效降低了不同单位之间的沟通成本,提高了工作效率,"四位一体"的研训,更有利于区域教师的发展。就区域教师发展而言,主要有以下策略:

一是涵养师德,夯实基础。教育是潜移默化的过程,教师的工作是为了促进学生的成长,"为人师表,言传身教"是每一位老师的行为准则,要坚持立德树人,关爱学生,注重教师职业道德的养成,培育良好的师德风尚,强调廉洁自律。同时,重视"以人为本",引导教师不但要"育人",还要"育己";不但要促进"学生的发展",也要促进"教师自己的发展";不但要为学生健康的身心、丰富的世界和美好的社会生活服务,也应该为教师自己的幸福服务。教师的专业活动,应该是发展的。① 正如"人民教育家"于漪老师所言,"一辈子做教师,一辈子学做教师"。

二是做好规划,站稳讲台。职业生涯规划由著名管理学家诺斯威尔提出,指的是

---

① 胡惠闵,王建军. 教师专业发展[M]. 上海:华东师范大学出版社,2014:15.

个人结合自身情况以及眼前制约因素，为自己实现职业目标而确定行动方向、行动时间和行动方案。① 年轻教师易于接受新思想新事物，具有较强的可塑性，及早做好职业生涯规划特别是专业发展规划，有助于他们正确分析自我、认识自我，更好地把握发展方向和学习契机，重视实践成长，以更大格局、更大担当，努力成为学生的"经师"和"人师"，尽快站稳讲台，早日成为骨干教师。

三是课例研讨，筑牢功底。新课改凸显学生的主体地位，要求教师更新教育理念、转变自我角色，构建高效的课堂教学模式，培养学生解决现实问题的能力。课例研讨"以典型教学内容为载体、以教学实践情境为场域、以实践共同体为单位、以专业引领为支撑、以同伴互助为主要形式、以优化课堂教学质量和提高教师专业能力为核心目的"②，贯穿于教师发展的不同阶段。从确立研讨主题到选择课例，从教学设计到执教课例，从课后研讨到教学反思，教师在思维碰撞中不断思考，在同课异构等实践中，不断提升能力。如美术学科教研活动围绕"立足课标 活用教材"这一主题，采取同课异构"1+3"的形式，由1位骨干教师带3位新秀教师共同建课，相互研讨，为骨干教师和新秀教师提供了业务学习的机会，促进了不同发展阶段的教师交流。

四是专项培训，搭建平台。做好培训需求调研，科学设置培训课程，组织教师参加德育类、教学类、素养类、技术类专项（题），以集中与分散相结合、理论与实践相结合、组织培养与个人研修相结合的方式，通过专题讲座、课例研讨、经验分享等形式，更新教师教育理念，转变教学观念，促进教师发展。为教师成长搭建舞台，组织主题研讨、教学沙龙、读书分享等活动，变"被动"学习为"主动"学习，提高教师参训的积极性。

五是课题研究，增强意识。中小学教师的研究主要是指教师通过对自身教育教学行为的观察、反思与探究，以改进和完善自己的教育教学实践为目的的研究，它植根于教育教学之中，是"基于实践、在实践中、为了实践"的研究。教师的研究聚焦自己特定教育教学情境的经历、体验与感悟，描述自己教育教学生活中实际的遭遇、困

---

① 杜秀芳. 教师职业生涯规划与发展［M］. 上海：华东师范大学出版社，2014：7.
② 杨彦军，童慧. 基于课例研究的教师知识协同建构模型及其实践效果研究［J］. 电化教育研究，2015，36（12）：103-108.

惑与迷茫，以及尝试理解与解决教育教学问题。① 鼓励教师积极投身基础教育课程改革，积极参与教学研究，自主申报课题，在研究中成长。

六是专业阅读，提高素养。阅读是人类培养道德、获取知识、启智增慧的重要途径，可以丰富教师的学识，拓宽教师的视野，扩大教师的格局，筑牢教师的基础。在专业阅读方面，教师研读专业发展所需书籍，能够提升阅读素养，增强科学思维能力，获得分析问题和解决问题的智慧。现实中，离开专业阅读的教师发展，具有明显的局限性。

七是教学竞赛，提高综合素质。尊重教师学习特点，通过教师自主学习、团队合作，引导教师"做中学、学中做"。通过组织教师教学比赛，锤炼教师基本功，如教学设计比赛，引导教师明晰教学理念，做好教学设计；教学论文比赛，引导教师聚焦问题，阐述见解；演讲比赛，提高教师的口头表达能力，促进教师理性思考；微课（精品课）制作比赛，引导教师学技术、用技术，与教学紧密结合，增强教学效果。

八是教学反思，提高教师水平。1989年，美国著名心理学家波斯纳提出了教师成长的公式：成长＝经验＋反思。所谓"反思"，指的是思考过去的事情，从中总结经验教训。教师反思则是教师主体对自身、教学实践、教育观念、教育经验和教育行为等进行思考、审视、批判以及自我调控的一种积极的认知加工过程，具有自身性、主动性、自我调控性和自我批判性。② 教育教学是预设基础上的生成过程，教师需要在复杂多变的教育实践中，依据教育教学规律灵活地调整自己的行为，"教师通过对具体的教学情境和教学事件的关注和反思，将感性的、表面的经验提升，就可使其上升为自身的实践智慧"③。教师的培养，需要广大教师立足于自身的专业实践，通过撰写教育总结、教学案例、教育教学论文，在学习与实践、在总结与反思中不断提升综合素养，从而找到专业成长的空间。

由此可见，教师发展、人才培养是系统工程，需要全面、系统推进。当然，教师的发展阶段不同、特点不同，所采取的策略有所差别，主要表现如下：新教师发展重在区校联动，规范培养；新秀教师发展重在教书育人，学赛结合；骨干教师发展重在

---

① 胡惠闵，王建军. 教师专业发展 [M]. 上海：华东师范大学出版社，2014：38.
② 胡惠闵，王建军. 教师专业发展 [M]. 上海：华东师范大学出版社，2014：149-154.
③ 赵瑞情，范国睿. 实践智慧与教师专业发展 [J]. 教育导刊，2006（7）：7-9.

激发热情，开拓创新；名教师发展重在构建学习共同体，示范引领；专家型教师发展重在凝练教育思想，扩大影响力。

二、新教师发展：区校联动，规范培养

新教师指的是入职初期的教师，一般为入职三年内的年轻老师。面对新的环境，新教师要实现从学生到老师的角色转换，需要经过一段适应期。这一时期，由于新教师对学校组织结构和制度文化了解甚少，对职业角色要求和规范所知有限，跟实际工作密切相关的专业知识、经验和技能掌握不多，因而碰到的困难大多与如何适应并完成常规的教学工作和管理工作有关。这一时期，是新教师成长的困难期，也是教师发展的关键期，对教师自身发展尤为重要。因为"新教师的走向，不仅决定着未来青年教师的成色，也预示着未来教育的底色"[①]。

（一）新教师培养对区域教育影响深远

新教师是未来教育的主力军，新教师的素养决定未来教育的质量。随着广州城区向东发展，带动黄埔区经济发展，基础设施完善，人口数量激增。为了满足适龄儿童的教育需求，近五年黄埔区每年新建一批学校，新招一大批教师，部分教师岗位要求研究生以上学历，不少岗位竞争激烈，数十人乃至上百人报考一个职位的情况屡见不鲜。经过多轮竞争后，新教师整体素质较高，其中不乏名校优秀毕业生。新教师大部分为应届毕业生，包括师范生和非师范生，其教学水平直接影响未来黄埔区教育的发展。因此，帮助新教师缩短适应期，加快新教师专业发展成为当前黄埔区教育面临的一个重要且迫切的问题。

（二）多措并举促进新教师专业成长

教师专业发展包括求生期、巩固期、更新期、成熟期。新教师处于求生期，对未来的教学具有决定性的影响。尽管这些年我国教育界对教师及教师教育的研究日趋活跃，但还未能真正建立教师职前培养、入职指导、职后教育一体化的体系，新教师入职指导往往与岗前培训混为一谈，未能得到足够的重视，学校对切实培养教师适应教

---

① 张民选，徐士强. 教育的突破：上海优质教育的关键[M]. 北京：中国人民大学出版社，2020：89.

育教学工作还缺乏有效的对策。因此，黄埔区加强新教师成长的研究，以多种形式开展新教师培养工作，指导学校多管齐下加快新教师的专业发展。

1. 区级培养：高度重视，创新模式

多年来，黄埔区教师发展中心高度重视新教师培养工作，组织专项培训，从角色认知、职业情感、教师专业能力、学校文化和人际关系等方面开设课程，指导新教师适应教职，尽快完成角色转换。

新教师培训1.0版。坚持集中与分散、理论与实践、跟踪与指导相结合的原则，组织全区300名新教师分阶段多形式开展培训。第一阶段暑期封闭式培训3天，重在通识教育和团队建设。第二阶段在秋季学期，采取后续跟踪、实践指导的方式进行，分片区、分学段、分学科观课、说课、评课、座谈等，跟踪培训，个别指导。课程内容主要为课堂教学以及班主任工作，每个月每个片区至少安排一次培训活动。第三阶段为评估与反馈期，在秋季学期期末集中培训，总结、反馈新教师培训成果，根据各校的评价及教师成长记录册反馈的情况，评出优秀教师予以表彰。1.0版本的特点是先集中面授，再分学段分学科组织片区教研，通过高校学者、学科教研员和优秀教师面对面指导，不断提高新教师的学习力、行动力和反思力。通过理论与实践的"磨合"、个人与团队的"融合"、专业性与全面性的"整合"，指导新教师较好地适应教育教学工作。

新教师培训2.0版。坚持"师德为先、育人为本、能力为重"的原则，遵循新任教师成长规律，根据教师培训课程指导标准，聚焦新任教师专业发展核心素养和教育教学基本能力，紧贴教育教学一线实际，以提高教育教学技能为主，突出实操性、实用性和实效性。自2021年起，黄埔区新教师培训依托国家教育行政学院，以网络研修的形式组织逾千名新进教师异步学习在线课程。课程内容丰富，涵盖面广，主要有政治素质与职业修养、教育法规与政策解读、校园安全与班级管理、心理健康与家校共育、教学实践与能力提升五大模块。通过自主选学，全方位、多角度地提升新教师的综合素质。这一经验，先后两次在中宣部"学习强国"APP得到推广应用。第二学期，区级新教师培养主要由学科教研员承担，以教学视导、学科教研等方式指导新教师提高教学水平，缩短适应期。

新教师培训3.0版。为加大新教师的培养力度，黄埔区在2.0版本的基础上，借鉴国内先进地区经验并结合本地实际情况，创新培训方式，启动中小学见习教师规范化培养工作。该项目围绕师德修养、教学实践、德育体验和教学研究四个方面，以"区教研院—聘任学校—基地学校"三位一体的培养方式，注重建立新教师教学规范，帮助新老师形成一定的教育观念，并转化为解决实践问题的行为，共同促进新教师的成长。除聘任学校外，学科教研员担任理论指导教师，基地学校优秀教师和班主任分别担任实践指导教师，促进教育教学理论与学校实践相结合。培训为期一学期，以任务驱动的形式，要求见习教师阅读专业书籍，撰写工作感悟，参加教研活动，每隔两周安排1天时间到基地学校跟岗学习，完成相应的学习任务。此外，组织阶段性的集中培训，进一步夯实见习教师教育教学基础，促进学员研讨交流，为见习教师专业发展提供高阶指导。同时，项目组建立信息化支撑平台，实现对见习教师培养过程的数字化管理，为每个见习教师输出数字化成长档案。

此外，黄埔区教研院整合资源，竭力为新教师成长提供支持。在到校视导时，教研员走进新教师课堂，指导新教师夯实教学基本功；在区级教研中，语文、美术等学科组织新教师专场教研活动，关注新教师成长；黄埔教师书院系列培训设置新教师专场，广州市教育学会副会长为新教师做生涯规划指导；开展省、市、区级课题研究，组织专题研讨交流，建设学校、学科发展共同体，探讨加快新教师成长的路径和方法。2023年广州市级教育规划课题中首次出现"萌芽课题"，专门面向入职一年的新教师，黄埔区组织新教师积极申报、参加专题培训，指导新教师开展课题研究，助力新教师成长。

在新教师培养中，黄埔区坚持"五子登科"：成才计划"明路子"、专家引领"架梯子"、厚积薄发"铺底子"、师能比武"搭台子"、量化考核"定尺子"[①]，取得了较好的效果，新教师成长较快，在市、区级教学比赛中屡获佳绩。

2. 学校作为：支持指导，搭建平台

教师发展是一个复杂的过程，除了教师本人的知识与技能、态度和价值观外，还包括了教师所处情境中的组织架构、教师文化等，新教师成长亦不例外。新教师个人的价值取向、职业认同、专业能力、性格特点等为内部因素，起决定性作用，学校、

---

① 郭勤学. 青年教师群体如何快速提升 [J]. 人民教育, 2019 (1): 41.

家庭、社会等为外部因素，也会对新教师发展造成影响。新教师初任教职，存在职业适应困难在所难免，学校是否重视新教师成长并为其提供必要的支持，是影响新教师日后发展的重要因素。

目前，为加快新教师的成长，大部分学校实施"青蓝工程"，为新教师选派骨干教师，以师徒结对的形式指导新教师，指导年轻教师坚定职业信念，增进职业领悟，帮助新教师尽快丰富教育实践经验，形成较好的学校适应。实际上，"青蓝工程"既是一项希望工程——新教师得以在骨干教师的指导下前行，也是一项充电工程——指导教师会站在更高位置看待教育教学问题，与新教师同进步，还是一项发展工程——对于整个学校来说，容易形成合力。① 此外，不同的学校还以不同的形式加强新教师培养，助力他们尽快站稳讲台。

日本教育学者佐藤学认为，21世纪的学校是"学习共同体的学校"，教学过程"是一个非常个人化的过程，同时又是一个建设相互影响的社会关系的过程"②。基于学校现场的共同体建设，在以校为本的平等互助交往式学习中，在专业发展共同体建设中，学校要营造良好的工作氛围，以目标导向、需求导向、问题导向引领新教师发展，让他们既体会教育工作的复杂性，又体验成长的幸福感，使之成为完整的人、可持续发展的人。

3. 教师个体：尊重理解，激励发展

新教师发展是一个动态发展的过程。90后、00后新教师多为独生子女，多崇尚自由、民主，追求个性、平等，多注重规则、多元，更注重个人的价值取向和利益，比较容易以自我为中心、以个人价值权衡利弊，不愿受过多的约束，也不轻易妥协。"人人都渴望被欣赏"，在新教师发展过程中，学校需关注新教师的特点，优化他们成长的外部环境，以更广阔的视野看待新教师的发展，正确对待他们的差异，包容他们的不足，支持他们扬长避短，促使他们在教育教学中自我激励、自我进取。反之，如果忽视90后、00后青年的特点，仅凭经验主义来管理新教师，那么不仅不利于新教师的发展，而且也会影响学校工作的开展。

---

① 郭勤学. 青年教师群体如何快速提升 [J]. 人民教育，2019（1）：43.
② 佐藤学. 学校的挑战：创建学习共同体 [M]. 钟启泉，译. 上海：华东师范大学出版社，2010.

实际上，新教师发展既不是完全外控式的发展，也不是完全自主式的发展，而是外在支持与自主发展共同作用的结果。提高新入职教师的职业理解与岗位适应能力，帮助他们扣好职业生涯"第一粒扣子"，需要区校通力合作，既关注新教师专业技能的发展，又关心他们作为人的发展，尊重个体差异，最大程度地激发潜力，使之更深刻地理解教师的职业，更持久地投入到教书育人中去，从中实现个人价值，丰富人生历程。

三、新秀教师发展：教书育人，学赛结合

教师的专业发展带有阶段性特征。新秀教师，一般指的是教学实践能力强、教育教学实绩突出、具有较强的教育教学研究能力、在教育教学岗位上脱颖而出的优秀青年教师。他们精力比较充沛，兴趣较为广泛，容易接受新事物，信息技术水平高，不过由于阅历尚浅，经验有限，尤其要加强他们的教书育人能力，以赛促学，全面发展。

（一）问题导向，增强新秀教师的育人能力

新秀教师从事教育教学工作时间不长，教书育人经验不足，在教育教学实践中难免会出现一些问题。

问题一：教书与育人的关系。正如陶行知先生所言，教师是"千教万教，教人求真"，学生是"千学万学，学做真人"。教师对学生的影响是多方面全方位的，如老师的情感、态度、价值观，为人、学识和能力，无不对学生产生潜移默化的影响。"为人师表，言传身教"，只有教师率先垂范、以身作则，才能引导和帮助青少年学生扣好"人生的第一粒扣子"。新修订的课程方案和课程标准强调立德树人根本任务，回归教育的育人本质和课程的育人功能，落实新课标，要求全体教师从"学科教学"转向"学科教育"，超越"教书"走向"育人"。

问题二：教师与家长的沟通。学校是教书育人的主阵地，家庭是孩子成长的第一个课堂，良好的家校沟通是学生健康成长的重要保证。针对年轻教师不知如何与学生家长沟通的普遍问题，在区级培训、校本研修中设置必要的课程，指导教师学习沟通的技巧，主动通过家访、家庭联系册、电话、微信等方式，保持学校与家庭的密切联系，争取家长对学校工作的理解和支持，有效化解家校之间的矛盾。同时，开设家庭教育指导方面的课程，如青少年健全人格的塑造、青少年常见心理问题及对策、学习

脑科学知识等，引导家长重视科学育儿，提高家庭教育水平。

问题三：突发事件的处理。新秀教师上进心强，乐于学习，能够较好地完成既定的工作，但只要"变化"一出现，他们往往显得不知所措甚至惊慌失措。因此，在教师研修中要增设一些专题课程，帮助新秀教师学习一些常见问题的处理方法，增强应对问题、解决问题的能力。经验需要累积，学习他人的经验、分享自己的体会，可以通过系统的培训缩短经验累积的时间，指导新秀教师增添教育智慧，实现从"手足无措"到"巧妙应对"的转变，在教育教学中用科学的方法解决问题与冲突。

（二）学赛结合，提升新秀教师的教学水平

落实立德树人根本任务，关键在教师，重点在课堂。近年来，新高考、"双减"、新课标修订等教育改革接踵而来，对教师的专业素养特别是教学能力提出了新的要求，给年轻教师带来了新的挑战。

研讨交流，锤炼技能。为深化课堂教学研讨与交流，增强青年教师扎根课堂的信心和定力，区、校共同关注新秀教师的课堂教学能力培养，可以主题讨论、磨课、展示等方式，引导优秀青年教师把精力聚焦到课堂教学上，不断提升综合素养和专业水平，彰显教育魅力。

学赛结合，磨炼意志。鼓励年轻教师参加各级各类比赛，如演讲比赛、论文评比、微课制作等，以赛促学，以赛促培，以赛促研，在比赛中磨炼意志，增强本领，提高素养，不断获得成长。近几年，为支持新秀教师参加省市青年教师教学比赛，黄埔区教研院学科教研员和参赛学校尽心尽力，通过专家引领、导师辅导和团队协作，与参赛教师一道认真做好赛前准备，结合大赛要求和学科特点，从教育理论、教学能力、形象表达等方面开展专项培训，为新秀教师提供专业的指导。以广州市第八十六中学为例，在获悉刘惠茹老师代表广州市参加全省中小学青年教师教学能力大赛后，黄埔区教研院化学教研员和学校化学科组一道，多次开展赛前辅导，指导刘老师改进教学，为刘老师加油鼓劲，最终刘老师荣获省赛高中化学组一等奖。

（三）创新发展，增强新秀教师的获得感

教师发展的首要条件是以德立身，以德施教。在新秀教师的培养中，可以榜样的力量引领他们涵养师德，激励他们成长；可以专业阅读、专题学习、专场报告和师德征文等形式，引导他们自觉增强立德树人、教书育人的荣誉感和责任感，做学生健康

成长的指导者和引路人；可以课例研讨、分享交流等形式，引导他们牢固树立改革创新意识，踊跃投身教育实践，加强对课程、教材和教法的理解与把握、研究与实践，成为"有专业素养、有专业能力、有专业学识"的新时代优秀教师。

近年来，黄埔区遵循成人教育规律，增强教师自主学习的意识，每年面向中小学教师组织论文、演讲、微课和教学能力等比赛，让学校管理、教师激励有抓手。广大教师发挥主观能动性，群策群力，学理论、练技能，通过以赛促学，经科组、学校选拔推荐，参加区级比赛，从中提高教育教学和教研水平。实践表明，黄埔区各类比赛参与面广，参与率高，一批新秀教师脱颖而出，在省、市中小学青年教师教学能力大赛中载誉而归（图4-8、图4-9）。

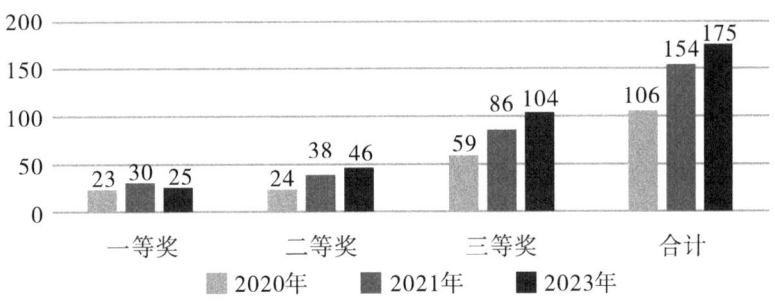

图4-8 广州市中小学青年教师教学能力大赛获奖数统计（黄埔区）

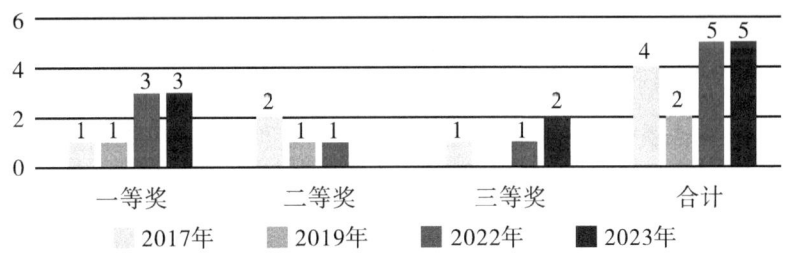

图4-9 广东省中小学青年教师教学能力大赛获奖数统计（黄埔区）

此外，在省市教育部门组织的教学论文、演讲、共享课堂、精品课等多项比赛（评比）中，获奖者中不乏黄埔区新秀教师的身影，如2021年广东省首届美育教师教学基本功比赛中，黄埔区有5人获一等奖、2人获二等奖、1人获单项奖，从一个侧面反映了黄埔区新秀教师培养卓有成效，涌现了一批未来之星。

成未来之才在教化，行教化之业在良师。教师的专业发展取决于教师发展的意愿、努力和策略，而"赋权是中小学教师发展的有效途径，赋权于教师就是增加教师的个人选择、自主空间和参与设计的机会，进而提高中小学教师发展的积极性与主动性，实现主动发展"①。新秀教师具有成为骨干教师的潜质，相信新秀教师，赋权新秀教师，支持新秀发展，为新秀教师开设相应的研训课程，为新秀教师搭建更高的发展平台，指导新秀教师把握学习契机，重视实践成长，区级教师发展中心责无旁贷。

链接

黄埔教师"未来之星"

◆北京师范大学广州实验学校符书绅，中学语文教师。曾获"语文报杯"全国语文微课大赛特等奖、北京师范大学基础教育平台"励耘杯"青年教师课堂教学大赛一等奖及最佳课堂设计奖、广东省中小学教师演讲比赛特等奖、广州市诗词讲解大赛一等奖、黄埔区中小学教师诵读比赛特等奖等多个奖项。主持区、校级课题多项，参与省级教育规划课题研究，公开发表论文多篇，获人大复印报刊资料全文转载，被评为教育部教材所"教学新秀"。

◆黄埔区东荟花园小学王丛丛，小学音乐教师。2020年获得黄埔区小学音乐教师教学基本功比赛综合全能一等奖；2021年获广州市中小学青年教师教学能力大赛小学音乐组一等奖（第一名）；2022年获广东省中小学青年教师教学能力大赛小学音乐组一等奖。荣获"羊城工匠""广东省优秀少先队辅导员""广州市十佳少先队辅导员""广州市优秀少先队辅导员""黄埔区优秀教师""黄埔区教育系统十佳团干"等荣誉称号，多次辅导学生获得省、市、区比赛各级各类奖项。当选2023年"感动广州的最美教师"。

◆北京师范大学广州实验学校张岸锋，中学生物学教师。2019年加入黄埔教育大家庭，教育部教材所黄埔实验区初中生物学研究团队成员。2023年先后获第三届广州市青年教师能力大赛决赛初中生物学一等奖、北京师范大学基础教育平台"励耘杯"青年教师课堂教学大赛二等奖、第四届广东省中小学青年教师教学能力大赛初中生物组一等奖。

---

① 卢乃柱，陈峥. 赋权予教师：教师专业发展中的教师领导［J］. 教师教育研究，2007（4）：4-5.

◆黄埔区新港小学林绮敏，小学音乐教师。北京音乐家协会柯达伊音乐教育专业委员会会员、北京市语言学会朗诵研究会会员、广州市小学音乐教研中心组成员、广州市陈文娟名教师工作室成员、广州市宋曼蕾名师工作室"青蕾计划"学员。多次执教公开课并受好评，辅导学生获省、市、区比赛各级各类奖项，获第四届广东省中小学青年教师教学能力大赛小学音乐组一等奖。

◆黄埔区东荟花园小学马咏怡，小学美术教师。广州市高旦名师工作室成员、黄埔区中小学美术教研中心组成员，在广东省中小学美术课进美术馆（博物馆）教学研讨活动和广东省中小学美术教学研讨活动中执教课例。2023年，先后获广州市中小学青年教师教学能力大赛小学美术组一等奖、广东省中小学青年教师教学能力大赛小学美术组一等奖。

四、骨干教师发展：用力、借力、发力、外力

中小学骨干教师是教师群体中的优秀人才，具有良好的师德修养、较高的文化素养、较强的自学能力和鲜明的教育思想、较强的教育科研能力和教学改革意识，是中小学教师队伍的中坚力量，"被视为教育发展的基石，被赋予带领教师队伍发展，推进基础教育迈向高水平、高质量的期望"[①]。近年来，黄埔区把培养骨干教师作为教师队伍建设的抓手，千方百计为骨干教师搭建平台，推动骨干教师专业发展。

（一）科学用力，服务骨干教师专业发展

作为集教研、科研、培训、信息技术为一体的区级教师发展中心，黄埔区教育研究院重视骨干教师的培养，多渠道多形式促进骨干教师的发展。

在学科教研方面，通过集体视导和自主视导，以线上线下的方式，指导骨干教师更新理念，落实立德树人根本任务，增强质量意识，在教学中研究，在研究中教学，聚焦课堂，提高育人质量。在教育科研方面，注重以课题促发展，指导中小学做好校级课题立项，鼓励骨干教师申报省、市、区各级课题，组织科研课题专项培训，带领和指导骨干教师发现问题、开展研究、撰写报告，引导骨干教师在课题研究中获得提升。

---

① 曾艳. 教师领导与教师学习：教师专业发展的双重路径及其整合［M］. 上海：上海交通大学出版社，2020：3.

在教师培训方面，每年组织中小学骨干教师专项培训，加大理论学习力度，强化学员的思想政治和师德师风建设，帮助更新教育教学理念，转变教与学的方式。在课程设置中，为骨干教师提供多个模块的课程，供其自主选学；组织网络研讨，促进学员在学习中的深层次、多角度反思；以书为友，以学增慧，在读书分享中交流阅读的收获；加强实践指导，组织观课评课，指导学员立足课堂教学，沉淀教学研究，提高教育教学质量；开展课例研究，通过"确定研究主题、规划教学设计、实施课堂观察、开展课后研讨、形成研究报告"等环节，为学员提供展示、交流、研讨的平台，解决课堂问题，提高教学实效，实现学科育人。

在信息技术方面，加强实践指导，落实学习任务。组织中小学教师参加信息技术2.0工程的学习，组织骨干教师录制广州共享（电视）课堂课例，参加"一师一优课"精品课、微课比赛，以用促学，以赛促培，积极探索现代信息技术与课堂教学的深度融合，以教育信息化引领学科教学现代化，有效提升骨干教师的信息素养。

（二）善于借力，推动骨干教师专业发展

中小学骨干教师有自主发展的意愿和能力，其前期的知识储备也已经比较丰厚，具备较强的学习能力和自我反思能力，具有一定的研究能力和自主发展能力，所以中小学骨干教师培训的目标和要求应该更高一些。[1]

借优质资源之力。黄埔区借助课改实验区之力，先后派出多批骨干校长和教师前往全国课改先进地区的研修基地跟岗学习，在浸润式的培训中开眼界、长见闻、得新知，学以致用，促进学校和自身的发展。在新课程标准的学习方面，组织区级骨干教师参加教育部教材所组织的各类研修活动。借助"黄埔数字与智能化教育装备创新与应用项目"，指导骨干教师学技术、用技术，参加黄埔区教师信息素养全员培训和教师信息素养大赛，有效引导骨干教师更新教育理念，拓宽教育视野，增强课改意识，提高信息素养，赋能专业成长。借助省、市合作办学的优质资源，学习先进学校的经验，取长补短，为我所用，在研修中增强综合素养。

借名师工作室之力。黄埔区现有省、市、区级名校长名教师名班主任工作室140多个，每个工作室成员10~12名。这种以"同质促进、异质互补"的原则建立起来的

---

[1] 吴振利. 中小学骨干教师培训理论与实践[M]. 北京：人民出版社，2019：152.

共同体，形成了主题中心、任务驱动、资源共享、相互借鉴、协同研究、共同发展的良好机制。① 在骨干教师培养方面，黄埔区充分发挥省、市、区各级名师工作室的示范引领作用，吸引骨干教师参加工作室研修，形成发展共同体。工作室通过专业阅读、课例研讨、课题研究、对口帮扶等多方面全方位指导骨干教师成长，帮助骨干教师解决教育教学中的实际问题。仅2022年，区级"三名"工作室组织的研修活动共有500多场次，参与培训者超7000人次。骨干教师在执教公开课、示范课、研讨课中分享教学经验，在主持或参与课题研究中获得长足的进步。

（三）鼓励发力，支持骨干教师专业发展

中小学骨干教师培训的最核心任务就是培养其主动性和主动能力，使之更有能力改变自己和影响别人，使之更能发挥主动性。培养主动性的最好举措之一是提出明确而具体的任务②，为骨干教师搭建发展的平台。

一是校级平台。在校本研修中，由骨干教师执教课例，担任主讲教师，分享经验，促进骨干教师的思考与学习。在"青蓝工程"中，由骨干教师担任指导教师，指导新教师适应新环境、新工作、新角色；在教育协作中，骨干教师积极承担对口协作任务，在送教中促进自身发展；部分骨干教师积极参与学校课程建设，撰写书稿，出版著作。

二是区级平台。在区级教研中，由骨干教师执教课例，通过专家指导、课例研讨、案例分析等形式，激发教师的积极性、主动性和创造性，提高教学研究的实效性，提高教育教学质量，促进教师专业成长。

📖 案例

2023年5月，在"黄埔教师书院"培训中，来自黄埔区内中小学的六位骨干教师，以"寻找身边的与众不同"为题，分享了各自的教学创新案例，如自然拼读微课体系、跨学科融合创新教学、项目化学习指导、大单元教学案例，等等。分享后，由华南师范大学博士生导师对骨干教师的创新案例给予评价和指导。创新案例分享，为骨干教师研讨交流创造了条件提供了舞台，有效引导青年教师在反思中发展。本次培训信息报道在新华网、中国教育网发布。

---

① 李更生，吴卫东. 教师培训师培训——理念与方法［M］. 杭州：浙江大学出版社，2014：6.
② 吴振利. 中小学骨干教师培训理论与实践［M］. 北京：人民出版社，2019：241-242.

三是省市平台。选送骨干教师参加省市"百千万人才"培养工程等专项培训。选拔骨干教师担任学科兼职教研员、学科中心组成员，协助教研员组织教研活动的同时，提高骨干教师的专业素养和综合素质。组织区级教学竞赛，支持教师参加省市级教育教学比赛，以赛促培，以赛促研，推动骨干教师发展。

（四）辅以外力，促进骨干教师发展

普通教师经历多年的工作后，比较容易满足于现状，形成思维定式，不愿突破自身的局限，前进动力不足，职业倦怠感随之而来。为促进教师发展，黄埔区重视骨干教师的培养工作，明确要求"各校要做好本校教师队伍的建设规划，认真组织区级骨干教师的推荐工作，建立一支有一定教学风格、在教育教学岗位上起示范带头作用的骨干教师队伍"，特别强调"义务教育阶段学校每百名学生拥有1名区级以上骨干教师"的培养要求，督促学校重视骨干教师的培养。

自2020年起，黄埔区每年面向全区中小学遴选认定区级骨干教师。坚持师德为先、竞争择优、公开公平公正原则，除基本条件外，要求区级骨干教师近五年需积极参加学科教育教学改革活动，承担公开课（讲座），参加教育教学竞赛（辅导学生参赛）并取得较好成绩，公开发表论文或在学术会议上宣读论文，主持或参与区级以上课题并取得较好的研究成果等，具有较强的示范作用。通过遴选认定工作，明晰教师的发展方向，引导广大教师积极承担教育教学任务，投身教育教学改革。

由于黄埔区教育高速发展，新建学校骤增，每年新增教师1000多人，其中大部分为应届毕业生，这为区内骨干教师的培养奠定了基础。此外，黄埔区教育局公开遴选年轻干部，选调骨干教师参与新学校筹建，支持薄弱学校、农村学校建设，也为骨干教师进一步发展提供了新的成长空间，在带来新挑战的同时，也在一定程度上消减了骨干教师的职业倦怠感，激励他们继续发展。

"教师的专业发展过程受到诸多因素影响，学校的环境、教师同伴的影响，乃至以往的学习经历都可能对教师的专业发展产生重要影响。"[1] 骨干教师通常都具有较强的进取心和成就动机，具有较强的可成长性，能够带动和促进全体教师持续发展。[2] 因

---

[1] 胡惠闵，王建军. 教师专业发展［M］. 上海：华东师范大学出版社，2014：1.
[2] 吴振利. 中小学骨干教师培训理论与实践［M］. 北京：人民出版社，2019：76-78.

此，黄埔区将在原有基础上加大培养力度，实行骨干教师导师制，选聘一批专家教师，重点培养一批骨干教师，充分发挥专家教师的示范引领作用，帮助骨干教师在专业精神、专业情意、专业知识和专业能力等方面全面发展。

五、名教师发展：同向而行，双向奔赴

在整个教师发展过程中，教师必须持续学习研究，不断发展专业内涵，以逐渐迈向成熟。名教师更需要持续的学习、研究，才能在专业知识的建构、专业思维方式的训练、专业情感的培育以及专业行为的习得等方面趋于娴熟。① 近年来，黄埔区重视教育人才培养，以名师工作室为载体，建设"集教学改革、教育科研、专题培训、个别指导、教育帮扶和成果推广于一体的教师专业发展共同体"②，以名师再成长辐射带动优秀中青年教师专业发展，推动黄埔教育发展。

（一）规范管理促建设

2021年，为加快建设成一支师德高尚、业务精湛、结构合理、充满活力的高素质专业化教师队伍，黄埔区教育局印发《黄埔区中小学名校（园）长、名教师、名班主任工作室主持人评定及工作室管理意见（试行）》（以下简称《意见》），大力推进名师工作室建设。《意见》明确工作室发展目标和任务，规范工作室管理，要求各工作室以提升教育质量为核心，开展基于线上和线下的学科研究、教改探索、教学反思、学校管理和德育教育实践，发挥工作室主持人的示范辐射作用，领航中青年优秀人才成长。

2021年9月，黄埔区教育局为区级工作室（含部分省市名师工作室直接认定）举行隆重的授牌仪式，邀请中国教育学会副会长吴颖民校长专题授课，分享教育思想，传播教育理念。随后，各工作室开展成员的遴选，每个工作室10~12人，形成发展共同体。

（二）组织培训促提升

名师工作室主持人既要具备较强的个人素质，包括教书育人业绩、教育教学理论以及指导教学实践、开展课题研究等专业能力，还要具有较强的团队领导力，如确立工作室发展愿景、制订工作室的发展规划、激励青年教师发展等综合素养。

---

① 胡惠闵，王建军. 教师专业发展[M]. 上海：华东师范大学出版社，2014：96-98.
② 黄佑生. 基于主题引领的名师工作室运行策略研究[J]. 中小学管理，2023（8）：17-20.

为促进区级工作室建设,黄埔区教育研究院先后三次组织工作室主持人参加专题培训。针对工作室主持人的需求及特点,分别围绕"教师专业化为本的工作室建设与创新""新课程改革背景下工作室建设的机遇与挑战"和"凝聚教学成果促进教师发展"等主题,从立德树人、理念更新、信息技术、课程研发、工作室建设等多个模块,邀请高校专家、中小学优秀教师、省市工作室主持人作专业指导(表4-1),通过专题讲座、案例分析、经验分享及成果展示等多种形式,分享工作室建设经验,引导工作室主持人在学与思、知与行中,探索工作室建设和发展的路径,促进区级工作室建设。

表4-1 区级工作室主持人培训课程

培训时间	培训课程	指导专家	培训形式
第一期 (2021年11月)	"双减"邂逅新课改	左璜	专题讲座
	"双减"背景下的学生心理观和教师家长的心理能	宋广文	专题讲座
	课堂研究与教师成长	尹睿	信息技术
	优秀工作室建设的关键点探究	庄惠芬	案例分享
	工作室建设如何引领教师专业发展	郑贤	教育沙龙
	基于学生核心素养的学校课程建设	卜理敏	专题讲座
	建班育人的班级文化建设	刘窗洲	案例分析
	工作室建设分享	—	学员分享
第二期 (2022年7月)	新课改背景下工作室品牌建设的内涵与凝练策略	左璜	专题讲座
	名师学习的新方法	徐晓东	专题讲座
	工作室品牌建设中的问题与对策(学员交流分享)	左璜	世界咖啡
	名师成长之路与工作室建设	陈洪义	案例分享
	工作室品牌建设工作规划	—	小组合作
第三期 (2023年11月)	工作室素养导向的创新性探索	陈雨亭	专题讲座
	教育教学成果的凝练、写作、宣传、观察	黄日暖	专题讲座
	名师工作室的建设及推动学术提升	丁之境	专题讲座
	学校信息化推动教学变革	周文超	现场教学
	工作室建设与发展	傅泽华等	经验分享
	特色办学与特色课程的开发	杨影宜	现场教学
	工作室成果梳理与汇报技巧	蔡练	经验分享
	工作室成果凝练(展板制作、现场展示交流)	—	工作室总结
	谈一个领导者的自我修养	唐文红	专家点评
	谈教师专业化发展与名师成长	戴东祥	专家点评

在区级专项培训中，工作室主持人学习最新的教育政策和最前沿的教育理念，加强彼此的研讨交流，全面总结工作室建设的问题与经验，提炼和分享工作室建设成果，进一步提高工作室主持人的学习力、规划力、领导力和反思力（图4-10），促进工作室相关成果的沉淀和转化，打造工作室品牌，提高美誉度和影响力。

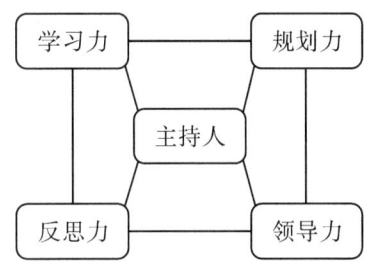

图4-10 区级工作室主持人培训要点

（三）引领示范促成长

各工作室基于研修主题，在教育教学的真实情境中学习、实践，以课题研究、专家讲座、课例展示、专题研讨、主题论坛等多种形式，在团队互助中创生知识、提高素养、分享智慧、传播经验。名师们修身治学，立己达人，既"输入"又"输出"，充分发挥"传、帮、带"及示范引领作用，指导团队成员依托工作室的平台，以课堂教学为主阵地，以教育科研为载体，合作学习，同向而行，在全员、全过程、全方位育己育人中实现共生共赢，共同成长，努力成为学习型、研究型的校（园）长、学科带头人和骨干班主任。

链接

◆李悦新名校长工作室：多次邀请专家指导，集中研修；走访兄弟学校，问诊把脉；观摩品牌学校，调研求经；线上线下结合，学习新思想新举措；有疑惑群里问，主持人永在线。工作室组织了"群雁高飞头雁带，名校长领航成长快""课程文化引领发展，微笑教育绽放智慧""赏臻美文化，析融乐育人"等多场主题研修。学员们通过研修，学习理论，开阔视野，提升能力。

◆谭加颖名园长工作室：以建立学习共同体为目标，以办学实践为主线，构建名园长发展共同体，以园所课程改革与科研实践为基础，努力提升幼儿园办学综合能力，推进幼儿园课程实践与改革、课程理论与园所文化建设。工作室共开展了50多次研修活动，线上线下相结合，辐射面涉及园、片区、市、省、教育部及贵州三所帮扶园。

◆吴和贵名教师工作室：以课程改革为方向，以培植学生学科素养、促进教师专业成长为目标，围绕"深度学习视角下的学习支架搭建策略"的研究主题，通过推广经验、组织研讨、现场指导、专题研究、公开课讲评等形式，努力提高骨干教师培养对象的教育教学能力和教学研究素质，发挥示范、引领、辐射作用。工作室全体成员勤奋学习，刻苦钻研，锐意进取，克难奋进，在个人专业成长的道路上迈出坚实步伐。近两年，工作室成员共主持省、市课题7项，公开发表论文14篇，承担区级以上公开课5节，获省、市等奖项21项。

◆樊彩英名教师工作室：确立"以美育人，以美促教"的工作理念，以先进的教育思想和音乐学科专业思想为指导，以网络交流平台为依托，以美育课程研究、专业技能提升与教学研讨为主要内容，充分发挥名师工作室的示范引领、辐射带动作用，自主开展系列音乐美育教科研活动，吸纳培养了一批勇于探索、敢于创新、立志成才的美育教师。工作室成员三年来累计辅导教师参赛获奖36项，教师个人获奖38项，承担公开课15节、讲座8场，主持教研活动10场，发表论文3篇，8人参加各类教材教辅编写工作，7人获得区级以上课题研究立项。

此外，区级名师工作室主持人姚春霞老师和名班主任工作室主持人殷俊芬、史丽霞老师分别前往新疆疏附、西藏林芝等地，支援新疆和西藏的教育，继续发挥名师、名班主任的示范带动作用，促进当地教育教学工作的开展。

事实证明，为期三年的名师工作室建设，既为名师发展提供了动力，也为骨干教师的发展提供了便利；工作室的研修，既能让名师发挥辐射力和影响力，又能让骨干教师得到专业引领和支持，两者在互研共学中同向而行，在专业发展中增强获得感和幸福感。

链接

省名师工作室主持人、天韵小学曹利娟校长和香雪幼儿园王秋老师主持的教学成果，分别获得国家级基础教育教学成果二等奖，王秋老师被北京师范大学聘为高级访问学者；省名班主任工作室主持人、石化中学朱穗清老师致力于班主任团队发展，获评2022年度广州"最美班主任"，再度被评为广东省新一轮（2024—2026年）名班主任工作室主持人；黄埔区名校长工作室主持人、广东省教育研究院黄埔实验学校李大鹏校长带领团队成员，全力以赴投入学校建设，获得赞誉，被评为广东省新一轮（2024—2026年）名校长工作室主持人；市（区）名师工作室主持人李绪文老师被评为广东省新一轮（2024—2026 年）名教师工作室主持人；曲天立、李薇、陈文娟和刘道梁等名师通过评审成为正高级教师。

（四）考核评价促反思

工作室实行任期制，每周期时间为三年。黄埔区教研院制定评价方案，指导各工作室以评促建，根据评价指标（表 4 - 2）和考核方法，按照工作室自评、校复核、区级管理部门考核的流程进行。评价内容包括工作室建设、研修情况、科研成果、示范辐射作用以及工作室经费使用情况等。评价结果分为优秀、良好、合格和不合格四个等级，对于评价优良的工作室，划拨专项经费予以鼓励支持。以评促建，以评促改，较好地促进了工作室主持人和成员的自我规划、自我建设、自我反思，激励工作室明确方向，组织研修，实现共同发展。

表 4 - 2　区级工作室年度评价表

指标	评价标准	分值	评分细则
师德表现	有违反评分细则之一者将取消评价资格	0	1. 严重违反《新时代中小学教师职业行为十项准则》《新时代幼儿园教师职业行为十项准则》，师德败坏、作风不正，造成不良影响者。 2. 学术不端，抄袭他人研究成果、弄虚作假者。 3. 违法犯罪，或受党纪、政纪处分者
工作室建设（30 分）	工作室要有相应的场室，并配备基本的办公条件，配备一定数量的专业书籍资料，以及信息化设备和系统；要根据工作室实际，按照省、市、区相关规定，制定工作室管理制度和工作室工作计划，对工作室进行规范化管理	30 分	工作室建设完备，建立研修模式并进行规范化管理，计划及总结翔实，得 25～30 分；工作室建设较完备，建立研修模式并进行管理，有计划总结，得 15～24 分；基本完成工作室建设，得 0～14 分。每缺一项材料扣 10 分

续上表

指标		评价标准	分值	评分细则
年度研修情况（三选一，50分）	名校（园）长工作室	完成不少于3个学校管理案例资源，工作室主持人和成员每人每年撰写不少于1篇教育管理反思或案例分析，至少到1名工作室成员所在学校开展1次学校问题诊断活动，组织工作室成员每年集中研修5～7天	50分	1. 研修资源5分。 2. 文章15分，每缺一篇扣1～2分。 3. 研修活动30分：到校开展问题诊断活动10分；组织成员参加研修活动20分，缺一次活动扣4分
	名教师工作室	完成不少于3个学科微课资源（示范课、公开课等视频课程），工作室主持人和成员每人每年撰写不少于1篇教育教学反思或案例分析，至少到1名工作室成员所在学校开展1次送教到校活动，组织工作室成员每年集中研修5～7天	50分	1. 研修资源5分。 2. 文章15分，每缺一篇扣1～2分。 3. 研修活动30分：送教到校活动10分；组织成员参加研修活动20分，缺一次活动扣4分
	名班主任工作室	完成不少于3个德育教育案例资源（示范课、公开课等视频课程），工作室主持人和成员每人每年撰写不少于1篇德育教育反思或案例分析，至少到1名工作室成员所在学校开展1次德育研讨活动，组织工作室成员每年集中研修5～7天	50分	1. 研修资源5分。 2. 文章15分，每缺一篇扣1～2分。 3. 研修活动30分：到校开展德育研讨活动10分；组织成员参加研修活动20分，缺一次活动扣4分
成员评价（10分）		对工作室成员进行评价	10分	评价全面，得9～10分；评价较全面，得5～8分；未完成评价工作，得0～4分
经费使用（10分）		经费预算完成率	5分	经费预算完成率达到100%得5分，完成率高于90%得4分，高于80%得3分，高于70%得2分，高于60%得1分，低于60%不得分
		资金使用规范性	5分	主持人按照工作室经费使用范围和开支标准使用工作室经费，票据齐全、完整、合法、合规，符合规定得4～5分，基本符合要求得1～3分，不符合条件者得0分

为适应信息技术时代的发展，黄埔区教研院建立"黄埔区教师专业发展平台"。工作室主持人、成员的遴选及评价，都通过该平台上传资料，专家组登录系统进行材料审核，提出评价意见。这种以数字化形式呈现的管理方式高效、客观，有效地促进了工作室的建设。同时，黄埔区教研院还搭建网络交流空间，鼓励各工作室在群组里分享研修情况，学习交流，参考借鉴，受到各工作室的欢迎。

作为工作室评价的载体，2023年11月，黄埔区教研院组织工作室主持人（成员）研修，对工作室的建设成果进行总结、交流和展示，邀请专家指导，帮助各工作室在总结反思中提升。

（五）结语

美国著名教师教育专家、斯坦福大学教授舒尔曼认为，学习必须遵循"主动、反思、协作、情感性、共同体"五大原则。纵观黄埔区名校长、名教师、名班主任工作室的建设，无论主持人还是成员，都通过自主申报后成立（进入）工作室，主动性强；工作室研修持续三年，主持人和成员都对自我成长进行反思，在反思中成长；工作室成员彼此支持，携手前行，体现协作性；三年的研修，有名师指导、有同伴互助、有同行鼓励，情感体验丰富；参与式的研修，工作室成员们共同学习，共同发展。三年来，区级工作室围绕研修主题，通过多次线上线下的理论学习、课例研讨、案例分析和交流分享等多种研修形式，通过年度的评价考核和期末的展示活动，实现了预期的目标。

对于工作室主持人而言，他们既是学习的"榜样"，也在"学习"和"被学习"中突破自我、超越自我，"在照亮别人时照亮自己前进的道路"——既完善、修正、提升自己的教育信念和教育主张，又在教育教学改革和指导青年教师、校（园）长、班主任成长方面发挥示范带动作用，实现共同成长的愿景。

对于工作室成员而言，跟着名师学习，和志同道合者一起研修，既能增强学习的主动性和积极性，拓宽教育的格局和视野，丰富实践的经历和体验，又能在这一学习型组织和发展型共同体中提出疑问、研讨交流、分享经验，不断提高研究水平，增强团队协作能力，在"向内而生，向外而行"的实践中，促进个人专业发展。

实践表明，名师工作室研修，从文化氛围、价值理念到行为范式塑造的共同体文化，为教师发展提供了强大的内生动力，为广大骨干教师发展创造了机会、提供了空间，成为教师成长的"加速器"、名师发展的"孵化器"和教育教学改革的"推进器"。发挥好工作室示范引领、辐射带动、聚集力量、整合资源等作用，通过工作室点与面的结合，能够在学校内、学科内、区域内打造教师专业发展共同体，更好地推动教育的高质量发展。

六、专家型教师发展：内驱力、学习力、研究力、创新力、领导力

国将兴，必贵师而重傅。在"新教师—新秀教师—骨干教师—名教师—专家型教师"的五级发展阶梯中，专家型教师坚持终身学习，在"成才—成名—成家"这一路径上稳步前行，跨越了迷茫期、成长期、成名期，进入了教师职业生涯中的超越期，处于教师培养的"金字塔"的顶端，成为人们心目中的大先生。

（一）专家型教师的特点

专家型教师指的是教育教学能力很强，教育教学实践经验丰富，对教育教学有自己独到的见解与体会，教育教学理论功底比较深厚的优秀教师。[1] 和普通教师相比，专家型教师更加热爱教育事业，具有高尚的师德、独特的人格魅力。他们通常把教学当作一种艺术，可以醉人而不知，育人而不觉，他们一般具有稳定而持久的职业动力、个性化的教学风格与模式、先进独创的教学思想和理论、丰富而突出的教学科研成果，其知识水平、业务能力、经验积累、教学成绩、专业发展水平、社会影响力等都达到较高的程度。[2] 具有大情怀、大格局、大境界、大担当、大作为、大影响的专家型教师，是德才兼备、心怀国之大者，是学生为学、为事、为人的示范者，是堪当社会大任的脊梁。

（二）专家型教师的发展

专家型教师学有专长、术有专攻，具有丰富合理的知识结构、高效解决问题的能力和优秀的教育科研素质，建立了自己的教育教学思想，形成了个人的教育教学风格，对区域教育教学发展具有较为广泛的影响力。其专业发展更多源于自身的内驱力、学

---

[1] 吴振利. 中小学骨干教师培训理论与实践［M］. 北京：人民出版社，2019：110.
[2] 杜秀芳. 教师的职业生涯规划与发展［M］. 上海：华东师范大学出版社，2015：146.

习力、研究力和创新力，并通过领导力引领教师发展。

内驱力是专家型教师发展的根本动力。内驱力是人在需要的基础上产生的一种内部唤醒状态，是激起行为的原动力，在内心深处产生驱使他行动的信念或者力量，不断推动人的发展。专家型教师拥有强烈的内驱力，追求能力的提升，勇于克服挑战，积极进取，严于律己，勤奋好学，能够正确地认识自我、发现自我、发展自我、创造自我、成就自我，实现教育的追求。

链接

王定铜，正高级教师，广州市教育专家，广东省中小学教师培训专家工作室主持人，原广州市黄埔区教育研究院院长。先后主持过全国教育科学规划课题、广东省教育科学规划重点课题等多项课题的研究。出版《六要素教学的理论与实践》《教师专业发展的理论与实务》等多部专著。在全国中文核心期刊、全国基础教育类核心期刊等刊物发表论文 30 余篇。参与编写广东省《廉洁修身（初中版）》教材、经广东省教材审定委员会审定通过的中小学《法律读本》等教材。教学研究成果"六要素教学"获广东省基础教育教学成果一等奖。

学习力是专家型教师发展的关键因素。学习力就是学习动力、学习毅力和学习能力。"教师教学能力的形成是教师在不断学习教育理论知识的基础上，通过长期教学实践和反思，使教学技能不断娴熟，从而达到较高的发展水平的过程"[1]，专家型教师更加重视理论学习，在"高度"上着力；重视业务学习，在"精度"上提高；重视广采博收，向"宽度"上发展。[2] 他们坚持"三学"（学术、学科、学习）导向，将学术作为课程的品质和境界，将学科作为课程的内涵和特色，将学习作为课程的表现和落实。[3] 一方面，他们注重专业阅读，从教育理论著作中汲取养分，博采众长，厚积薄发，指导教育实践，形成实践智慧；另一方面，他们善于直面教学现场呈现出来的教育教学真问题，推动理论与实践的结合，用自己的洞察找到突围路径，践行自己独特的教学思想或教育理念，践行自己完整的教学体系、教学风格和流派。此外，他们还

---

[1] 杜秀芳. 教师的职业生涯规划与发展［M］. 上海：华东师范大学出版社，2015：105.
[2] 杨茜. 成为大先生：教师发展论［M］. 杭州：浙江大学出版社，2023：5-9.
[3] 王长平，吴文哲. 把握五个关键　培养卓越教师［J］. 教育研究，2022（4）：142.

注重专业写作，基于规律，总结提升，反思学习，从而形成对教育教学的解释系统，传播教育思想，产生社会影响力。

链接

李赤，正高级教师、特级教师、广州市教育名家，广东省人民政府督学、原黄埔区教育局调研员。国务院政府特殊津贴专家、全国先进工作者、全国教育系统劳动模范、教育部国培计划名教师名校长领航班实践导师、广东省基础教育名校长、东北师范大学硕士生导师、华南师范大学客座教授、广东省名师工作室主持人、广东省中小学百千万人才培养工程实践导师、广州市教育学会副会长、广州市特级教师协会副会长。荣获省部级教育科研和教学成果二等奖以上奖励8项。出版教育著作80余部，发表论文60余篇。

研究力是专家型教师发展的必备条件。专家型教师不仅通晓所教学科的专业知识，有显著的教学效果，而且善于捕捉教育教学中的问题，以研究为导向，熟练掌握科学研究的知识和方法，针对教学中的困惑开展研究，增加教学的深度、广度和关联度。通过研究，专家型教师从实践出发，总结经验，提升理论水平，取得丰富的科研成果，成为学术研究的领路人。同时，他们能够用专业的力量影响带动一批人，发挥示范辐射作用，因为学科教学的专家往往就是某个区域学科建设的标志，他的研究深度，往往代表着当地学科高度。[①]

链接

曹利娟，正高级教师、广东省小学语文名教师、黄埔区天韵小学校长。广州市小学语文教学研究会副会长和常务理事、广东省小学语文教学研究会学术委员会副主任、华南师范大学客座教授、教育部"国培计划"培训项目授课专家、广东省中小学百千万人才培养工程实践导师、中国教育学会中小学教育质量综合评价学科命题专家、人民教育出版社《小学语文教师教学用书》编写者等。近年发表论文30多篇，出版专著2本，编著或参编书籍40多本，主持多项省市级规划课题，研究成果获国家基础教育教学成果二等奖。

---

① 林忠玲. 如何成为专家型教师？教师成长有哪些关键因素？[N]. 中国教师报，2022-11-11.

创新力是专家型教师发展的重要源泉。创新是一种超越，一种不断超越自己、不断走向新的更高境界的状态。专家型教师往往具有不满足于现状、勤于思考、求异创新的思维。他们拥有丰富的专业知识和解决问题的高效率，不会固守在自己的经验里打转转，始终对经验之外、趋势性的变化保持着高度的敏锐。他们不仅主动接纳、拥抱教育领域的新事物，"能穿透教育现象抵达教育本质，能回到人的发展基本规律、教育教学的常识、教育的原点，去发现现象背后的底层逻辑"，而且他们身体力行，为教学改革创新代言。①

链接

刘艳红，正高级教师、广州市教育专家、黄埔区教育研究院教研员。研究方向为初中生物学实验教学的实施与创新，凝练出"以虚拟助现实，以技术促改革"的虚实融合实验教学指导思想，主持并完成广东省教育研究院研究课题，出版《初中生物学实验教学的创新》《我看初中生物学教学》两本著作。教学成果获2020年广东省基础教育教学成果一等奖。目前，在教育部教材所专家组的指导下带领团队开展新课标实践研究，取得阶段性成果。

领导力是专家型教师发展的主要走向。教师领导力的核心是教师所具有的影响、促进同事或其他共同体成员改进教学过程和条件的能力，包括自我领导力、育人领导力、专业共同体领导力、学校发展领导力和家庭教育领导力。专家型教师"不仅具有个人意义上专业能力的杰出成就，而且能够影响与带动同伴发展和教师队伍整体景象和生态的更新"②，具备高超的教师领导力。在专家型教师发展中，要充分发挥其领导力，特别是课程教学领导力、学校发展领导力和家庭教育领导力，使其有足够的空间和资源施展领导力，引领区域（学校）教师高质量发展。

链接

为促进黄埔区教育高质量发展，黄埔区近三年引进三名教育顾问。他们发挥自身所长，在区域教育和学校办学中发挥了积极的作用，展现了卓越的教师领导力。

---

① 林忠玲. 如何成为专家型教师？教师成长有哪些关键因素？[N]. 中国教师报，2022-11-11.
② 赵明仁. 面向教育现代化的教师领导力及提升路径[J]. 山西大学学报（哲学社会科学版），2023（7）：111-113.

李碧武，广州市教育研究院东部分院院长、黄埔区教育研究院院长。曾任中国教育学会信息技术教育专业委员会常务理事，湖北省教育学会教育学分会、教师教育专业委员会常务理事，武汉市教育学会中学语文教学专业委员会副理事长。多次主持或参与教育部、国家自然科学基金、省市教育行政部门重大课题研究。获国家教学成果二等奖3项，获湖北省重大科学技术成果、湖北省科研课题一等奖，武汉市人民政府科技进步奖，10余项重大成果处于领先地位并辐射全国。发表论文30余篇，撰写专著2本，主编教材12册。担任黄埔教育顾问后，他着重培养中学优秀校长和骨干教师，加强高考备课，积极投入课程改革，促进教研转型，推动区域教育科研和信息技术发展。

陈伯良，正高级教师、广州知识城第一小学校长。中国教育学会理事、广东省少先队工作委员会副会长、广东省教育学会学术委员、广州市教育学会副会长，获"全国先进教育工作者""全国优秀校长""全国德育教育先进个人""广东省南粤优秀教育工作者""广州市劳动模范""广州市基础教育名校长"等荣誉称号。在全国、省市级刊物发表论文80多篇，编著10多部专著；主持国家、省市区级立项的科研课题20多项，20多项教学成果获国家级、省市级一、二、三等奖。担任黄埔教育顾问后，他着重培养区内小学校长，大力开展家庭教育，推动小学教育发展。

郭云海，正高级教师、黄埔区东荟花园校长、东荟教育集团理事长。曾获全国杰出校长、全国名优校长、全国百名优秀小学校长、全国基础教育创新型校长、广州市基础教育系统名校长等称号。受聘为教育部财政部中小学教师培训计划实践教学指导教师、华南师范大学硕士研究生导师、广州大学中小学校长培训中心实践导师等。先后主持国家、省市区级科研课题20多项，出版专著多本，主编、参编教育教学参考用书16部，获奖和发表论文78篇。担任黄埔教育顾问后，他着重培养区内小学校长，积极探索集团化办学之路。

全国著名特级教师王崧舟认为，要成为一名优秀教师，必得有四大支柱的坚固支撑——用丰满的文化底蕴支撑起自己的教育诗性，用高超的教育智慧支撑起自己的教育灵性，用宏阔的课程视野支撑起自己的教育活性，用远大的职业境界支撑起自己的教育神性。[①] 专家型教师的发展非一朝一夕、一招一式，唯有树立起远大的志向、具备

---

① 王崧舟. 特级教师是这样炼成的（四）[J]. 中小学管理，2021（4）：33-35.

广阔的教育视野、积淀丰厚的文化底蕴，在实践中不断累积教育智慧，才能够成为名副其实的专家型教师。

成名成家并非教师发展的终结。专家型的教师可通过言传身教、著书立说、成立工作室等多种形式，大力弘扬教育家精神——心有大我、至诚报国的理想信念，言为士则、行为世范的道德情操，启智润心、因材施教的育人智慧，勤学笃行、求是创新的躬耕态度，乐教爱生、甘于奉献的仁爱之心，胸怀天下、以文化人的弘道追求，充分发挥辐射引领作用，在提高自身教育艺术、实现自我超越的同时，带动一大批中小学名师发展，推动区域教育高质量发展。

第三节 "六个层级"策略

在456N区域教师发展模式中，"6"是支持教师专业发展的六个层级（图4-11），即教育部教材所、广东省教育研究院、广州市教育研究院、黄埔区教育研究院、教育集团（片区）、学校，依托各级资源，发挥各自作用，形成上下连通、纵横交错的研修模式，助力黄埔区教师专业发展。

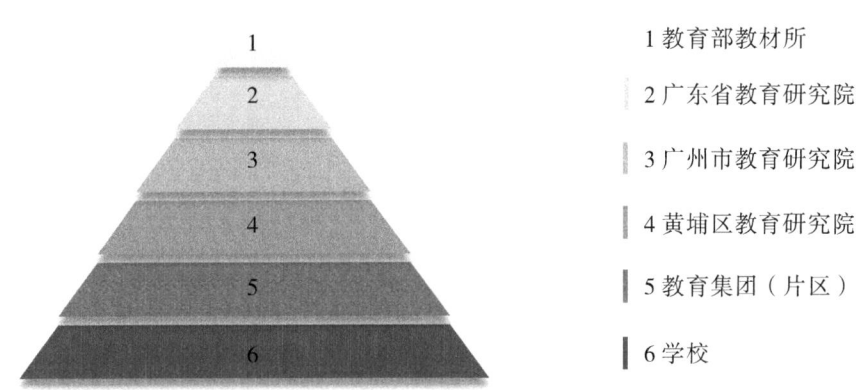

图4-11 支持教师发展的六个层级

近年来，黄埔区整合优质资源，充分利用教育部教材所、广东省教育研究院、广州市教育研究院的优质教研资源，发挥区教育研究院、各教育集团（片区）以及各学校工作的积极性、主动性和创造性，丰富六级教研体系，通过密切配合、协作研究、分享成果，增强课改动能，为黄埔区基础教育质量提升提供切实保障。

以"部"为核心，汇聚力量谋发展。借助教育部教材所课改实验区的大平台和优资源，获得高端教研和培训支持，为区域课程改革提供引领。

以"省"为依托，改革创新谋发展。借助广东省教育研究院黄埔实验学校的实践探索，建设一支专业化创新型校长团队和教师队伍。

以"市"为平台，合作办学谋发展。依托广州市教育研究院的力量，在广州实验中学开展中学阶段教研，指导教研成果的转化应用。

以"区"为阵地，夯实基础谋发展。依托黄埔区教育研究院实验小学，设立"黄埔教师书院"，在"订单式教研"中探索教师发展的新路径。

以"集团"为牵引，资源共享谋发展。发挥4大片区13个集团的合力，探索基于共同体建设的教师发展新策略。

以"校"为主体，校本研修谋发展。发挥学校的主动性，为教师搭建学习、研究、交流的平台，赋能教师专业发展。

一、教育部教材所：以高端资源引领教师发展[①]

2021年，黄埔区与教育部教材所签署合作协议，共建课改实验区。此后，黄埔区发挥教育部教材所的政策、教科研和专家资源优势，推动课程改革，丰富研修方式，促进区域教师专业发展。

（一）坚持问题导向，加大研究力度

课改之初，专家组深入学校进行课改专题深调研，精准了解学校课程改革建设现状，客观撰写形成了实验区调研报告，指出了学校课改需求与发展动力不足、课程改革缺少顶层设计、本土文化资源未充分开发利用、校际间发展差距过于明显、专业化水平需进一步提升等五大课程建设存在的问题，提出了坚持立德树人、改进育人模式、加强整体规划、进行系统变革、依托课题研究、加强队伍建设、创新管理制度、推进深度改革、强化自主发展、加强专家引领等五大课程建设改进意见。

---

① 参考黄埔区教育研究院陈镔老师撰写的项目总结，有改动。

推进之中，黄埔区借助教育部教材所的优质资源，积极发挥项目实验校和学科基地的示范引领作用，做好"深度学习""中小学数学建模实践研究"等项目研究。自主申报课改实验区重点课题"促进区域基础教育高质量发展的课程教学与教研"并获得立项，评审通过区级 80 项子课题，目前均在研究中。有 3 个课题获实验区"校本课程建设推进项目"立项，有 10 所学校成为实验区"校家社协同创新育人项目"项目单位，有 21 所学校成为中小学书法教育实验学校。继初中语文、小学语文、初中生物、学前教育 4 个学科获广东省基础教育教学成果一等奖后，经教育部教材所专家指导，其中 2 项成果获国家基础教育教学成果二等奖。

（二）坚持重点突破，全面推进课改

黄埔实验区按照项目引领、校际联动和自上而下、自下而上相结合的原则，以学校课程领导力建设为统领，抓好新高考背景下的课程管理项目，着力推进深度学习与教学改进、信息技术与课堂教学深度融合、义务教育课程标准研究等多个项目的研究。在项目负责人的统领下，依照项目推进制度、职责和项目实验进展需要，分类组建若干课改项目实验攻关团队，实施项目研究。

以义务教育课程标准研究项目为例，教育部教材所的项目负责人多次组织生物和信息科技（信息技术）学科教师参加课程标准实验研究项目培训和展示活动，组建多个生物和信息科技（信息技术）学科教学案例研究组，开展深入的研究。

例如，在生物学课标实验研究项目组组长、北京师范大学王健教授的指导下，生物学课程标准研究扎实推进，持续开展，完成多个教学案例的研发，并在教育部教材所主办、教研网协办的"聚焦大概念的高中生物学教学"活动中与北京、上海、浙江的优秀代表同台展示。2023 年 10 月，生物学科在教材所学科推进会上介绍经验做法，获得好评。教育部教材所人工智能课程实验项目组聚焦学科教师培养，先后开设专题讲座 14 场，交流分享会 6 场，展示课 2 节，快速提升人工智能教师学科教学素养。完成 12 个教学案例，其中 2 节人工智能课例被选为交流课例，2 节与内蒙古同行开展"同课异构"。参加广东省级基础教育精品课遴选活动，有 16 节课被推荐为部级精品课。此外，与教育部教育技术与资源发展中心合作共建"数字与智能化教育装备创新与应用实验项目"，推动软硬件"双轮"驱动，夯实课改基础，推动学科教师信息技术素养提升。2023 年下半年，黄埔区承办教材所 2023 年信息科技（信息技术）课程标准实验研究项目展示交流活动，在全国产生了一定的影响力。

2023年，经教育部教材所研究决定，黄埔实验区新增初中英语和化学学科参加全国义务教育新课标实验研究。

（三）坚持创新发展，改进教师研修方式

教师专业素养高低是决定课改成败的关键要素。教育部教材所专家团队研究教师发展状况，根据教师发展需求，有针对性地开展校长、教研人员及教师培训，帮助干部、教师更新观念，开阔视野，增强他们的课改意识，提升他们的专业水平。

在教育部教材所的支持下，黄埔区先后组织高中校长、教师2000余人次参加高中新课程新教材培训，在国内率先邀请课标修订组专家为义务教育阶段教师开展培训14场，组织生物学、信息科技（信息技术）课程标准实验研究活动20多场，组织课程专家对实验学校进行课程规划指导10余次。黄埔实验区各个项目组开展各类型教研活动和培训活动26场，参与师生超过6000人次，有力推动新课程的全面实施。组织学科教师、研训人员和教学管理人员参加专项培训，涵盖学科教学、信息技术、教育科研等专题，共有3200多人参训。选派教研员、优秀校长、中层干部及骨干教师到国内课改实验区基地校研修，分别参加了北京市、重庆市、浙江省、辽宁省、湖南省等省市的"双减"工作讲坛，加强横向交流，推动课改向深水区迈进。

作为国家级高水平课程教材专业研究机构，教育部教材所以通识培训、专题培训、自主学习、骨干研修等方式指导教师明确并掌握"基于标准的教学"的关键要素和操作步骤，以"示范课+专题讲座+互动交流"形式开展指导，以"现场陈述+专家会诊+精准施策"形式增强课堂教学有效性，全面提升课堂教学质量。定期举办不同形式的教育论坛或展示交流会，搭建区域校际课改教学经验交流平台，提高教师课程开发建设的能力，促进教师群体互助合作和专业成长。

实践表明，课改实验的教师研修活动，促进了黄埔区教师观念的更新、课程内容的整合、教学方式的改进、教学评价的落地，推动了黄埔区教育的发展。未来，黄埔区将继续推进实验区工作，深化教育改革，健全育人体制机制，推动信息技术深度融合，努力构建高质量的课程体系，提升学校教育教学质量，实现由理论到实践、由课程到课堂、由干部到教师的三大转变，让课改落地，让教研见效，让教师发展，整体提升区域基础教育建设水平与核心竞争力，推动黄埔教育高质量发展。

二、广东省教育研究院：以智库力量打造科技教育学校[①]

2021年2月，黄埔区人民政府与广东省教育研究院签署协议，合作建设广东省教育研究院黄埔实验学校（简称"粤教黄埔"）。四年来，省教研院充分发挥智库思想力、品牌影响力和文化辐射力，搭建院校协同育人机制，特别是在拔尖创新人才和科学教育方面，高站位谋划，以价值引领共研科学教育，就提升科学教育实施效能进行了系统性设计和体系化架构。

（一）加强专业指导，打造品牌学校

合办之初，省教研院由主要领导带队，深入学校了解情况，教研员集中视导，为学校发展和学科建设精准把脉。此后，省教研院多次到校指导，听取学校的工作汇报，提出指导意见，为提升学校教育教学质量提供专业引领。

学校以"创办粤港澳大湾区创新型、高质量、协同型的标杆学校"为办学愿景，努力构建适合每一个学生发展的课程体系。开设人工智能、STEM、舞狮舞龙、跆拳道、合唱、舞蹈、国画、劳动等30多门校本特色课程，科技教育特色鲜明，劳动教育成效日益凸显。开放办学，与香港、澳门等地的学校缔结"姊妹校"，举办粤港"一课两讲"品德课程交流活动；与国内外知名学校开展交流合作，促进内涵发展、特色建设和品牌形成。在合作共建中，省教研院积极发挥省级智库的力量，推动学校向前发展。

（二）开展教育教学改革，建设科技教育特色学校

科学教育是提升国家科技竞争力、培养创新人才、提高全民科学素质的重要基础，中小学校的科学教育对培养学生科学素质至关重要。粤教黄埔以新发展理念为引领，夯实科学教育基础，提升教师科学素养。

一是建设科学教育环境，丰富教师学习场景。

学校现已建成科学创新实验室26间，均配备科学活动室、实验员室、实验准备室、仪器室、培养室等；物理、化学和生物实验室9间，均配备实验员室、准备室、

[①] 参考 https://mp.weixin.qq.com/s/QJfE871-a2ViGGVJmsnzAw，有改动。

仪器室、药品室等。注重打造浸润式、场馆式学习空间，成立了人工智能体验创新中心，构建了"7+1"特色场景群：无屏实物编程、智慧交通、智慧农业、人工智能室、VR实验室、机甲战车室、机器人实训室和STEM教育实验室。通过环境建设，为学生学习构筑多元统一的学习场景，指导学生在学习中不断创造场景、丰富场景。

目前，广东省教育研究院"5G+智慧教育"的三个场景"5G+高清录播实验室、5G+VR/MR沉浸式教学情景、5G+教育质量监测"，以及广东省教育研究院STEM重点实验室等重大科学教育项目落户学校，从完善科学教育课程体系、深化科学教育课堂改革、做好科学教育资源建设、健全科学教育评价机制、提升科学教师素养、提高科学教育课后服务质量等方面持续细化工作举措，形成科学教育合力，推进科学教育实施，助力学校高质量发展。

二是优化师资队伍建设，加大科学教育投入力度。

首先，邀请专家到校，指导教师发展。学校聘请广东大湾区空天信息研究院总工程师、研究员周斌为科学教育副校长，聘请中国科学院国家天文台研究员彭勃为科学顾问，开展卫星气象专家进课堂、航天员大队长进校园等"科普专家进校园"系列活动；与科研院所、科普场馆、企业等单位的专家学者开展深度合作，加强资源整合，建立科学家（科技工作者）资源库。通过专家引领，开阔教师视野，为科学教师发展提供条件。

其次，加强校本研修，打造专业团队。学校现有科学类课程（科学、物理、化学、生物、地理、信息科技/信息技术、通用技术等）专任教师16名，专职科技辅导员35名。在各级教研部门的支持下，学校健全科学教师培养体系，优化科学教师在职培训模式，为不同教师定制培训课程，组织教师深入学习科学课程标准，邀请教育部义务教育信息科技和化学学科课标组组长及其团队进校指导。提升校长、教师信息技术应用能力，构建突破时空的立体学习场，聚焦课堂与信息技术的融合创新，指导教师利用网络平台探索教学新模式。

再次，组织课例研讨，开展课题研究。课堂既是学生学习的主阵地，也是检验教师发展的最佳场所。在省教研院的指导下，粤教黄埔积极探索项目式学习、研究性学习等跨学科综合性教学，承办高规格的科技教育研讨活动。2023年7月，为推动中小学开展高质量科学教育，粤教黄埔承办"粤港澳同一堂课·STEM与科学教育"交流研讨活动，来自北京、香港、澳门和广东等地近 200 名代表汇聚一堂，聚焦于 STEM 与科学教育的有效实施，探讨基础教育阶段科学教育、科技创新、人才培养三位一体高质量发展路径与策略。研讨会上，由粤教实验教师执教的课例和校长的经验分享，得到与会者的一致好评。

此外，学校以多个课题为引领，如广东省基础教育课程教学改革深化改革行动专题研究项目"九年一贯制学校科学教育有效落地实践研究"、省级课题"5G + 智慧教育的 VR 场景教学研究与应用"、黄埔区规划课题"义务教育人工智能校本化教学策略实践研究"均成功立项；学校承担中国 STEM 教育 2029 年行动计划课题"基于 STEM 教育理念的初中校本课程开发与建设研究"和省教研院课题"九年一贯制学校科创与 STEM 教育单元建设研究"，通过学科教师的理论学习和实践研究，持续推进了科学教育课程改革，突出综合性、实践性、探究性，加快了科学教师的成长。

（三）科技教育成果丰硕，师生发展成绩喜人

在省教研院的支持和指导下，粤教黄埔结合教育的智能化、数字化、融合化、终身化发展趋势，推动教育信息化升级、人才培养重心转移、教师角色转型、办学体系重构等诸多基础教育要素的变革和更新，较好地促进了学校提档升级，实现了"弯道超车"。

近年来，学校科学教育工作成效显著，被新华社、《人民日报》等媒体广泛关注，推动全媒体传播，营造了浓郁的科学教育氛围。学生参加青少年科技创新大赛、机器人比赛和创客挑战赛等科技竞赛，成绩突出，近 2 年获全国奖 11 项、省级奖 34 项、市级奖 10 项，获奖学生多达 206 人次。学校有 3 位老师被遴选为第二批广东省中小学幼儿园科创和 STEM 教育教改实验教师，6 位老师被遴选为广州市信息技术赋能教学"十百千万"人才培养项目骨干教师培养对象，16 位指导老师在各类竞赛中获得"优秀指导教师"称号。

国家、省、市、区领导多次到校调研科学教育工作。2023 年 5 月，全国政协副主席朱永新率全国政协科教文卫委员们到黄埔区学校作专题调研，广东省教育厅副厅长、广州市副市长到校调研，均对学校的科学教育工作给予了高度评价。

学校先后获得"广东省深化时代教育评价改革试点学校""广东省科创和 STEM 教育教改实验学校""广东省 5G + 智慧教育示范校""广州市人工智能首批试点学校"

"广州市国家智能社会治理实验基地（教育）支撑校""广州市信息技术赋能教学'十百千万'人才培养项目基地学校""中国航空运动协会校园航空飞行营地"等称号。2024年，粤教黄埔被教育部办公厅确定为"首批全国中小学科学教育实验校"。

三、广州市教育研究院：以特色课程建设研究型学校[①]

2021年，广州市教育局与黄埔区政府共建广州实验中学（以下简称"广实"），由广州市教育研究院与黄埔区教育局共管。建校之初，市教研院院长兼任校长，院领导班子成员担任党支部书记，市教研院东部分院院长任课程总监，另外派专家驻校指导。

作为广州实验教育集团的旗舰校，广实秉承"研精覃思，循真致美"的校训，坚持"课程为体，研究为用"的教学理念，体现"研究型中学"的办学特色，向"全国知名、湾区一流的浸润式研究型中学"的办学目标迈进。

（一）加强课题研究，坚持科研兴校

课题研究是教育科研的重要载体，更是提高教师教育教学能力的有效途径。在市教研院的支持下，广实教师紧紧围绕"深度教学""作业设计""智慧阅读"等项目开展研究，稳步落实"1+4"教育教学质量提升行动，在行动中研究教学，在研究中优化教学，多篇论文获奖或公开发表。

以研促教，教研相长，教研一体，有效地推动教育教学工作的开展。教师踊跃参加广实教育集团组织的各级各类培训，参与市教研院阶段性成果征集活动。教师发展促进了学生的综合能力的提高，获奖学生共计近千人次，教育教学质量得到提升。

（二）开设特色课程，形成课程框架

在实施国家课程的基础上，广实以拓展型课程和研究型课程为突破口，逐步形成具有学科前沿特色且适合学生个性发展和特长形成的课程框架。

1. 创建"课程为体，研究为用"的科技课程

广实把"问渠教育"视为学校的教育哲学，撰写整体课程方案。学校结合地处广州知识城这一实际，创建"中学+高校+企业+专业机构"的开放式人才培养模式，

[①] 参考广州实验中学工作总结，有改动。

形成"国家课程+地方课程+文溪雅荷课程"的三维课程体系，探索拔尖创新人才培养的新途径和新机制，培养"身心健康、科技见长、家国情怀、责任担当"的创新人才。目前已与西安电子科技大学研究生院、广东粤港澳大湾区国家纳米科技创新研究院、百济神州、蔡司光学等区域内高新企业和科研院所建立战略合作关系，开设多门校本课程。

2. 培育"馆校合作，学科融合"的考古特色

2023年初，广实与广州市文物考古研究院签署馆校合作协议，有计划、分阶段、按步骤、全方位地推进双方合作。仅一个学期，就组织了四期校内专家讲座，开展与文物零距离的接触体验及文物展陈介绍、拓印修复活动，组织两次校外考古基地研学活动。集团校内教师共同参与各类活动，发挥校际区域辐射带动作用，实现资源共享互促。

（三）创设"研精覃思"条件，培养现代研究型教师

精心研究，深入思考。广实依托市教研院优质平台，以教学实践、课题研究、校本研修为主要抓手，引导教师转变观念，从传统经验型走向现代研究型，提升学校教育教学质量。

实施民主管理。学校坚持"以人为本""科研兴校"，充分尊重教师劳动，开发教师潜力，以发展的眼光、开放的思想推动教师发展，为教师成长提供良好的工作环境，搭建良好的发展平台，形成和谐的工作关系，为教师成长营造浓厚的研究氛围。

组织校本研修。学校打破常规的集体备课方式，采取个人与集体相结合的研究策略。先由教师选择课题进行备课，写出详细教案，然后在科组内说课，科组成员提合理化建议，教师修改完善教学设计，执教公开课，科组组织观课、评课，驻校专家进行指导，执教者做好教学反思，科组总结，共同提高。在校本研修中，广实人坚持"教中学，学中教"，以教促研，以研促教，切实提高教学能力。

营造读书氛围。为建设学习型组织，引导教师养成理论学习和实践反思的习惯，学校定期聘请专家做报告；鼓励教师每学期读一本教育名著，定期开展以阅读为主题的沙龙、讲座、课程，并结合实际写读书体会，力求理论知识实践化；建设开放的校园阅读厅，与黄埔区图书馆联通，方便师生借阅，配以舒适的阅读桌椅、沙发，为师生营造"处处可读、处处能读、处处在读"的阅读环境。

（四）实施深度教学，推进课堂改革

广实拥有市教研院课程研发中心和研究成果应用转化基地（广州市教育研究院东部分院），进行课程、教材、教育资源的研发和教育研究成果的应用转化。

2022年初，市教研院要求广实落实"一个主题、四项行动"，即实施以"教育教学质量"为主题，以"深度教学、质量监测、全科阅读、作业管理"为抓手的四项行动，以期广实在"双减"背景下探索提质增效的有效路径。为此，广实组织全体教师认真研读教育专著，明确教学要求：以"学"为重点，发挥学生自主精神；教师实现角色转换，从知识、信息的提供者，转变为学习的指导者、推动者；教学手段多样化，教学方法灵活化，教学效果显著化。

三年来，广实积极推进教学改革，形成一批教学案例，开设市、区、校级公开课170多节，涵盖初中学段全学科。市教研院多次到校调研视导，充分肯定学校践行深度教学理念，深入研究课标，基于教材、学情、评价设计和组织教学，发展学生核心素养。教师通过课改、教改获得成长，为学校后续发展奠定了坚实的基础。

（后记）2024年3月，广州实验中学迎来颇具个性的广州市教育专家、广州二中原校长张先龙。他希望广实的老师能以研究者的态度投入工作，同时依靠市教研院以及汇集周边大专院校高科技企业的人才和智慧，探索关乎数理学科教学和发展的全新制度。此外，广实还要高举人文主义的大旗，打造中国式的学校——氛围温暖、和谐、积极、内敛，让校园里的每一位学生、老师和员工，都能在价值、意义、情感、审美方面获得全方位发展。

四、黄埔区教育研究院：以"订单式"教研建构黄埔样本[①]

为服务教师专业发展，发挥教研的支撑作用，提高教学研究的实效性，聚焦并解决教师教学中的实际问题，精准实施研训工作，提升教师专业能力，促进教育教学高质量发展，黄埔区教育研究院以点带面，以区教育研究院实验小学为试点，开展"订单式"教研工作，通过"问需于校、问需于师、自下而上"的"订单式"教研工作为教学精准"把脉"，促进教师个性化发展，努力建构推进区域教育高质量发展的"黄埔

---

① 本部分撰稿人为黄埔区教育研究院庄雪梅老师。

教研样本"。

以黄埔区教育研究院实验小学为例,实施"订单式"教研试点工作策略,坚持全学科覆盖、双向协同的"精研强教"教研理念,落实新课标、践行新课改,探索形成黄埔区教研样本。

(一)工作背景

黄埔区教育研究院致力营造富有创新活力的研训环境,助力区域教育高质量发展,各学段均有明确的研训方向,以建设高质量教研新体系为工作导向,以立德树人、五育并举为宗旨,着力打造有区域特色的"订单式"主题教研,面向全学科全学段实施沉浸式教研,为广大教师量身定制问题单,以期以生为本,精准教研,聚焦课堂,提质增效。

(二)具体思路及实施

1. 理念:对标教育政策

(1)超前定位,践行新型教研机制。2023年5月,教育部办公厅印发《基础教育课程教学改革深化行动方案》,提出要"强化教研专业引领,推动各地各校建立自下而上选择教研的机制"。黄埔区教育研究院推进"订单式"教研,坚持"问需于校、问需于师",按照孵化"订单"、产生"订单"、解决"订单"的工作思路,积极建构"自下而上"选择教研的新型体系,推进教研方式创新,形成以教育行政部门为主导、教研机构为主体、中小学校为基地、相关单位通力协作的教研工作新格局。

(2)聚焦课堂,培育学科核心素养。黄埔区教育研究院要求各教研员将党和国家的教育方针转化为学生核心素养,指导教师从课程方案落地、教学方式变革、科学素养提升、教学评价牵引等方面攻坚克难,通过"订单式"教研推动课程教学改革,培养有理想、有本领、有担当的时代新人。

2. 机制:优化教研体系

(1)顶层设计。黄埔区教育局牵头制定《黄埔区教育事业发展"十四五"专项规划(2021—2025)》《黄埔区党建引领"办好人民满意的教育"高质量发展三年行动方案(2023—2025年)》,提出要强化区教研机构及教研队伍建设,推进教研职责落实,优化教研工作实效,发挥教研工作在区域基础教育质量发展中的支撑作用等举措。

(2) 组织机构。根据黄埔区教育局的规划部署,黄埔区教研院不断完善国家、省、市、县、校五级教研联动工作体系,构建"1+5+N"教研体系。"1"是以教育部基础教育课程改革实验区为核心,通过共建"教育部基础教育课程改革实验区""教育部黄埔数字与智能化教育装备创新与应用实验区",引领区域教研体系建设。"5"是支撑教师专业发展的五大机构,即教育部教材所、广东省教育研究院、广州市教育研究院、黄埔区教育研究院、学校(片区和集团)。"N"是促进教师专业发展的N个资源,即北京师范大学、华南师范大学、湖南师范大学、广州市第二中学、广州市第六中学、广州大学附属中学、广州市铁一中学等名校与黄埔区联合办学,优质教育资源辐射到全区。

(3) 管理保障。黄埔区教研院以制度建设提升内部管理,不断完善各类制度。建立健全《广州市黄埔区中小学教学管理常规》《广州市黄埔区基础教育系统名校(园)长名教师名班主任工作室管理办法(试行)》等制度并落实执行。

3. 做法:积极落实推进

2023年上半年,选取黄埔区教研院实验小学(简称"实验小学")为试点学校,启动"订单式"主题教研系列活动。

1) 制定技术路线

(1) 孵化"订单":梳理、提出问题。"问需于师",提出问题是产生订单的第一步。学校以各学科教研组为单位,根据自身教学需求、困惑和课后反思,组织制定或征集问题,并形成问题清单。问题的内容既有针对组内大多数教师或整个教研组的教学诉求、教育教学中的"疑难杂症",也有整个教研组的发展规划,学校形成问题集锦后向区教研院申请解决。

(2) 产生"订单":研究、形成"真问题"。教研员根据问题集锦与学校学科组长进行了解考证,对问题提出的背景、教学要求、教(学)研效果以及教师的真实状况、存在问题及发展瓶颈等考察分析,有针对性地进行修改,使问题更具科学性、实用性和严密性,提炼出"真问题",最终产生"订单"。

(3) 解决"订单":分析、解决问题。教研员根据订单内容做好前期准备,根据订单主题搜集资料、制定教研计划、设计教研方案,与科组保持紧密联系,明确教研活动安排。然后,教研员根据实际需要及订单主题,采取相应的指导,如观课、评课、举办讲座、参与校本教研等，过程中持续互动交流。

2）建立督促机制

第一步成立工作小组，由分管副院长及试点学校校长牵头，小学教研室与学校教导处联合组织实施。第二步定期跟踪过程，从拟定问题集锦、梳理确定订单到落实解决问题，整个过程始终保持与学校定期沟通，召开例会。第三步注重过程记录，确保学科主题活动记录完整，并以在线文档形式同步更新。

3）扎实持续推进

特点1：涵盖全学科。2023年3月，黄埔区教研院在实验小学推进"订单式"教研，各学科积极响应，全部开展"订单式"主题教研活动。

特点2：丰富教研形式。相关教研员到学校通过观课、评课、专题讲座和座谈交流等方式，找出问题根结，与教师共商破解方法，协助解决问题。此举使教研重心前置下移，进一步提高教研活动的针对性、科学性和实效性，实现教学与教研的双赢。

案例1：实验小学3名体育老师均为新教师，对课堂教学章法了解不足，对教学设计缺乏思路。接到"订单"后，体育教研员到校教研指导，通过讲座重点引导新教师学习观课、听课、评课，指导教师把所学知识迁移到日常课堂中，结合新课标实现转型，从"能教"到"会教"最后实现"精教"。

案例2：面对实验小学音乐教师提出的"怎样开展音乐学科大单元教学设计"的问题，音乐教研员从课例出发，围绕音乐课堂应"准确、稳定、美好"的原则开展观课、评课及小组指导活动，提出建议并给予指导。

案例3：英语学科教研员到实验小学开展单元整体教学主题观评课活动，解读新课标理念，从设计入手着重指导教师撰写单元教学目标和分课时教学目标。

案例4：道德与法治学科在实验小学组织全区教研活动现场会，语文、数学等学科也以讲座及指导备课、现场教学等方式，有针对性地解决"订单"问题。

（三）取得成效

一是提升学科教师专业素养。教研员根据教师反映的需求"量体裁衣"，设定教研主题，通过名师送课、现场观摩、当堂点评、专题讲座、课后研讨等活动，有效破解教学中常见的热点、难点问题，实现教研重心下移、教研阵地前移，解决一线教师的困惑。"订单式"教研在实验小学的有效推进，促进了年轻教师的专业成长。据统计，共有26位教师先后承担了区级公开课、主题发言,主持课题研究,荣获教学比赛奖项。学校还承办了区青少年科技创新大赛,以赛促教,科教融合,促进教师专业发展。

二是培养具有综合素质的时代新人。实验小学围绕"订单式"教研,组织"二次备课"及"教研深加工",实施精细化管理,从优化教学策略、改造作业体系、创新学习评价等方面进行教改实践,变"有效课堂"为"高效课堂"。学校开齐、开足、开好国家课程,重视五育并举,开展丰富多彩的体验式学习活动,如引进少年宫共建"素养托管"课堂等,有效提升学生的综合素养。学校的作业管理典型案例被评为广东省"双减"工作专报优秀案例、广州市第二批"双减"工作典型案例。

三是凝聚共识推动区域教研精准发力。黄埔区教研员凝心聚力,积极践行"尚德笃行,精研强教"的理念,加强与省、市教研机构的合作。理顺教研管理体制,明确教研员工作职责和专业标准,完善区域教研、校本教研、网络教研、综合教研制度,建立教研员乡村学校联系点制度,发挥教研对教学改革的支撑作用。依托教育部教材所等优质资源,以研训驱动、项目带动、课题研究、教师培训、监测结果应用、教育技术应用等工作助推区域教学改革。

(四)未来发展

1. 工作反思

尽管"订单式"教研取得了较好的成效,但仍有不足:在认知层面,存在教师对"订单式"概念的认知不足,"订单"问题缺乏针对性;在操作层面,受时间限制,学科教研活动的频次缺乏保障;在成果推广层面,由于跟踪辅导不够细致,教师成果精品化不足。

2. 未来发展

随着教育教学规模日渐扩大,教师数量激增,区级教研机构需进行供给侧结构性改革,持续推进实施"订单式"教研,帮助教师解决亟待解决的难题。

方式1:以点带面,集中试点。面向全区学校发送"订单式"教研问题需求清单,选择有意向的学校联合开展试点工作,重点引导教师聚焦"订单"的产生,提出"真问题"。各学科教研员结合学校需求,制定解决"订单"的研训计划,提高教研的针对性,切实解决教研中的问题。

方式2:片区校联动,培育种子基地。根据学校特点,研究共性问题,采取"分片区集中教研"与"跨片区联合教研"的方式，通过片区校际联动推进主题活动。培育优秀种子学校作为"订单式"教研基地校，发挥基地校的辐射引领作用，共建"黄埔教研样本"。2023年下半年，黄埔区教育研究院和长洲教育集团签订协议，开启"协同教研"，促进需与求同频，整合相关资源。"协同教研"可视为黄埔区"订单式"教研工作2.0版本，更具灵活优势，为黄埔区教研提供新的片区教研研究范式。

方式3：联合集团校资源，共建联动教研体系。加强与省、市教研机构的合作，发挥"1+5+N"区域教研体系优势，联合市教研院东部分院和区内集团校优质教育资源，共同开展"订单式"教研主题活动，共建通力协作的教研工作联动新格局。

教研活动是教师成长进步的"扶手"，是提高教学质量的"助推器"。期待通过推进"订单式"主题教研，激发教师研学精神，发挥教研在区域教育发展中的支撑作用，促进教师专业成长。

五、教育集团（片区）：以学习共同体建设推动教师发展

集团化办学，是由单一学校向群体学校发展，形成学习、研究和发展的共同体，是一种以政府为主导、公办学校为主体的新型办学模式，以实现扩大优质教育资源覆盖面为目标，通过多样化模式让优质教育惠及更多的孩子。作为教育集团（片区）的领导者，面对不同的学校、不同的教师群体，要致力于为不同发展阶段的教师搭建学习和发展的平台，通过共同体建设发展教师，服务学生成长，促进学校发展。截至2023年底，黄埔区共有13个基础教育集团（覆盖70所学校及校区，学校覆盖率64.48%，学生覆盖率64.33%），如何发挥教育集团的辐射作用，是区域教育的重要课题。以玉岩教育集团和长洲片区为例，谈如何以学习共同体建设促教师发展。

（一）在集团建设中形成学习共同体[①]

玉岩教育集团成立于2018年12月，是黄埔区首批教育集团之一。该集团以玉岩中学为核心校，成员校有广东省教育研究院黄埔实验学校、玉泉学校、玉岩实验学校和华峰学校。为促进教师专业发展，理事会下设集团教师发展中心，建设学习共同体。

一是完善集团研修制度。玉岩集团根据"五结合"（个人自愿与单位推荐相结合、

---

① 参考玉岩中学集团化办学工作总结，有改动。

外在输血与自身提升相结合、单独组队与集团联动相结合、拓展视野与强练能力相结合、个人修为与团体晋升相结合)、"四坚持"(研训联动、项目共研、研练结合、研赛共进)原则,着力建设"玉岩教育集团青蓝工程""玉岩教育集团名师高端发展工程""玉岩教育集团讲坛""玉岩教育集团沙龙"等项目,形成浓厚的研训文化氛围,开展全方位的教师培训。仅2021年,集团共组织外出培训项目41个,参加培训人员共577人次,足迹遍布北京、南京、重庆及省内多地。重视集团内部交流学习,实施覆盖骨干教师、德育管理人员、毕业班班主任等群体的一系列专项培训。关注教师发展的精神食粮,促进学习型教师成长,组织教师学习课程标准,保证新课程理论理得通,新知识拓展说得清,新形势发展跟得上,新技术使用弄得明。建立统一的教师培养机制,在集团内实施"青蓝工程",培养高素质教师队伍,让教师对于个人成长路径了然于胸,提升自我成长力。

二是提升教师教学能力。集团发展的核心是提升教师整体素质。为强化资源整合、跨界融合,玉岩集团通过"教师发展学校",互通有无,开展多种培训活动,共享共研,培育、更新教师教育理念,探索教育规律,拓宽教师视野,培养教师终身学习能力。进一步完善和创新集团内干部、教师专业发展机制,加大核心校管理经验输出力度,帮助集团内薄弱学校提高办学质量。积极探索集团内骨干教师交流方式,支持薄弱学校教师到核心校轮岗走教、学习交流,培养学科骨干教师。名师示范,辐射引领,通过核心校23个名工作室吸纳、引领成员校教师参与教育教学研究,促进成员学校年轻教师成长,如玉泉学校教师加入玉岩中学市名师工作室、市名班主任工作室等,实现集团名师资源共享、优势互补。通过多种形式推动各成员校,尤其是新办校和薄弱学校走上发展快车道,提升集团的整体水平。

三是形成教研联动格局。玉岩集团围绕"学生成长、教师成长、学校成长"三个方面,开展集体备课、教学比赛、课题研究等方面的教学交流。通过"三定四研""六统一""五目标"等备课组建设目标,缩小网格,细化要求,保证课堂效果,以研促教,深度联动。制定《玉岩教育集团成员课堂调研活动方案》,委托资深教师在集团学校开展定期课堂观摩调研活动。举办集团教学开放日,以"创设优质情境,解决核心问题"和"引导深度思考,探寻有效路径"为主题,邀请知名专家、优秀教师等指导点评。通过名师课堂、同课异构、接力授课等多种方式,引导教师正视教育教学变革,自觉提高专业素养。此外，积极督促集团各学校教师申报课题、发表论文，促进教师专业发展。

未来，玉岩集团将整合教育资源，构建教师自主发展共同体，引导集团内部教师自发组建、自主参与，改变以往培训方式，由规划导向往需求导向转变，更好地探索与实践教师培训的多元路径、研修形式，从根本上解决教师前沿知识滞后、教育观念滞后、信息技术手段滞后等问题，激发教师终身学习的热情，从专业能力、策划组织、沟通协作、自我批判与反思、创造力等方面全方位提升教师领导力，促进集团学校的发展。

（二）在片区教研中推动教师发展

2017年9月，中共中央办公厅、国务院办公厅印发《关于深化教育体制机制改革的意见》，提出"改进管理模式，试行学区化管理，探索集团化办学，采取委托管理、强校带弱校、学校联盟、九年一贯制等灵活多样的办学形式"。除教育集团外，学区化管理也是改进管理模式的一种有效途径。

黄埔区长洲教育集团位于黄埔军校所在的长洲岛上，共有核心校1所、成员校3所，由于与中心城区相距较远，教师出岛教研很不方便。2023年11月，为进一步推动长洲教育集团教研机制创新，提高教研工作实效，促进教师个性化发展，提升教师学科专业能力，黄埔区教育研究院与长洲教育集团签订"协同教研片区"协议，长洲教育集团教研中心根据区教研院总体教研安排，策划开展具有地域特点、符合集团教育特色的片区教研活动。在区教研院审核把关、统筹安排和相关学科具体指导下，由长洲教育集团教研中心独立开展集团学校教研，推进"订单式"教研，由学校、教师提出问题，教研员根据问题加以指导，解决问题。"协同教研"则以片区为单位，创新区域教研形式，更具灵活性，能够有效促进"需与求"同频和资源共享，拓宽教师的研究视野，增进学科的融合交流，为学生提供更全面的教育。

协同教研片区成立后，长洲片区教研活动由"自上而下"转为"自下而上"，以片区的实际需要为出发点，强调全员学习、全过程学习和团队学习，根据区域教研特色和学校教研特长，开展更有针对性、更具特色的教研活动，与"自上而下"的区级教研形成互补。除长洲岛片区外，黄埔区还分设了科学城片区、黄埔片区、知识城片区，既有片区内的教研，也有片区与片区之间的结对帮扶教研，通过多种形式构建良好的教研生态。

(三) 在学习型组织建设中加快教师发展

无论集团化办学，还是片区化管理，不同片区、不同学校的实际情况千差万别，难以用一把尺子来衡量。因此，更要重视学习型组织的建设，通过营造良好的学习气氛，充分发挥组织成员的创造性思维能力而建立起一种有共同理想的、不断创新的、有机的、高度柔性的、扁平化的、符合人性的、能持续发展的组织。这一组织的创建，是通过不断的学习提高组织的适应变革的能力、组织的再造能力和竞争准备力，使组织能够持续健康地发展。[①]

在学习型组织的建设中，教育集团（片区）既要发挥各成员校的自主性，尊重其办学特色，又要注重集团教育理念和文化的融合，关注情感、心理、机制、归宿、获得感、认同感等因素，在行为文化、价值取向、理念思想、制度文化和物质文化、精神文化层面包容共生、共建共享[②]。例如，玉岩集团把教师视为优质资源的核心要素，注重教师价值观的引导，强化教师的专业能力，开展多种培训活动，提升教师整体素质，促进集团内教师的发展。同时，玉岩集团重视优质教师资源的共享、培育和再生，通过核心校和成员校之间的相互协作，促进彼此的发展，实现"从无到有"到"从有到优"的转型蜕变，探索出文化建设从输出移植到融合内生的实施路径，取得了显著的效果。

相比区域教研的大而全、校本教研的小而精，片区教研可以整合片区各校的教研力量，促进校际互动交流，在多维度的教研中实现资源互补、经验共享、互利共赢，有助于弥补单一教研的不足，达到共同提高的目的。以长洲教育集团为例，三所小学规模不大，缺少学科带头人，如参加区内教研，从岛上到中心城区路途长、耗时多；如自行组织校本教研力量有限，难以实现自我提升。实行片区协同教研，在黄埔区教研院的指导下，能够更好地协同创新，增强片区的凝聚力，通过建立共同愿景，促进学校间的交流与合作，从而发挥教育集团的力量，提高片区教师的专业水准。

教师是制约学校教育质量、影响学生成长最为重要的因素，提高教师质量，无疑

---

① 项红专. 学校文化建设的理论与实践 [M]. 杭州：浙江大学出版社，2010：25-26.
② 中国教育科学研究院. 集团化办学的理论与实践探索 [DB/OL]. [2020-10-30]. http://www.nies.edu.cn/jgsj/jgcg/syq_2069/sznssyq_2072/202010/t20201030_336666.html.

是提升教育质量的突破口,为世界各国所认同。目前,集团化办学进入新的发展阶段,如何推动集团化办学提质增效向纵深发展,成为亟待研究的重要课题:一方面,各集团(片区)要着力激发教师发展的内驱力,全面提高教师的学习力、研究力和课程领导力,提升教师的专业效能感和幸福感,让学生在教师专业发展中受益;另一方面,要打破校际壁垒,在整体联动、名师辐射、骨干教师交流等方面下大力气,解决干部教师交流难题,实现办学理念辐射、教学资源共享等,以优质教育理念和教育资源的输出与带动,推动新建学校、薄弱学校的发展,整体提升区域教育竞争力。

六、学校:以校本研修赋能教师发展

教师专业发展总是在特定的情境中进行的,特定的情境可能为教师专业发展提供了一些特定的要求和资源,也可能给教师的专业发展带来某些局限。学校环境是影响教师发展的重要的情境。[①] 在新课改的背景下,实施"为了学校、在学校中、基于学校"的教师研修,可以赋能教师发展,促进学生健康发展,赢得学校可持续发展。

(一)校本培训、校本教研和校本研修

"校本培训"是指在教育行政部门、教师培训机构的规划指导下,由中小学校长组织领导,教师任职学校自主开展,紧密结合学校工作实际,以提高学校教学质量和办学效益、促进教师专业发展和职业修养为目的的教师在职培训。[②] 我国"校本培训"的概念最早在1999年教育部《关于实施"中小学教师继续教育工程"的意见》中提出,"中小学是教师继续教育的重要基地""各中小学都要制定本校教师培训计划,建立教师培训档案,组织多种形式的校本培训"。"校本培训"一经提出,就受到广泛重视并延续至今。

除"校本培训"外,"校本教研"也是教师发展的重要途径之一。2019年教育部《关于加强和改进新时代基础教育教研工作的意见》中指出,校本教研要立足学校实际,以实施新课程新教材、探索新方法新技术、提高教师专业能力为重点,着力增强教学设计的整体性、系统化,不断提高基于课程标准的教学水平。学校要健全校本教

---

① 胡惠闵,王建军. 教师专业发展[M]. 上海:华东师范大学出版社,2014:134.
② 熊焰. 试论教师专业化与校本培训[J]. 课程·教材·教法,2002(7):49-52.

研制度，开展经常性教研活动，充分发挥教研组、备课组、年级组在研究学生学习、改进教学方法、优化作业设计、解决教学问题、指导家庭教育等方面的作用。

2022年义务教育课程方案首次把"教学研究与教师培训"写进课程标准，"研训一体"成为教师发展的必然选择。其中，语文课标对此提出了明确的要求，即坚持终身学习，提高素养；适应时代要求，提升信息素养；立足实践，提高教研水平；聚焦关键问题，推进校本教研；发挥制度优势，推进研修融合；依据课程理念，设计培训内容；采用多种形式，增强培训效果。

无论"校本培训"，还是"校本教研"，都存在着以外部控制为主还是以自我控制为主的问题。当中，外部控制为主强调教师的学习、业务进修等活动依赖于"外力"的推动，注重外部规章制度的约束和外因的利用，多把研训看成是学校的一项工作任务与内容来开展，而以自我控制为主的校本研训则强调教师在行动中的反省和探究，注重教师内部发展的需要和内在动力的激发，多把研训看成是教师展示个性、完善自我的过程。

如果说培训重在"培养与训练"，教研重在"教学与研究"，研修则重在"研究与进修"。相比"培训"和"教研"，"研修"更能体现教师的主体性和学习的主动性。基于学校的教师研修，主要包括知识和技能的补充、教育理论的学习、学校管理知识的培训、教育研究能力的训练，形式包括专家讲座、读书会、教师论坛、角色扮演、教学诊断、教学反思等，根据学校教师的发展阶段，采取不同的研修形式。当然，无论哪种形式，都以解决学校和教师在教育教学中生成的问题为出发点，通过研修将教师的学习、教学和科研结合起来，促使教师反思和改进自身教学理念和行为，有效提高专业能力，促使教师的发展与学校发展相协调。

自我教育是教师发展的永恒话题。校本研修能够更好地调动教师的积极性，激发教师发展的内驱力，唤起教师对人生境界更高层次的追求，帮助教师在自我的实践活动中不断追求、不断进取、不断创新，从而促进自身的完善和自身价值的实现，无疑更符合现代教育的发展要求。

（二）开展校本研修的策略

教师发展受政策文件、学校环境、个人意愿、教师同伴等诸多因素的影响，而"校本研修，重在制度建设、氛围营造、条件创设，为教师搭建学习、研究、交流的平台，围绕教师发展的主题，通过多种形式促进教师共同进步，推动学校内涵发展"[1]。

一是校长关注引领校本研修。美国管理学大师韦尔奇说："成为领导之前，成功在于完善自己；成为领导之后，成功就在于推动他人成长。"如果说教师的价值体现在学生的成长上，那么校长的价值就体现在教师的发展中。作为促进教师发展的关键人物，有远见的校长会积极为教师成长谋划关键事件、配备关键人物，以此推进教师的学习，帮助他们提升个人能力，为他们的成长铺路，使教师成为"持续积累的学习者、用心体悟的实践者、积极有为的传播者"，为学校的可持续发展奠定坚实的基础。

二是制度建设保障校本研修。"没有规矩难以成方圆"，为推动校本研修工作的开展，上海市从"十一五"起，就把校本研修不少于50%的学时比例写进了教师队伍建设规划，为在职教师"重心下沉"式专业学习奠定了制度基础。如建平中学的教育沙龙"为教师搭建了一个自由研讨教育问题的平台，创造了一个自由和谐的文化场。通过共同价值观建设，教研、课改、师训相互结合三位一体的学术建设，学科教学规范制度建设，形成一种以备课组为基层单位的合作创生的教研文化"[2]。2013年，上海市教科院围绕校本培训开展市级调研，提出"让校本培训走向问题导向的专业学习"，引领上海教育开展创新探索，不少学校以不同的形式开展校本研修，卓有成效。

三是氛围营造助力校本研修。学校场域对教师状态的影响明显，是教师良好专业表现的重要支持条件。建设强有力的教师团队，培育良好的合作精神，更能激发教师发展的动力。近年来，为了更好地反映我国中小学教师队伍的真实状态，为各级政府的教育政策制定者提供可靠、有针对性、具有政策改进价值的事实依据，上海市开始研究"中国中小学教师专业发展测评"指标体系，其整体框架及工具的测试和调整分三个阶段，在东部选择上海，在西南、西北各选一个有代表性的地级市，在中部的两个省各选一个有代表性的地级市，共1600所学校将近3万名教师，分学生、教师、学校治理、家长支持四个领域进行测评。研究结果显示，学校氛围与教师专业表现之间的关系密切，对教师的学校工作表现影响最大，对教师的专业感受同样具有较强的支

---

[1] 苏虹. 发展性教师的教育解读[J]. 教育探索，2004（12）：111-113.
[2] 程红兵. 学校文化建设的路径[M]. 上海：华东师范大学出版社，2012：5.

撑作用。由此可见，改善学校氛围等软实力，是提高教师专业发展水平的重要手段。①

四是条件创设促进校本研修。为落实立德树人根本任务，发展学生核心素养，校本研修要主动适应课程改革的要求，创设各种有利条件，通过新课程、新教材、新技术和新方法，提高教师的育德、教学、作业（命题）设计和家庭教育指导等能力。从"为了知识的教育"走向"通过知识的教育"，知识成为素养培育的载体，课堂教学"基于知识、通过知识，但不止于知识"；从以"教"为中心走向以"学"为中心，立足学生、基于学生、依靠学生、为了学生，教材、教师、教学环境、教学设计等一切教学要素和活动都要围绕学生，为学生服务……在新的课改理念下，校本研修要着重发展教师的"五大关键能力"，即课程设计、课堂实施、学生发展评价与指导、信息技术应用和系统反思能力。这既是教育改革发展的迫切要求，也是教师专业发展的职业需求，更是教师教育改革的必然趋势。②

五是形式多样丰富校本研修。教师专业发展的"油门"在哪里？大部分学校搞的是师徒结对、教研活动、听课评课、体会随笔、专家报告，而且还检查学习体会、心得笔记，这些都是一般驱动点。而在国家督学李希贵校长看来，教师专业发展最重要的关键驱动点是分享。当年，由李校长掌门的北京十一学校，就经常在校园里组织面向全国展示教师研究成果的教育年会、名师大讲堂、教学沙龙、互助中心、主题研修、读书会、分享会等，通过多平台分享的动力机制，激发教师主动成长的内动力。③ 无独有偶，山东省青州市益都街道车站小学以信仰凝聚共识，提升教师的职业道德境界，搭建"平台"，让教师找回职业认同感和归属感，学校开办"先生归来"论坛，让老师找回"先生"应有的精神内涵；举办"遇见自己"读书沙龙活动，让教师在读书中"遇见"最美的自己；"我说我的教育故事"，激励大家敞开心扉，分享成功，自我激励。④ 校本研修立足教师自身的教育教学实践，从教师成长中所遇到的实际问题出发，

---

① 王洁，宁波. 什么因素在影响着教师的专业发展？——中小学教师专业发展测评的背景、发现与改进路径［J］. 人民教育，2019（11）：31-34.
② 李文萱. 推进育人方式变革的区域教学改进研究［M］. 上海：华东师范大学出版社，2021：6-8.
③ 李希贵. 面向个体的教育［M］. 北京：教育科学出版社，2014.
④ 武晓燕. 先生归来——教师职业信仰与"171号站台"的故事［J］. 人民教育，2017（Z3）：64-67.

通过对教师实践中遇到的问题以及自身经验的反思与探究,反过来指导教育教学实践,促进教师专业发展。①

六是同伴互助支持校本研修。从发现问题到解决问题,校本研修关注的是教与学的问题,指向教师行为的改进和教师的发展,而教师正是在对自身的观察与思考、在与他人的合作中加深对教育实践的理解,获得发展。如何实现教师集体的不断优化?全国文明单位、山东省青岛第五十八中学发挥团队力量开展校本教研,通过日集备(每日集中备课)、先行课,加强教学管理,教导处专人检查,期末检查听课情况和集备记录,集中反馈后评选优秀备课组;组织教师论坛,围绕读书实践交流、备课组建设经验分享、课堂教学感悟、教育智慧这"四大板块",以"做智慧型教师,当好学生引路人见证成长、爱心引领学生成长、走向课堂深处、我的组长我的组等"为主题,每期一主题,促进教师发展。②

(三)校本研修举隅

学校发展应着眼于为学校教师学习提供组织支持,在组织文化、组织结构、组织行为和组织目标等方面进行富有成效的变革。③ 近年来,黄埔区教育研究院重视校本研修工作,暑期全员校本培训开全市之先河,组织校本研修负责人到国内先进地区学习,初显成效。

校本研修强调以师为本,支持教师改进工作。广州开发区第二幼儿园立足园本,注重实效,以《3~6岁儿童学习与发展指南》《幼儿园教师专业标准》《广东省幼儿一日活动指引》为指导,策划了"新教师保教技能提升""幼儿园教师专业素养能力提升""幼儿园精细化管理能力提升"三个培训项目,转变教师的教育观和课程观,指导教师解决实际教学问题。

校本研修重在激发教师学习的内驱力。长岭居小学创新研修路径,发挥教师自主学习的积极性,不定期组织"师·说",请教师就教学、德育、科研等阐述见解、分享思想、介绍经验,深化教师对教育的理解,催生教师的教育智慧,为教师成长搭建平台;天韵小学坚持理论学习与教学实践相结合,鼓励教师研读义务教育课程标准和课

---

① 代蕊华. 教师专业发展与校本培训[M]. 北京:教育科学出版社,2011:8.
② 袁国彬. 如何实现教师集体的不断优化[J]. 人民教育,2015(6):69-72.
③ 代蕊华. 教师专业发展与校本培训[M]. 北京:教育科学出版社,2011:5.

堂教学常规，在课题研究中学会学习、学会研究、学会反思，开辟个人成长点，激活创造力，促进青年教师成长。

学校不仅是学生学习的场所，也是教师发展的场所。北京师范大学广州实验学校成立教师成长学院，利用寒暑假组织教师全员培训，以 TED 演讲等形式，鼓励教师自我反思，分享成长体会。有效组织校本研修，发挥学校的专业属性，以实施新课程新教材、探索新方法新技术、提高教师专业发展能力为重点，帮助教师确立共同认可的专业愿景，建立专业自主意识，形成学习共同体，着力增强教学设计的整体性、系统化，不断提高教学水平，不断完善教师的实践行为，让教师产生更大的行为动机，推动教师思维方式的转变。

实践表明，校本研修既是一场教师教学方式、研究方式的深刻变革，同时也是一场教师学习方式、历练方式的深刻变革，指向教师的发展，重点是推进教师的学习与研究，引导教师在过程中完善自我，实现从教育理念到行为的转移，促进学校的整体发展。[①]

第四节 "N 种资源"策略

在 456N 区域教师发展模式中，"N"是促进教师发展的"N 种资源"，如多所名校与黄埔区联合办学，优质教育资源辐射全区，促进教师发展；"N"是促进教师发展的"N 个项目"，如深度学习、校—家—社协同、教育评价等以项目推动教师发展；"N"还是一个不确定数，说明地处广州开发区的黄埔教师发展的动态性和开放性，展现黄埔教育的开拓进取精神，体现"公平卓越、活力创新、开放包容"的广州教育特质以及"敢为人先、务实进取、开放兼容、敬业奉献"的广东精神。（图 4-11）

---

① 张民选，徐士强. 教育的突破：上海优质教育的关键［M］. 北京：中国人民大学出版社，2020：77-79.

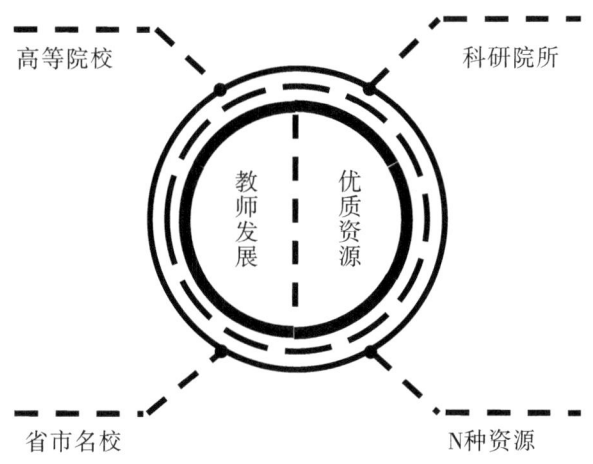

图 4-11 "N 种资源"助力教师发展

一、北京师范大学：优质资源共享，支持教师发展[①]

开办于 2016 年 9 月的北京师范大学广州实验学校（以下简称"北师广实"）是经广州市人民政府引进，由北京师范大学和黄埔区人民政府合作创办的十五年制公办学校（含幼儿园），是一所厚植北京师范大学（以下简称"北师大"）基因、扎根改革前沿的现代化实验学校。

（一）传承北师大精神，彰显教育价值追求

学校秉承北师大"爱国进步、诚信质朴、求真创新、为人师表"的优良传统和"治学修身、兼济天下"的育人理念，将北师大"爱国进步、诚信质朴、求真创新、为人师表"的文化传统潜移默化融入校园，让"每面墙壁会说话，每个景观有故事"：办公楼走廊悬挂着"北师大的先生们"照片和北师大校园风光图片，学校广场、主干道以及亭台楼榭更是以北师大的先生、大师和知名专家学者的名字来命名，如启超亭、启功亭、木铎广场、励耘广场等。学校建筑也融合了黄埔区的改革进取精神，具有浓郁的岭南风格。

学校坚持"育人为本，能力为重"的办学理念，恪守"向上、向真、向善、向

[①] 参考北京师范大学官网和微信公众号。

美"的校训,以"涵养教师、学生、学校生命成长共同体"为追求,培养"具有中国精神的品质公民",办高质量、有内涵、有特色,广东一流、全国知名的优质学校,助力黄埔区经济社会快速发展。

(二)高度重视教师培养,多措并举推动教师发展

北师广实校长由北师大教育集团选派,曾在北师大合作办学平台长期储备并在北师大附属学校挂职锻炼,具有先进的办学理念和丰富的办学经验,对北师大文化有较为深入、全面的理解和把握。学校严把教师入口关,面向全国引进教育专家、特级教师、省级骨干教师,招聘重点院校优秀毕业生,其中研究生占80%以上。

学校制定教师发展"一三五七计划",即一年站稳讲台,三年成长为教学骨干,五年成长为学科带头人,七年成为黄埔区名师,深挖自身资源,增强教师素质,以"荔坛问道、荔坛闻道、荔坛论道、荔坛传道"为抓手,提升教师的教研与科研能力。老师们既参加北师大基础教育合作办学平台的研训(表4-11),博采众长,又参与市区教研活动,汲取经验,多管齐下加快青年教师专业成长。

 链接

表4-11 北京师范大学教育集团部分教师培训课程

序号	培训主题系列	对象
1	师德师风建设培训	全体教师
2	新时代的五育融合	
	新教师——站稳三尺讲台	
3	教师专业发展规划培训指导	新学科教师
4	专业理念与学科知识	
5	学科育人与教学反思	
6	信息技术与学科融合	
7	教师专业发展规划培训指导	新班主任教师
8	班级管理与育德体验	
9	教学反思与教研基础	

续上表

序号	培训主题系列	对象
骨干教师——课堂攻坚克难		
10	专业发展规划培训指导	骨干学科教师
11	教学创新与学生发展	骨干学科教师
12	信息素养与技术应用提升	骨干学科教师
13	教学反思与教学研究提升	骨干学科教师
14	骨干学科教师名校访学提升	骨干学科教师
15	班集体建设指导提升	骨干班主任教师
16	班级活动组织指导提升	骨干班主任教师
17	学生发展指导与综合素质评价提升	骨干班主任教师
18	沟通与合作	骨干班主任教师
19	骨干班主任名校访学提升	骨干班主任教师
20	专业发展规划培训指导	中层管理干部
21	中层管理干部领导力与执行力	中层管理干部
22	学校品牌与学校文化建设	中层管理干部
23	教研组建设与活动	中层管理干部
24	中层管理干部名校访学提升	中层管理干部
名教师——引领团队建设		
25	名家成名之道	名班主任（种子教师）
26	如何出版个人专著（写作技能、成果输出）	名班主任（种子教师）
27	品牌班主任的价值观与教育思想凝练	名班主任（种子教师）
28	规划班级，打造特色班级文化	名班主任（种子教师）
29	主题班会课的组织与创新	名班主任（种子教师）
30	基于品牌班主任的课题选择与课题运作	名班主任（种子教师）
31	培养成果展示	名班主任（种子教师）
32	定题定向：教育教学理念研修	名班主任（种子教师）
33	教学研究与教学实践	名班主任（种子教师）
34	示范辐射作用发挥	名班主任（种子教师）
35	省内外名师教育教学考察学习	名班主任（种子教师）

学校成立教师成长学院，通过教师集中培训、自学研修、名师工作室、名师讲堂

以及青年教师基本功大赛、班主任专业能力大赛等多种形式，提升教师专业能力、拓宽发展道路。每年暑期，教师培训内容丰富，既有理念传授与思想碰撞，又有案例分享与实操建议，引领老师们在学习中前行。

学校组织教师参加各级各类教师研训活动。集体备课，发挥集体智慧，共同成长；组织课例研讨，通过名师的"优质课"、骨干教师的"示范课"、青年教师的"达标课"、新教师的"汇报课"等，为不同发展阶段的教师搭建展示平台；推行"学思课堂"，以智慧课堂与大数据精准个性化辅导形成一体两翼，提高课堂效率和教学辅导的精准度；鼓励教师参加省市区乃至全国性的教学比赛，以赛促学，不断提高教师的专业素养。

依托北师大建设的中华名校群，学校与全国80多所北师大附属学校建立质量共同体，实现优质教学资源、优质师资资源、优质竞赛资源、优质高校自主招生资源共享，定期选派教师到其他附属学校轮岗交流、挂职培训，加快教师发展。

教学基本功大赛是提高教师专业能力的重要途径。学校每学年举办全校性的教学基本功大赛，包括三笔一画、演讲比赛、教案展评、说课比赛、才艺展示、文化认同考试等六个环节，既磨炼青年教师的教学基本功，提高教师的课堂应变能力，又让新老教师同台竞技，共同提升专业水准。

学校成立学术委员会，以促进教师成长、增强研究意识、提升学术水平、提炼教学思想为宗旨，以遵循学术规律、鼓励学术创新、促进学术发展和教师培养、提高学术质量为目的，以尊重学术平等为原则，保障教师在教学、科研等学术事务管理中发挥主体作用，促进学校科学发展，引领教师发展迈上新的台阶。

学校领导支持教师发展，为青年教师成长营造浓厚的学习氛围。近年来，学校积极参加省市区级教学比赛，参与市电视课堂录制和基础教育精品课评比等多项教育教学活动，青年教师成长迅速，成绩喜人。其中，在广州市第二、三、四届中小学青年教师教学能力大赛中，三位年轻教师分获初中组第一名，代表广州市晋级广东省赛，一人荣获2023年广东省总决赛一等奖。2023年，在第八届"励耘杯"北师大基础教育学校青年教师课堂教学大赛中，7位老师晋级决赛，展现了良好的教学实力，学校获"优秀组织奖"。

（三）坚持开放办学，助力区内教师发展

为提升北师大教育集团青年教师教育教学基本能力和综合素养，激发青年教师更新教育理念、掌握现代教学方法的热情，增进校际间教师交流切磋，北师大教育集团每两年举办一届"励耘杯"青年教师基本功大赛，每届都有近千名青年教师参加初赛，百余名教师入围决赛，相互竞争、相互学习、相互成长。可以说，"励耘杯"青年教师基本功大赛是北师大教育集团教育教学最高水平的比赛。2021 年 10 月，北师广实承办第七届"励耘杯"青年教师基本功大赛，学校面向全区发出邀请，为区内外教师观摩大赛提供便利。

作为广州市智慧教育示范区支撑学校、广州市智慧校园样板校、广东省中小学信息化中心校，北师广实积极推行"一体两翼"教学改革，即以学思课堂为一体、智慧课堂教学与大数据精准训练为两翼开展教育教学工作。学校先后承办了广州版中小学人工智能教育教材发布会以及广州市教育局第二届智慧教育成果展示月活动（分会场），进一步检验了教师信息化应用能力，提升了学校智慧教育水平。

北师大教育集团以"理念共识、资源共享、成果共生、质量共建、发展共促"为宗旨，组织开展多项教师研修活动。仅 2023 年，学校多次承办集团内的教研活动，示范辐射区内教师发展。3 月，北师大教育集团学前教育教研共同体活动在北师广实举行，特邀教授现场讲座与交流。来自黄埔区的幼教同仁及北师大教育集团的园长、教师通过线上线下共同参加了本次教研。4 月，北师大基础教育物理学科共同体高端学科年会暨"护航计划"青年教师线下研修活动在北师大广实举行。来自全国的北师大基础教育学校的教师代表、北师大县中托管学校教师代表、黄埔区物理学科教师代表共计 200 余人参加了研修活动，通过专家讲座、课例展示与观摩、课例分享与交流、工作坊指导与研讨等方式，深入探讨新课程标准中指向核心素养发展的物理实验教学，提升教师物理实验教学能力。该活动搭建了专家引领、资源聚集、理念融通、智慧共享的高端教育教学交流学习平台，为黄埔教师提供了良好的学习机会。

建校以来，北京师范大学广州实验学校遵循教育规律和学生成长规律，坚持"做真教育，真做教育"的价值追求，不断提升学校品牌的知名度、美誉度和影响力，成为广东省义务教育标准化学校、中国百强特色学校、粤港澳大湾区教育质量评价特色学校、中国教育信息化 STEM 教育种子学校。

二、广州市第二中学：重视文化传承，滋养教师心灵①

广州市第二中学（以下简称"二中"）创建于1930年，1956年被评为广州市重点中学，1994年被评为广东省首批省一级学校，2007年通过广东省国家级示范性普通高中验收，为广州市教育局直属学校，被誉为"历史名校，状元摇篮"。二中共两个校区，初中部位于近代岭南文化发源地越秀山脚下，高中部位于黄埔区科学城苏元山下，从应元路的初中部到苏元山的高中部，"元"文化融入学校发展的血液中，二中人自豪地称之为"义忠仁"精神。这精神，承载了二中人的念想。

（一）依托市属名校办学，加快优质资源配置

2005年，二中高中部迁入萝岗区（2015年区划调整，改为黄埔区）后，办学质量逐年提高。自2013年起，二中坚守中国文化传统的办学之道，中高考成绩逐步攀升，考入清华大学、北京大学等高校的人数保持稳定，学科竞赛硕果累累，录取分数线高位盘旋，不少人慕名而来。为引入市属名校的优质资源，促进区域教育发展，黄埔区与二中合作，共建苏元、会元和开元学校。

苏元学校开办于2008年，原为全日制寄宿型民办初中学校，2022年改为公办初中学校，在中部的科学城片区，现开设33个教学班；会元学校开办于2016年，为九年制公立学校，在北部的知识城片区，规划小学部、初中部各36个班，现小学部开设30个教学班，初中部开设16个教学班；开元学校开办于2018年，为12年制公立学校，在东部的永和片区，规划小学部、初中部和高中部，共81个教学班，现全年段共计开设104个教学班。目前，三所学校均为二中教育集团成员学校，社会认可度高，具有较强的影响力和辐射力。

（二）文化传承，生生不息

学校文化是学校全体成员或部分成员习得且共同具有的思想观念和行为方式，其中最具决定作用的是思想观念特别是价值观念。② 广州二中以"真正学校 品质教育"为办学方向，坚持"顶天立地"的校训和"元元传承 厚德格物"的办学理念，致力于

---

① 参考广州市第二中学官网和微信公众号。
② 郑金洲. 教育文化学［M］. 北京：人民教育出版社，2000.

将"元"作为二中人集体精神的承载,形成了尚真、守正、求实、务本的"二中品格"。

为更好地传承二中文化,各成员学校的管理层由二中教育集团派驻,教师队伍由集团统一选拔及培养,顾问团队由集团各学科专家名师组成。各校均以"元"文化为根本,苏元学校"元元传承,乐育文化",以先进的办学理念、和谐融通的校园文化,营造了"校园—家园—乐园"的良好育人氛围,在广州市享有盛誉;会元学校以二中文化精髓为引领,开拓创新,为学生的成长构建了"C-A-N"会元课程并初步形成"校—家—社"育人体系;开元学校秉承"办品质教育,办真正学校"的信念追求,以"乾元资始,至善臻美"为校训,延粤秀文脉,续应元范式,创开元新姿,用心、精心、尽心打造"臻美"教育文化。2023 年,广州二中教育集团在教师招聘时明确提出追求"人性的美",主张"心性的纯者、敬者、和者、亲者、谦者、安者、笃信者"便是"适合的教育者",希望与"青春的寻道者、教育的持真者、文化的承续者"同行,因为"让学校成为具有君子人格的生命体,是我们一以贯之的内涵追求"。

学校文化包括物质文化、制度文化和精神文化,其中,物质文化是基础,制度文化是保障,精神文化是核心。例如,开元学校形成"臻美"教育文化体系、集团特色化管理体系、教师培训发展体系、教学质量提升与评估体系、活动课程建设体系、"臻美少年"培训培养体系、九年一贯制科研课题体系、智慧校园建设体系、生态资源开发支撑体系和开元人幸福健康生活体系等十大体系。为推进十大体系落地,学校参照广州二中管理模式,加强制度建设,编印工作手册,明晰工作要求,各项制度具体、细致,可操作性强。在教学管理方面,小到计划制订、备课、课堂教学、作业布置及批改等常规,大到集体备课、听评课、考试、教学质量分析、教师培训管理、课程管理、教师专业发展评价等制度,均一一列明,重点突出,指导到位。良好的学校文化是教师发展的前提,开元学校把制度写在墙上,印在册子上,体现在行动中,起到了事半功倍的效果,加快了新学校的建设,带动了一大批新教师的专业成长。

学校文化无处不在,无时不有,它总是潜移默化地影响着学校的人……无论是课程还是环境,无论是教师还是学生,无论是领导还是管理,学校发展的各个方面都有文化相随,学校发展的各个方面都体现出文化的发展,学校发展和学校文化水乳交融。① 教师发展亦不例外。

（三）教师发展，同向而行

2019年是二中教育集团的"教师业务发展元年"，学校主张"示范是最好的教育"，通过师徒结对促进新教师专业发展，在丰富的文化活动中培植师生的雅趣。为促进集团教师的共同发展，二中坚持统一招聘、统一培训、统一指导。

统一招聘效益高。教师招聘先由各成员校根据需求设置岗位条件，再由二中教育集团整体安排，统一实施。如广州市教育局赴全国重点高校招聘优秀毕业生，二中教育集团成立领导小组，从发布公告到高校宣讲、接受报名、组织面试笔试到体检考察，均有专人跟进，完成招聘后，再依据各成员校的需求进行分配。以二中教育集团的名义统一招聘，市属名校领衔，招考职位多，能够吸引更多优秀学子报考。这种做法既能避免单兵作战，又能优中选优；既讲求团队合作，又严把教师的入口关，为学校后续发展提供了宝贵的人力资源。

统一培训效果好。每年暑期，二中都会面向集团的所有新教师组织岗前培训，如2023年8月中旬，二中教育集团在科学城校区举办了为期十天、以"修内笃外 墨染流年"为主题的新教师入职培训。新教师们在培训中聆听领导寄语，了解校园文化，领略名师风采，参与教学研讨，在研习中仰取俯拾，在实践中稛载而归。依托二中教育集团的强大师资力量，在学校领导的支持和众多名师的指导下圆满结束，研讨氛围良好，研讨效果显著，为各成员校新教师的发展指明了方向。

统一指导效能强。新教师入职后，各校实施"青蓝工程"，开展校本研修，邀请专家学者进校指导，选派优秀教师外出培训后分享交流，支持新教师发展。以开元学校为例，学校邀请市级名师担任教学顾问驻校指导教师，主动邀请广州市教育研究院到校视导，热心承办市级教研活动，积极申报区级培训项目，每次成员校开放日或公开活动，学校都会鼓励老师们跨校观摩，为年轻教师成长提供支持。此外，二中集团还成立了学术委员会、质监部、理事会，定期深入各成员校，通过观课评课指导教学，覆盖面广，以此诊断教师教学行为，提出指导意见，加快青年教师发展。集团每月轮流到各校召开理事会，听取学校工作汇报，为各校发展支招，提高各校的办学质量。

---

① 程红兵. 学校文化建设的路径 [M]. 上海：华东师范大学出版社，2012：15.

（四）结语

广州二中以其深厚的文化底蕴、鲜明的办学特色、有效的管理方法，促进了教育集团的快速发展。以苏元学校为例，建校之初，二中就外派骨干教师担任中层行政、科组长、备课组长，起到了很好的传帮带作用，帮助新入职教师尽快站稳讲台；当苏元学校青黄不接面临断层的时候，二中学科组和外派教师给了苏元学校强有力的支援，邀请市内名师来校执教示范课，通过观课、评课、讲座等形式，指导年轻教师改进教学，提升能力。集团建立联考制度，各学科的大备课组通过集体备课、线上交流、资源共享、线下教研、联考命题、联考统改及质量分析，达到了互学共促的效果。对此，苏元学校的年轻干部深有感触。

在广州二中教育集团的支持下，苏元、会元和开元学校青年教师迅速成长，先后多人在省市青年教师教学能力大赛中获奖，展示了良好的发展后劲。这些学校的发展，也为黄埔区新学校建设提供了参考；新教师成长的经验，为区内其他学校年轻教师的成长提供了样本。

三、教育部中学校长培训中心：聚焦课堂教学，助力教师发展[①]

作为教育干部培训的国家级基地，教育部中学校长培训中心（以下简称"校长中心"）被誉为"中学校长的黄埔军校""校长教育家的摇篮"，在包括港澳台地区在内的中学教育界建立了良好的声誉。2013年底，黄埔区政府与校长中心签署框架合作协议，次年1月，黄埔区教育局与校长中心签订《中学办学质量提升项目合作协议书》，确定广州市第一二三中学、石化中学（初中部）和新港中学为项目学校。

校长中心成立以沈玉顺副主任为组长，由校长中心王红霞博士、上海徐谊校长、江苏陈小平校长等组成的专家组，每月一次深入学校指导工作；黄埔区教育局成立项目领导小组，由局领导挂帅，区教师进修学校、局教研室和相关科室负责人组成的项目组，统筹协调项目工作。

（一）聚焦课堂教学，促进教师发展

中学教育质量提升项目涵盖了学校多方面的工作，如学校管理、课程建设、课堂

[①] 参考黄埔区中学办学质量项目专家组工作总结，有改动。

教学、教师专业发展、教科研、学生工作、学校文化建设等，这些工作并不是相互独立的，而是有着内在有机联系的，是学校整体工作的组成部分。三年来，专家组以"整体设计、分步推进、突出重点"为原则，以"解决问题、回应需求"为策略，以"课堂教学改进"和"教师专业发展"为主要抓手，以"定期到校诊断指导"为主要工作方法，有目的、有计划、有组织地推进项目实施，取得了良好的效果。

学校发展诊断与改进指导。专家组成员深入项目学校，通过项目学校领导和中层干部、教师代表、学生代表座谈交流，共同诊断学校发展尤其是课堂教学存在的问题，探讨解决问题的行动方案，指导项目学校制定、优化课堂教学改进计划和教师个人专业发展规划，研讨改进的具体措施。专家组先后 23 次前往项目学校调研，现场诊断，指导学校工作。

组织课堂教学改进。专家组通过观课、评课，组织同课异构，开设示范课，参与教研活动、举办小型研讨会等方式，深入了解项目学校课堂教学情况。先后观课数百节，组织同课异构、开设示范课等大型课堂教学观摩交流研讨活动 4 次。

引领教师专业发展。专家组通过"请进来"和"走出去"等多种途径，为项目学校教师专业发展提供指引。提升校长思维品质，支持项目学校校长外出学习，参加"全国优秀中学校长教育思想研讨会"；更新教师教育观念，组织教师观看优秀教育电影、阅读重点推荐书目，指导教师制定个人专业发展计划；加强对课堂教学改进的理论指导和技能培训，先后为项目学校教师开设教育理论专题讲座和课堂教学改进技能培训讲座数十场，帮助教师更新教育教学观念，提高改进活动的质量和效能。多次协助项目学校组织教师前往上海、常州、东莞等地考察交流或跟岗学习，拓宽教师视野，促进教师思想观念的转变。

遴选"种子教师"，发挥示范引领作用。为了激发项目学校教师参与项目实施的积极性，提高项目实施质量，项目中期由各项目学校遴选优秀学科教师作为"种子教师"，支持他们积极投身改进项目。实践表明，这一措施较好地调动了教师尤其是"种子教师"的积极性，对项目工作起到了较好的推动作用。

为项目学校提供学习资源支持。专家组连续三年为项目学校教师推荐专业发展阅读书目，提供课堂教学改进工具和学案导学，通过翻转课堂、小组合作学习等课堂教学改进文献资源支持。

建立网络交流平台，及时总结交流工作进展情况。建立"黄埔区初中教育质量提升工程工作组"和"黄埔区初中优质教学交流园地"两个微信平台，加强项目工作的沟通和经验交流。多次举行项目年度工作总结和项目中期总结交流活动，总结传播学校改进经验，营造学校改进的有利氛围。

（二）示范辐射全区中小学干部教师

举办"黄埔区中小学校长高级研修班"。校长中心分别于2014年和2015年举办了两期"黄埔区中小学校长高级研修班"，共有80位黄埔区中小学校级干部和教育行政干部前往上海参加了为期两周的研修班学习，通过专家讲座、现场教学、交流研讨等形式，引导学校领导率先垂范，学习先进经验，更新理念、知识和技能，探索学校发展的路径。

项目指导多次面向全区开放。专家组成员及其聘请的专家先后多次面向黄埔区中小学干部、教师作学校管理专题报告，为广州市第八十七中学、广州市第八十六中学分校等区属学校作专题讲座，为广州市教育名家工作室作专题辅导，同课异构、优秀课例展示研讨、经验分享等活动面向全区开放，非项目学校参与外出学习交流……三年来，项目工作辐射区内外，传播了先进的教育理念和办学经验，推动了区内教育教学改革。

广泛利用各种资源促进区域教育发展。专家组主动发掘、多方面利用其他渠道的优质教育资源，如选派教师到长三角优质学校学习交流，邀请江苏、上海、东莞优秀教师与项目学校教师"同课异构"，开展课堂教学观摩交流活动。专家组成员还为区内校长、教师开设讲座，参加区内校长专业发展活动等。这些措施增强了项目的实施效果，扩大了区域辐射力。

（三）项目取得的成效

1. 形成了改进学校的良好组织氛围

持续三年的专家定期到校诊断指导、学校积极推动变革的努力，在项目学校形成了通过改革促进学校发展的良好组织氛围。项目学校制定年度工作方案，或加强校本课程建设，或开展课堂教学改革，或总结办学特色，有目的、有计划、有组织地推进学校改进工作。教师通过制定个人专业发展规划、聆听专家报告、进行专业阅读、撰写读书心得、校内观摩研讨、外出学习交流、课堂教学研究、班级建设研究等多种形式，强化了项目学校的质量意识，进一步增强了项目学校领导和教师改进工作的热情和信心，逐步增强了教师的专业发展意识，教师投身课堂教学改革的自觉性、主动性显著提高，项目学校课堂教学改进活动日趋活跃，在项目学校形成了积极改革的氛围。

2. 促进了教师的专业发展

形式多样、针对性强的教师专业发展活动的长期开展，开阔了教师的视野，更新了教师的理念，提升了教师的专业素养，激发了教师尤其是青年教师的工作积极性，增强了教师的教学能力。三年来，项目学校关注教学、注重专业发展的气氛日渐浓厚，大部分教师教学观念和教学行为发生显著变化，越来越多的教师课堂教学得到改进，许多教师教学水平明显提升，部分教师获得市、区教学专业奖项。

3. 促进了项目学校办学质量的提高

通过设立示范性课堂教学改进项目，在项目学校培育课堂教学改进的"种子选手"，加强对重点领域改进活动的理论指导、技能培训和跟踪观察，强化对课堂改进过程的分析、诊断和指导，深化项目学校课堂教学改进实践，提高课堂教学改进活动的效率和质量。三所项目学校的办学质量都有了明显改进，课堂教学水平不断提高，学生学业成绩水平持续上升，学校管理不断改善，办学特色逐步显现。其中新港中学改进成效尤为突出，逐步成为黄埔东部教学质量高、办学有特色、发展势头好的优质学校；石化中学校本课程建设成效显著，课堂教学增值高，与新港中学一起跻身黄埔区公办初中第一集团；广州市第一二三中学多位教师获得市、区优质教学奖，办学特色逐步彰显。

4. 项目影响辐射全区，推动区域教育均衡发展

黄埔区中学办学质量提升项目不仅促进了项目学校的发展，还通过相关活动设计，在全区传播优质教育教学理念，对其他学校产生了积极影响。黄埔区内中小学校长、教师通过各种方式参与项目建设，项目学校以外的全区数十位校长、数百位教师从中受益，推动了区域教育的均衡发展。

三年来，教育部中学校长培训中心的专家组为黄埔区提供了"高水平、专业化、优质化"的指导，为黄埔培养了一批骨干校长和种子教师，卓有成效。而黄埔区教育局在为中学教育质量提升工程提供支持方面，也得到了专家组的高度好评，正如沈玉

顺副主任多次赞赏的那样,"是教育部中学校长培训中心十年来所有同类合作项目中做得最好的,没有之一"。

四、上海市教育科学研究所：指导课程建设，促进教师发展①

追求有品质的课程已经成为新时代课程改革的核心议题。如何提升学校课程品质、推进学校课程深度变革，成为黄埔区基础教育研究的课题之一。2017年，黄埔区教师发展中心组织区内部分中小学前往上海市参加第二届全国中小学品质课程研讨会。此后，苏元学校、东荟花园、荔园小学等多所学校经自主申报，成为品质课程联盟实验学校，在上海市教育科学研究院普通教育研究所指导下，探索学校课程变革之路，不断提升学校办学品质。

近年来，联盟校遵循"以学习为中心"的现代课程改革的核心理念，从学生发展出发，研究学生、服务学生、发展学生，建构有利于学生成长的学校课程体系，包括学校的课程理念、主体参与、环境改造、目标设计、内容开发、实施改进以及评估革新等方面的内容。

（一）以学习为中心，变革课堂教学

课程改革的研究聚焦在课堂教学这一主阵地，通过创建以学习为中心的课堂，大力推进学习方式的转变，深化品质教育内涵，促进学生全面发展。在品质课程的建设实践中，各联盟校围绕"以学习为中心"的基本理念，努力构建出学习型课堂模式。

苏元学校："灵性课堂"是有生命活力的课堂，要以学生的生活经验和体验为切入点，尊重学生的天性，营造师生之间交流、互动的舞台，让学生的个性得以展示。要引导学生探究知识，使学生从中汲取智慧，激发学习的热情，让课堂成为学生的乐园。为此，学校制定了切合本校实际的"灵性课堂"操作表，其主要特质为和谐愉悦、自主互动、多元体验和真实有效。

广州开发区第二小学："微笑课堂"是充满生命气息的教育，立足学情，师生互动，生生互动，多方激励，多元评价，让每个学生在课堂中自主学习、主动发展、愉悦成长。学校以"2355"模式来发展"微笑课堂"，教师坚持以生为本，发挥主导作

---

① 参考黄埔区教育研究院陈镔老师撰写的项目总结，有改动。

用，引导学生在宽松和谐的气氛中无拘束地、轻松愉快地去思考、学习，从而获取知识、掌握技能，得到"鱼"；在互动、交流的学习情境中掌握学习的方法，收获"渔"；学生在轻松、愉快、和谐的课堂环境中快乐学习，感受到"愉"。

新港小学："日新课堂"将丰满的教学目标、生成的教学内容、自由的教学过程、灵动的教学方法、引航的教学评价以及隐形超越的教学文化等六个维度进行细化，在殷实中呈现出别样的张力——思维的张力、情感的张力、文化的张力，让课堂学习真正影响孩子的生命历程。

（二）建设校本学科特色课程群，实现国家课程精准化实施

"课程群"指的是一种思维，是一种面向碎片化课程的工具，是为完善学生的素质结构，围绕同一学科或研究主题，将与该学科或研究主题具有逻辑联系的若干课程在知识、方法、问题等方面进行重新规划、整合构建而成的有机课程系统。黄埔区各联盟校以课程哲学、课程文化为价值引领的"1+X"学科特色课程群建设，既是国家课程精准化实施的重要途径，也是以学习为中心，促进学生全面而有个性发展的课程建设的重要举措。

怡园小学提出"生命如歌·追梦美好"课程理念，推动"如歌式课程"建构。学校聚焦学生成长核心素养，以国家课程为基础性课程，以校本课程为拓展性课程，形成"成美品德""醇美语文""智美数学""卓美英语""韵美艺术""健美体育""创美科学""行美实践"八大课程群，形成学科拓展课程、兴趣爱好课程、实践体验课程、主题聚焦课程、节庆礼仪课程等多个模块，积极探索一条"国家课程校本化—校本课程特色化—特色课程常态化—常态课程品质化"的课程实施路径。

下沙小学依据"真好教育"之哲学以及学校文化和办学方向，坚守"为孩子开启阳光向上的人生"办学理念，为孩子创设个性成长的"红棉花季"课程，期望孩子们在六年的小学生活中，通过品格与健康、语言与交际、数学与科技、艺术与审美课程，逐步达成"十好"的育人目标，让每一个孩子如同红棉一般阳光、向上。"红棉花季"课程由整合后的国家基础课程和拓展课程的方式构成。

广州高新区第一小学以"醇美教育"为教育哲学，秉承"爱相伴、美相随"的办学理念，建设"赞美诗课程"，其学科课程群包括语言美课程、艺术美课程、德行美课程、健康美课程、思维美课程以及科创美课程。学校根植中华优秀传统文化，培养学

生艺术素养，促进学校美育教育，开展丰富的艺术特色课程，让中华传统乐器（中华排箫、非遗貔貅舞、竖笛、古筝、古琴、琵琶、扬琴等）走进校园。学校的艺术小舞台、音乐课、"430社团"、艺术节都能看到学生们的风采。

学校课程设计的各要素，课程开发的全过程，都以学生学习的视角去审视和改进。在研究者看来，课程改革不是一个抽象的概念，而是聚焦具体课程实践并将具体课程实践落地的过程。

（三）实施课程整合，实现跨学科课程学习

我国中小学的课程设置以分科课程为主，若未能将知识融会贯通，容易出现学科之间的割裂，束缚学生思维的广度和深度。跨学科课程能在一定程度上打破学科间的界限，有利于破除传统学科教学知识孤立化、碎片化的弊端，培养学生解决问题的能力，提高学生的学习兴趣与动机，培养学生的自主性与合作能力。基于这样的认识，黄埔区品质课程联盟学校，努力实践和探究主题综合课程等跨学科课程学习的设计与实施。

深井小学位处百年古村深井村，将"井养文化"与校本课程相整合，把广泛存在于深井村的灰塑艺术文化融入美术课程，成为全国第一所把国家级非物质文化遗产"灰塑"引入课程的学校。学校还将以深井村的特产霸王花为代表的种植文化融入课程实施，向学生介绍霸王花的种植、蒸晒与药物价值。另外，深井村古建筑颇具岭南建筑风格，学校开发古村名胜古迹探秘课程，学生通过调查、研究、寻觅，开发出深井探秘图。

玉鸣小学立足区域资源，开发特色课程，创建特色校园，传承优秀文化，弘扬中医国粹，努力传承和弘扬祖国医学文化。学校成立了中医药课程研讨小组，邀请中医药文化教育专家来校开发中医药特色课程，出版学科课程统整中医药文化的图书。通过学科统整中医药文化课程，实现中医药文化统整下的学科融合，全面提升学生核心素养，赋能学生健康成长。

玉泉学校引导教师由教学意识转向课程意识、将学生学习过程转向科学认知过程、文化实践过程、迁移评价过程直至生命实践过程，让课程成为学生精神发育的种子，成为看世界的一面镜子。构建发展性评价，彰显学生学习的意义感，增强学生学习的自我感，提高学生学习的效能感。

上海专家根据学校在课程实施过程中遇到的实际问题，通过梳理、聚焦，并以研讨的方式集中解决；通过提炼方法，总结经验，建构模型，将学校课程变革中的好做法上升为带有普适价值的"课程理论"，形成可以推广的经验与成果。

（四）实施课程改革，增强教师发展动力

过往，不少学校没有意识到课程建设的重要性，聚焦的只是教学和考试，或者为了课程而课程，未完全落实立德树人的根本任务。更为普遍的是，课程碎片化，不成体系，没有关注学生的学习需求，课程设计没有具体的评价指标，无法发挥整体育人效果。

不少学校加入全国中小学（幼儿园）品质课程联盟后，通过开放、分享的联盟群体，建构一个给予建设性专业意见、创造性的交流互动平台。上海专家分享前沿理论经常化，指导联盟学校领导和教师从中汲取养分改进学校实践。黄埔实验学校先后派出骨干教师前往上海、南京、郑州和南昌等地参加全国品质课程研讨会，与各地的同行交流研讨，研究课程建设问题，返校后加以实践。

开展课程建设后，专家多次到校调研情况、指导工作，分析真情境，给予真方法，解决真问题，总结真经验，引领实验学校教师更新教育理念，以学生为中心，推进学校课程深度变革。老师们通过改进、变革课程实践，促进学校课程变革螺旋式上升。参加实验的老师在专家指导下锤炼本领，以新课标新理念引领学校的课程体系建设和课堂教学改进，获得成长，新港小学三十多岁的教导主任在协助学校编写品质课程书稿后，自己担任主编，出版教学成果。

多年来，黄埔区寻找课程改革的切入点、突破点，以课程建设推进课程改革，实现学校课程变革的渐进深入，从中激励教师参与学校课程变革，以学习为中心，以课程变革带动教学改革，取得了较好的效果。各学校结合黄埔区域特色，挖掘和整合社会优质教育资源，建立校本课程开放框架，按照"一校一品"的思路，以德智体美劳融合为理念，开展跨学科学习，在特色学科、德育学科、科创、博物、艺术创造、健康生活、劳动智造等领域，推进校本品质课程的开发和共享，为学生个性、全面的发展提供丰富而开放的课程体系。与此同时，教师也在课程建设中更加准确地把握教育规律，理解课程价值，指导教学实践，提高综合素养。

五、广东省"英特尔®未来教育"项目:提高信息素养,培养未来教师

【项目简介】"英特尔®未来教育"(Intel® Teach to the Future)项目是美国英特尔公司为支持计算机技术在课堂上的有效利用而设计的一个全球性的培训项目——在全球二十多个国家和地区开展的教师培训计划,旨在为教师提供有效利用计算机进行教学的培训,从而提升学生的学习效果。2000年,我国教育部与英特尔公司正式宣布在中国启动"英特尔®未来教育"项目,共同合作推进中小学教师信息技术培训。2003年教育部与英特尔公司签署协议在全国范围内推广"英特尔®未来教育"项目,并将该项目纳入新一轮中小学教师信息技术培训计划范畴。广东省于2004年开始启动实施"英特尔®未来教育"项目,在广东省中小学教师继续教育指导中心的领导下,成立省项目办公室,指导各地市项目执行机构开展工作。广州市教育评估和教师继续教育指导中心为市级项目执行机构。

在广东省、广州市教师继续教育部门的关心指导下,黄埔区积极推进"英特尔®未来教育"项目(以下简称"项目"),于2008年被认定为"广东省首批英特尔®未来教育项目推广示范区"。广州市第八十六中学分校、怡园小学、港湾小学和荔园小学等四所学校先后被认定为推广示范学校。经过持续探索,示范学校特色鲜明,教师信息素养明显得到提升,办学影响力日渐增大。示范区成绩突出,两次获评全国"组织管理先进单位"。

(一)加强领导,推动项目发展

黄埔区教育局成立以局党委书记为组长、督导室主任为副组长的领导机构,由黄埔区教师进修学校牵头,制定示范区建设方案和实施细则,在项目规划和师资配备等方面给予大力支持,划拨专项经费用于示范区和示范校的建设。

黄埔区项目组定期召开会议,研讨示范区建设,有序推进项目开展。作为示范区项目执行机构,黄埔区教师进修学校实行团队管理、分层联动,由校长挂帅,副校长主抓,项目组具体落实,形成教师培训、教学应用、示范校建设格局。各示范校建立执行小组,定期参加交流研讨活动。几年来,黄埔区项目指导、应用和推广工作求实、求质、求新,较好地促进了教师的专业发展。

（二）组织培训，更新教育理念

"英特尔®未来教育"项目引进国外先进的教育理念、培训模式和管理方法，培训课程紧扣时代脉搏和课改要求，指导教师使用技术工具、课堂管理策略支持学生积极参与学习，改善教学环境，发挥学生潜能，提高教学成效。

一是参加校长领导力培训。《中小学校长信息化领导力标准（试行）》明确指出，校长是学校信息化工作的带头人，是学校信息化工作的组织者，是学校信息化工作的践行者；校长应该履行规划设计、组织实施和评价推动学校信息化工作的专业职责。为此，黄埔区项目办积极组织校长参加省项目办主办的校长领导力研修班和创新思维领导力培训班，提升中小学校长的信息化领导力，引导校长计划、促进、示范和支持有效的信息技术与课程整合，提高学校现代化水平。

二是选派主讲教师参加高端培训。推荐主讲教师参加国家、省级专项培训，如"一对一"数字化学习、核心课程（V10）混合模式培训、"基于项目的学习"（PBA）和"创新思维技能课程"（TWT）等专题课程。项目培训以学员为中心，以问题为引领，以实践为导向，强化小组合作意识，注重学习评价和教学反思，引导学员"做中学，学中做"，支持教师将信息技术有效地整合到日常教学中去，促进学生的学习。这些种子教师学以致用，融会贯通，为区内外中小学培训学科教师。

三是组织学科教师培训。为加强项目管理，区项目组建立健全规章制度，如《英特尔®未来教育项目培训主讲教师工作职责》《班主任工作职责》和《网络管理员工作职责》等，使培训管理有章可循。编印《英特尔®未来教育培训手册》供学员使用，帮助学员整体感知，保质保量完成各项培训任务。

2008—2023年，黄埔区共举办了十多期"英特尔®未来教育"核心课程培训班，培训学科教师500多人，项目覆盖全区100%中小学，以点带面，促进教师信息素养的提升。三位教师应邀在全省校长领导力研修班上作专题分享和案例分析，获得好评。

四是各示范校认真组织校本培训，项目工作深入人心。荔园小学以英特尔理念为载体，以数字化校园综合平台为凭借，邀请香港教育学院专家到校培训教师，进一步转变教师的教学理念，提高现代教育技术能力。广州市第八十六中学分校注重英特尔教学理念在课堂中的应用，选派教师外出考察学习，邀请专家到校指导"一对一数字化学习"，采取边培训边实践的方法，以培训带动理念更新，用行动促进技术推广，切实推进项目实施，有效提高教师信息技术能力，以研究为主导的教育理念使学生受益匪浅。

（三）注重实践应用，扎实开展工作

项目注重培养学生思维逻辑和问题解决能力，并通过在线工具的辅助，将学生对复杂和关联问题的理解可视化，促进学生高级思维技能的发展。由于项目的教育理念具有前瞻性，操作层面具有一定的难度，因此在推广应用阶段，黄埔区项目组加强对示范校的日常指导，深入各示范校观课、评课，召开座谈会，与教师研讨交流，协助学校解决技术难题，指导学员学会迁移应用，促进学生全面发展。

荔园小学加强课堂应用，积极开展项目研究。2011年6月，在省项目办的指导下，学校与英特尔（中国）有限公司共同举办"微博直通课堂——让我们的学习同步世界"课例展示活动。在数字化环境下，教师课前通过微博布置作业，课堂上学生在教师的引领下开展自主学习、合作探究，完成学习任务，分享学习成果，并通过微博账号发表学习体会，实现学习同步世界。同年11月，多位老师依托项目特有的教育理念，利用数字化教学平台执教研讨课，得到了参访的省内骨干教师的充分肯定。项目组成员执教英特尔"一对一"学习班的语文研讨课，得到了广东省电教馆专家的高度评价。

广州市第八十六中学分校开展课堂应用研究，丰富"一对一数字化"教学经验。2010年，在全国项目办的支持下，学校承办全国"英特尔®未来教育"项目现场观摩会，获得广泛好评。此后，语文、数学、英语、历史和美术等学科深化培训成果，先后执教"一对一数字化学习"课例，向省内外电教系统同行与参访的省级骨干教师分享项目学习、应用经验。学校大力推广"英特尔®未来教育"理念，并使之转化为教学实践，培养学生高级思维，提高教学的有效性。

（四）举办创新大赛，搭建交流平台

为促进培训成果转化，黄埔区通过组织区级教师教学创新比赛，指导教师把英特尔的教育理念实践化，在教学中合理、有效地应用教育技术，使课内学习与课外研究相结合，以评价激励学生学习，培养学生的21世纪技能。以赛促学，效果明显。大赛选出了一批优秀作品，在黄埔区内形成了良好的英特尔推广应用氛围，同时选送优秀教师参加省级比赛，为区域教师的专业化成长搭建了平台。

黄埔区项目组发挥示范校的带头示范作用，每学期由各示范校轮流举办面向其他示范校的项目研讨活动，积极开展项目推广应用和研讨活动。组织示范校教师到东莞市、广州市天河区等市、区学校参观学习，共享示范区（校）项目建设经验。先后接待多批省内外同行到示范校观课交流。编印《黄埔区英特尔®未来教育项目教学创新优秀案例集锦》，供学员学习交流；组织教师参加项目的博文征集、微博研讨活动，增进区内外的交流共享。荔园小学和广州市第八十六中学分校的"一对一数字化学习"特色鲜明，亮点纷呈，通过"中国信息化教育"等网络报道，辐射全国。

（五）项目影响日渐深远

1. 促进教师专业发展

参与项目实践的教师都经历了"困惑—实践—反思—创新—实践"的过程，获得新知得到提升。多次在"广东省英特尔®未来教育项目教学创新竞赛"中脱颖而出，分获一、二等奖。2012年，广东省教师教育技术能力建设项目教学应用创新竞赛决赛，黄埔区三位参赛教师获特等奖1人、一等奖2人，为广州市参赛选手的最好成绩。

项目的开展，提升了黄埔教师现代教育技术能力。2010年，荔园小学4位老师分获全国第三、四届电子白板课例比赛一、二等奖；2011年，在国家、省、市多媒体教学软件大赛中，示范校教师获全国三等奖1人，省级一等奖2人，市级一等奖1人，成绩喜人。

2. 推动示范学校建设

"英特尔®未来教育"项目的培训和应用，促使各示范校加大教育装备投入，办学水平迈上新台阶。

广州市第八十六中学分校为"英特尔®未来教育"实验班配置了专用网络和服务器，连接互联网，安装Wi-Fi热点，开设具有"英特尔®未来教育"特色的体验教室。经过多年的实践，学校办学成果凸显：2009年承办"广州市中小学教学领域进一步深化素质教育工作现场会"；2010年承办"全国英特尔一对一数字化现场观摩会"；2011年，省市教育考察团到校考察"一对一数字化学习"，省电教馆领导专家到校专题调研；2012年获评首批"一对一数字化学习全国创新应用示范学校"。2012年，在"广东英特尔®未来教育项目示范学校微博活动"评比中，广州市第八十六中学分校获"优秀示范学校"称号。在"泛珠三角教育信息化高峰论坛 2012"中，校长应邀作"理念推动教学改革，创新引领教育未来"的演讲，分享学习校"一对一数字化学习"的实践经验。

荔园小学加大推进力度，以项目理念与常态课整合研究为龙头，以英特尔"一对一数字化学习"项目为载体，以 eClass 数字化教学平台为依托，为教师、学生建立教学资源共享与交流平台，带动全校教师开展课堂教学改革，将教师专业发展、有效教学研究、新的教与学方式的探索、学生学科素质、学校综合发展新机遇等"五位"融合为一体整合发展，提升了学校办学的软实力，引领学校以数字化学习迈向新的高度，让教学不再受时空的限制，让师生在网络环境下更加自主、快乐地学习。特别是学校 2011 年承办的"微博直通课堂"活动，经《中国教育报》等媒体报道，影响深远。2011 年底，广东省电教馆领导、专家到校专题调研；2012 年，学校获评首批"全国一对一数字化应用实践示范学校"。在武汉举行的"教师教育国际论坛"上，校长介绍学校项目开展的经验，受到广泛关注。

3. 示范区建设结硕果

2010 年，在英特尔（中国）有限公司与中央电化教育馆共同举办的"'十年耕耘，创新未来'全国英特尔®未来教育项目十周年表彰及应用成果展示活动"中，黄埔区喜获教学应用优秀成果奖、组织管理先进单位奖及优秀培训者奖。2011 年，在广东省"英特尔®未来教育"项目示范区（校）东莞研讨会中，黄埔区"一对一数字化学习"作为省级项目的亮点进行推广，《广州师训》还用一个彩页专题介绍项目的实施情况。2012 年 5 月，黄埔区在广东省英特尔项目示范区春季交流研讨会上介绍经验，同年，黄埔区教师进修学校再次荣获由中央电化教育馆和英特尔公司共同颁发的"组织管理先进单位奖"（全省五个），荔园小学和广州市第八十六中学分校两位老师分别荣获"教学应用优秀成果"二、三等奖（全市共三个）。

研究表明，"英特尔®未来教育"信息技术所倡导的教学模式与传统的教学模式存在较大的差异，重视信息技术在教学中的应用，注重培养师生的问题意识、团队合作意识和创新精神，强调相互合作与成果分享，其根本宗旨是"以学为中心，以用为目的,帮助教师把信息技术有效地整合到学科教学中去"①。实践证明,"英特尔®未来教育"项目有助于教师更新教育教学理念,培养学生面向未来的关键素养,推动了教育改革和技术应用,加快推进了黄埔区教育现代化先进区建设。

本章小结

456N区域教师发展模式的实施策略,主要包括"四位一体""五级阶梯""六个层级"和"N种资源"等策略。尽管每一种策略各有侧重,或职能,或发展阶段,或教研体系建设,或外部资源利用等,但其相同之处在于发挥各自的长处,结合各自的特点,秉承创新、协调、绿色、开放、共享的新发展理念,共同指向区域教师发展。

---

① 钱家荣. "INTEL未来教育"对教师培训的启示[J]. 外国中小学教育,2002(5):10-11.

第五章

456N 区域教师发展的评价策略

反思、合作、教学相长、教育教学研究和教师评价是促进中小学教师专业发展的有效方式，其中反思是在与自我对话中成长，合作是在与同事对话中成长，教学相长是在与学生对话中成长，教育教学研究是在实现理论与实践的彼此连接和相互印证中发现，而教师评价则是促进教师专业发展的有效机制。①

第一节　让评价成为教师发展的"发动机"

教育评价是对教育活动满足社会与个体需要的程度作出判断的活动，是对教育活动现实的（已经取得的）或潜在的（还未取得，但有可能取得的）价值进行判断，以期达到教育价值增值的过程。② 有什么样的评价指挥棒，就有什么样的教育导向。

2020年1月，中共中央、国务院印发《深化新时代教育评价改革总体方案》（以下简称《总体方案》），深化教育评价改革，强化导向作用，完善立德树人体制机制，提高教育治理能力和水平。这是中华人民共和国成立后第一个关于教育评价系统性改革的文件，也是近几年中央出台的层次较高的政策文件，为今后的教育评价改革指明了方向。《总体方案》针对当下和未来的人才需求、拔尖创新人才的成长规律、教书育人的本质和规律，校准教育评价的发展方向，提出要改革党委和政府教育工作评价、学校评价、教师评价、学生评价、用人评价，到2035年基本形成"富有时代特征、彰显中国特色、体现世界水平的教育评价体系"，在教育评价的理念、理论、主体、对象、内容、标准、方法、技术、制度、文化等方面进行体系性重塑。

一、教师评价事关教师发展

教师评价作为教育评价改革的重要组成部分，不仅关乎教师队伍的发展活力，也牵系着教育改革的切实成效。我国教师评价虽几经改革，但多以行政管理的方式推进，

---

① 饶从满，杨秀玉，邓涛. 教师专业发展［M］. 长春：东北师范大学出版社，2005：119.
② 陈玉琨. 教育评价学［M］. 北京：人民教育出版社，1998：7.

以奖惩功能为主，为教师聘用、晋升、加薪、选拔等提供依据，但对教师教育质量的推动作用非常有限。

实际上，教师评价是一种连续、系统的过程，目的是促进教师的个人专业发展，帮助教师改善自己的职业生涯。① 基于新课程背景下的教师评价，应从"对教师的评价"转变为"为了教师专业发展的评价"，因为教师专业水平提升，教育质量就会随之而提升。② 因此，《总体方案》明确，要改革教师评价，践行教书育人使命，就要扭转教师评价中"唯文凭、唯论文、唯帽子"的单一评价倾向，建立一套科学的、行之有效的教师评价体系，发挥评价的导向、诊断、激励和调节作用，促进教师专业发展，培养适应未来社会发展的合格人才。

制度产生作用需要国家制度、学校文化、学习社群和班级互动等教师专业发展环境的建设。③ 教师评价的首要任务是加强制度建设，以提高教师专业素质为目标，以改进结果评价、强化过程评价、探索增值评价、健全综合评价为核心，对现行的教师评价目的、评价主体、评价内容、评价方式进行系统改革，引导建立更加具有针对性、发展性、多元性、综合性、增值性的教师评价新机制。④ 通过建立制度化和规范化的架构，为教师提供各种必要的支持和帮助，改进教师的专业能力和水平。完善评价指标研制的教师参与机制，确保指标科学、合理，让每一位教师准确理解评价指标内涵和工作要求，增加教师和评价指标研制的互动，⑤ 注重评价主体客体的相关渗透，做到以评促改、以评促教，引导教师潜心教学、全心育人，从而落实立德树人根本任务。

📖 案例

清华大学附属小学创造内生机制，激励教师走向优秀：一是"对表"，对人事进行过程性数据跟踪，抓的是"效能"；二是"对标"，从"关键事件"抓教师的"个人发展力"和"影响力"；三是榜样引领，强调效能感，主要借助学校"月度人物"、每学

---

① 代蕊华. 教师专业发展与校本培训 [M]. 北京：教育科学出版社，2001：177.
② 张民选. 基础教育评价改革的六大趋势 [N]. 中国教师报，2023-02-16.
③ 朱旭东. 论教师专业发展的理论模型建构 [J]. 教育研究，2014（6）：81-90.
④ 王鉴，王子君. 新时代教师评价改革：从破"五唯"到立"四有" [J]. 中国教育学刊，2021（6）：88-94.
⑤ 李和平. 优化中小学教师评价机制 [N]. 人民政协报，2021-03-18.

期"卓越成志教师"、每年度"十大成志榜样教师"评选，年年评，近十年有80%的教师榜上有名。在绩效改革方面，绩效配比公式为"4∶4∶2"，分别考核的是学科教师工作、班主任（副班主任）工作、公益服务（青年教师指导、辅导特殊儿童、临时性任务等）工作。做足这三项，才是满工作量。①

教师评价既是督促和管理教师工作的重要途径，也是促进教师专业成长的有效方式。清华大学附属小学正是通过建立教师评价机制，明确要求发挥教师评价的导向和激励作用，助力学校内涵发展。

二、构建教师评价指标体系

建构评价指标体系是教师评价中最关键的环节。早在2001年，教育部就印发《基础教育课程改革纲要（试行）》，提倡建立新的评价观，强调"建立促进教师不断提高的评价体系。强调教师对自己教学行为的分析与反思，建立以教师自评为主，校长、教师、学生、家长共同参与的评价制度，使教师从多种渠道获得信息，不断提高教学水平"②。2012年2月，教育部颁布《幼儿园教师专业标准（试行）》《小学教师专业标准（试行）》和《中学教师专业标准（试行）》，提出若干条基本要求，明确指出教师专业标准是中小学教师实施教育教学行为的基本规范，是引领中小学教师专业发展的基本准则，是中小学教师培养、准入、培训、考核等工作的重要依据。

（一）四个理念

师德为先。师德是教师素养的基础底色，教师只有在具备师德的基础上，才能立身、立学、立教，持续提高教育质量。《总体方案》明确师德师风是教师评价的第一标准，把师德表现作为教师资格定期注册、业绩考核、职称评聘、评优奖励的首要要求，强化教师思想政治素质考察，推动师德师风建设常态化、长效化。同时，转变教师育人理念，引导教师"五育并举"，突出教育教学实绩，把认真履行教育教学职责作为评

---

① 窦桂梅. 彼此成就：学校管理的第一哲学——窦桂梅的管理之道［J］. 人民教育，2019（17）：44-48.
② 李刚，李慧婷. 回归立德树人：基础教育教师评价改革的回顾与前瞻［N］. 中国教师，2021-01-14.

价教师的基本要求。"第一标准"重在精神引领，建立教师共同价值追求，旨在筑牢思想道德根基，夯实教师发展的基础。

学生为本。新课程改革是一场教育思想、教育理念、教育方式和教育行为的深刻变革，教师的角色不再仅仅是知识的传授者，同样是活动的设计者、情境的创设者；学生不再仅仅被动地接受知识，还是知识的主动建构者、团队的积极合作者，学生自主学习、合作探究的积极性和主动性得到极大提升。① 教育发展包括学校发展、教师发展和学生发展。离开了教师，学生发展受到限制；没有了学生，教师发展没有存在的价值。评价教师主要考察教师是否通过教育教学实践，促进学生德智体美劳全面发展。

能力为重。教师评价本质上是对教师专业实践的评价。教师的专业实践不仅是在实践中发展自我，更是为学生的学习和发展提供专门性服务，② 需具备系统的专业知识，深厚的教学能力、自主学习能力和合作研究能力，以及必要的信息技术能力。以专业标准引领教师发展，为的是引导教师更新教育观念，超越教学经验，提高专业素养，做到"立足学生、基于学生、依靠学生、为了学生"，发展学生核心素养。

终身学习。教师以"传道授业解惑"为己任，教师评价要引导、激励教师牢固树立终身学习理念，坚持思想政治理论、师德修养和专业素养的学习——既学理论，又学实践；既学本专业知识，又涉猎多学科知识；既个人学习，又团队分享。通过不断研究教育教学规律，不断拓宽视野更新知识，不断改进学习方式，不断提高自己对教育的理解，做终身学习的示范者、推动者和践行者。

（二）三个维度

为规范广大中小学（幼儿园）教师的教育教学行为，教师专业标准从"专业理念与师德""专业知识""专业能力"三个维度对不同学段的教师提出了若干要求。当中，在职业理解与认识、个人修养与行为、反思与发展等方面，三个学段基本相同，如"个人修养与行为"的要求表述一致，即"富有爱心、责任心、耐心和细心；乐观向上、热情开朗、有亲和力；善于自我调节情绪，保持平和心态；勤于学习，不断进取；衣着整洁得体，语言规范健康，举止文明礼貌"，体现了教师的为人师表和言传身教。由于学生的身心发展因人而异，因此不同学段的教师专业标准略有差别。（表5-1）

---

① 崔允漷. 学科实践：学科育人方式变革的新方向[J]. 人民教育，2022（9）：30-32.
② 周文叶. 试论"学为中心"的教师评价框架[J]. 教育研究，2021，42（7）：150-159.

表 5-1 中小学（幼儿园）教师专业标准（试行）比较（部分领域）

维度	领域	中学教师基本要求	小学教师基本要求	幼儿园教师基本要求
教育理念与师德	对学生的态度与行为	6. 关爱中学生，重视中学生身心健康发展，保护中学生生命安全。 7. 尊重中学生独立人格，维护中学生合法权益，平等对待每一个中学生。不讽刺、挖苦、歧视中学生，不体罚或变相体罚中学生。 8. 尊重个体差异，主动了解和满足中学生的不同需要。 9. 信任中学生，积极创造条件，促进中学生的自主发展。	6. 关爱小学生，重视小学生身心健康，将保护小学生生命安全放在首位。 7. 尊重小学生独立人格，维护小学生合法权益，平等对待每一位小学生。不讽刺、挖苦、歧视小学生，不体罚或变相体罚小学生。 8. 信任小学生，尊重个体差异，主动了解和满足有益于小学生身心发展的不同需求。 9. 积极创造条件，让小学生拥有快乐的学校生活	6. 关爱幼儿，重视幼儿身心健康，将保护幼儿生命安全放在首位。 7. 尊重幼儿人格，维护幼儿合法权益，平等对待每一位幼儿。不讽刺、挖苦、歧视幼儿，不体罚或变相体罚幼儿。 8. 信任幼儿，尊重个体差异，主动了解和满足有益于幼儿身心发展的不同需求。 9. 重视生活对幼儿健康成长的重要价值，积极创造条件，让幼儿拥有快乐的幼儿园生活
专业知识	教育知识	19. 掌握中学教育的基本原理和主要方法。 20. 掌握班集体建设与班级管理的策略与方法。 21. 了解中学生身心发展的一般规律与特点。 22. 了解中学生世界观、人生观、价值观形成的过程及其教育方法。 23. 了解中学生思维能力与创新能力发展的过程与特点。 24. 了解中学生群体文化特点与行为方式	20. 了解关于小学生生存、发展和保护的有关法律法规及政策规定。 21. 了解不同年龄及有特殊需要的小学生身心发展特点和规律，掌握保护和促进小学生身心健康发展的策略与方法。 22. 了解不同年龄小学生学习的特点，掌握小学生良好行为习惯养成的知识。 23. 了解幼小和小初衔接阶段小学生的心理特点，掌握帮助小学生顺利过渡的方法。 24. 了解对小学生进行青春期和性健康教育的知识和方法。 25. 了解小学生安全防护的知识，掌握针对小学生可能出现的各种侵犯与伤害行为的预防与应对方法	21. 了解关于幼儿生存、发展和保护的有关法律法规及政策规定。 22. 掌握不同年龄幼儿身心发展特点、规律和促进幼儿全面发展的策略与方法。 23. 了解幼儿在发展水平、速度与优势领域等方面的个体差异，掌握对应的策略与方法。 24. 了解幼儿发展中容易出现的问题与适宜的对策。 25. 了解有特殊需要幼儿的身心发展特点及教育策略与方法

续上表

维度	领域	中学教师基本要求	小学教师基本要求	幼儿园教师基本要求
专业能力	沟通与合作	55. 了解中学生，平等地与中学生进行沟通交流。 56. 与同事合作交流，分享经验和资源，共同发展。 57. 与家长进行有效沟通合作，共同促进中学生发展。 58. 协助中学与社区建立合作互助的良好关系	53. 使用符合小学生特点的语言进行教育教学工作。 54. 善于倾听，和蔼可亲，与小学生进行有效沟通。 55. 与同事合作交流，分享经验和资源，共同发展。 56. 与家长进行有效沟通合作，共同促进小学生发展。 57. 协助小学与社区建立合作互助的良好关系	55. 使用符合幼儿年龄特点的语言进行保教工作。 56. 善于倾听，和蔼可亲，与幼儿进行有效沟通。 57. 与同事合作交流，分享经验和资源，共同发展。 58. 与家长进行有效沟通合作，共同促进幼儿发展。 59. 协助幼儿园与社区建立合作互助的良好关系

由表5-1可知，《教师专业标准》遵循学生身心发展规律，结合不同学段的特点提出相应的要求。例如，在"对学生的态度与行为"方面，幼儿园明确"重视生活对幼儿健康成长的重要价值"，小学强调"将保护小学生生命安全放在首位""有益于小学生身心发展""让小学生拥有快乐的学校生活"，中学需要"关爱、尊重、了解、满足、信任"；在"教育知识"方面，幼儿园要"了解关于幼儿生存、发展和保护的有关法律法规及政策规定"，小学要"了解幼小和小初衔接阶段小学生的心理特点，掌握帮助小学生顺利过渡的方法"，中学要"了解中学生群体文化特点与行为方式"；在"沟通与合作"方面，幼儿园和小学侧重"善于倾听，和蔼可亲，有效沟通"，中学教师注重平等。尽管这些差别比较细微，但遵循了教育的规律，体现了对不同成长阶段学生的关爱。

可见，《教师专业标准》既具有"评价"标准之性质，也具有"导向"标准之特征。作为"评价"标准，它是"教师开展教育教学活动的基本规范"，是"教师培养、准入、培训、考核等工作的重要依据"，是进行教师管理的抓手，是引领教师专业化的基础[①]，为教师评价提供根本遵循。

---

① 申继亮，孙炳海. 教师评价内容体系之重建[J]. 华东师范大学学报（教育科学版），2008，26（2）：38-43.

三、应用学习质量监测报告促进教师发展

为进一步完善国家义务教育质量监测制度，推动落实立德树人根本任务，促进义务教育质量提升，教育部基础教育质量监测中心每年在全国各地抽取样本学校，原则上每个样本县（市、区）抽取12所小学、8所初中，每所样本小学抽取30名四年级学生、样本初中抽取30名八年级学生，以及相关学校的校长、学科教师进行问卷调查，诊断教育质量问题。以2021年5月为例，监测科目为数学、体育与健康、心理健康教育三科。此后，监测中心分析监测数据，撰写结果报告，其中包括学科教师的研训情况（表5-2）。

表5-2 黄埔区学习质量监测结果报告（以数学教研为例）

对象	四年级数学教师		八年级数学教师	
项目	参加的教研	最有帮助的教研	参加的教研	最有帮助的教研
内容	1. 课标和教科书解读分析	1. 课标和教科书解读分析	1. 教学方法改进	1. 教学方法改进
	2. 教学内容分析	2. 教学问题解决	2. 教学活动设计和组织	2. 学生学习研究
	3. 教学活动设计和组织	3. 教学内容分析	3. 学生学习研究	3. 考试命题
项目	参加的教研	最有帮助的教研	参加的教研	最有帮助的教研
形式	1. 集体备课	1. 优秀教师观摩课	1. 集体备课	1. 优秀教师观摩课
	2. 上公开课、示范课	2. 集体备课	2. 优秀教师观摩课	2. 集体备课
	3. 优秀教师观摩课	3. 上公开课、示范课	3. 网络远程研修	3. 上公开课、示范课

从表5-2来看，黄埔区教研院数学学科能够紧扣课程标准，结合教学重点难点，考虑教师发展的需求，以不同形式组织教研，提高老师们的学科教育能力。老师们"参加的教研"大部分都是老师们认为的"最有帮助的教研"，得到一线教师的充分认可，也为区内中小学数学教育奠定了良好的基础。

监测的目的是诊断、改进教育教学工作。正如监测结果报告所言,运用好监测结果,找到一把"尺子"——评价教育质量和均衡发展的标准;摸准自己的"位子"——在全国、本省、本市的坐标系中找到自己的相对位置;寻找突破的"口子"——明白自己的优势与不足,为改进提升教育质量提供科学的依据。下一步,黄埔区将加强监测数据挖掘运用,开展相关研究,推动教学改革、改进教育管理,提高教育质量。

评价理念决定教师发展的方向。新时代的教师评价要引导广大教师做有理想信念、有道德情操、有扎实学识、有仁爱之心的"四有"好老师,就要紧跟国家课程改革和教师培养政策,形成更具实践性、推广性的教师评价内容框架,把国家教育改革的要求、国家对教师发展的要求,以及教师学习与成长的特点需求等,有机融合到教师评价中,从师德师风、课程建设、教学业绩、学生指导等方面进行评价,充分激发教师教书育人和变革创新的潜能,让评价真正成为教师发展的"发动机"。

第二节 让发展性评价成为教师发展的"加油站"

发展性教师评价是一种以促进教师发展为目的的评价制度,通过评价帮助教师认识自我、发现自我,最大限度地满足教师自我尊重和自我发展的需要,使教师从评价中获得激励、自信和不断前进的动力。

一、发展性教师评价的原则[①]

(1)与奖惩制度脱离。不与解聘、晋升等惩罚、奖励挂钩,立足教师发展,以提高教师知识与技能、促进学校与学生发展为目的。

(2)全员评价与全面评价。面向包括领导在内的全体教师,对教师素质及其行为

---

① 《教师教育指导全书》课题组. 教师教育指导全书[M]. 北京:人民日报出版社,2004:300.

进行全面评价。

（3）全员参与、共同进步。重视领导与教师、教师与教师、教师与家长、教师与学生的关系，鼓励他们积极参与评价，共同发展。

（4）保密性。为保护被评者和参评者，评价的有关材料视为秘密。

（5）民主化。对评价目标、标准、方法、程序、要求等公开征求意见。

（6）定性与定量评价相结合。

（7）单项与综合评价相结合。"单项"指对教师某一方面或某一时段的工作的评价；"综合"指用动态的、发展的指标对教师工作的各个方面进行长期的、系统的、循环的评价。

（8）信息反馈。一是反馈教师是否需要进修，学校应该给教师提供哪些帮助；二是向教师提供有关自我表现的信息，改善其工作。

（9）导向性。在确定评价目标、标准、方法、程序及撰写评价结论等环节，不仅要符合教师的特点，而且要考虑教师未来的需要。

（10）科学性。用现代教育理论做指导，坚持实事求是态度，采用科学方法，评出信度、效度。

二、发展性教师评价的实施方法

以发展学生核心素养为导向的教育评价改革是当前教育的热点之一。在开展发展性教师评价中，要设计评价体系，实施等级评价，充分发动校内外力量参与教师评价，对教师做出全面客观的评价。

教师工作具有长期性、复杂性等特点，发展性教师评价，要坚持定性和定量相结合的评价方法，通过查阅资料、问卷调查、座谈交流、学生评教、课堂观察、实地走访等方式，对教师育人实效进行更为全面的衡量；加强过程评价，利用课堂观察、档案袋评价等方式方法对教师进行全面评估；探索增值评价，关注学生发展的起点和条件，真正关注教师在促进学生全面发展方面的贡献状况和努力程度。①

---

① 李刚，李慧婷. 回归立德树人：基础教育教师评价改革的回顾与前瞻［N］. 中国教师报，2021-01-14.

三、发展性教师评价的实施路径

发展性教师评价，是一种协作互信、讲究反馈和改进、内外结合的专业指导。它重视教师的发展过程，重视发现教师间的差异，并据此完善教师的行动，提供反馈建议，引领教师超越自我发展。[①] 为了全面评价教师的教书育人工作，需要实施多维度、多形式的评价。

一是结合不同学段的教育教学特点。《总体方案》有针对性地提出了相应的要求，如对幼儿园教师的评价更多地突出教师在保育教育活动中的表现，特别是以游戏为基本活动开展保教活动的能力，夯实幼儿园教师全链条式保教能力形成和发展；对中小学教师的评价着重教学述评、绩效考核等方面，推动教师加强反思与改进，引导教师重视教育教学实效；对职业学校的教师评价则强调健全"双师型"教师认定、聘用、考核等评价标准，突出实践技能水平和专业教学能力。

二是考虑教师的专业发展情况。评价标准具有重要的导向作用，在遵循教育发展规律和教师成长规律的前提下，评价标准和要求应有所差别，求同存异。所谓"同"，是重点评价师德师风、教育教学理念，考察其是否符合教师的专业标准。所谓"异"，是指针对教师不同的发展阶段进行评价，如新手教师，重点在于适应性，主要评价其技能训练和习得情况；骨干教师，重点在于突破，主要评价其技能更新、问题解决等；名教师，重点在于引领，主要评价其教学风格的凝练、示范引领作用的发挥等。注重过程性评价，鼓励教师不断发现自己存在的问题，及时调整教育教学行为。科学有效的教师评价，是根据不同阶段、不同类型教师的差异性采取分类评价，注重纵向比较，保障教师的增值空间，提高教师个体发展的获得感。

📖 案例

某小学根据教师专业发展四大组（新苗组、蓓蕾组、骨干组、成熟组）教师的不同专业发展需求，对教师采取分类分层的发展性评价，重点关注每一层面教师的专业突出表现并给予考核或各类培训奖励，既符合"同类可比"的评价原则，也有利于同

[①] 张民选. 基础教育评价改革的六大趋势[N]. 中国教师报, 2023-02-16.

类教师共发展的理念。

教师评价应依据各层面教师的不同专业发展基点、不同专业发展需求和不同的发展重点来设定。

三是注重评价主体的多元化。重视多元评价主体，教师评价以自我评价为主，学校管理者、学生、家长、业内同行对照评价指标体系和评价标准，共同参与评价。在多方的评价中，教师的自我评价强调内在主体需求的升华，通过自诊自评，强化教育教学反思，发现优势弱点，提高自我效能。在他人评价中，学校管理者的评价，结合本校实际，侧重对教师群体开展评价；学生是教育教学活动的主体，对师德师风、教师专业水平、师生关系状况等有切身体会，参与评价作用明显；家长是学生的监护人，加强家校沟通交流，赋予家长一定的评价权，以便引导家长主动参与学校教育，促进家校协同；同行互评，既衡量教师的专业素养，又重视教师群体的参与，能够提升教师的主体性和专业性，形成发展共同体。

📖 案例

作为上海市家庭教育工作示范校，上海市浦东新区凌桥幼儿园在对教师进行发展性评价的过程中，有效运用家长资源，将家长"请"进来，参与到对教师和学校的评价中，帮助学校和教师发现和查摆自身工作中存在的短板与问题。以每学期两次的班级全体家长会、每学期一次的家长问卷调查、设置日常家长意见箱、"凌灵"云端家园畅聊通道等方式，定期采集来自于幼儿家长的意见和建议，并将采集到的意见和建议反馈给每位教师，让教师及时发现工作中的差距和不足，及时反思、矫正、修复自己的教育教学行为。

在学校评价中，不同的评价主体有不同的作用，如学生评教，能够正面强化有效的教学行为；家长评教，能够增强教师的服务意识，建立合作育人机制；同行评教，互评中取长补短，能够有效提升团队的凝聚力；领导评教，能够提升教师的专业自信，强化教育共识。

四是坚持单项评价与综合评价相结合。"单项"侧重教师某一方面（某一时段）工作的评价，"综合"侧重长期、全面、系统的评价。健全综合评价，分类、分层次和分学科设置考核的内容和方式，构建有效的中小学教师评价机制。既重视全面，又突出重点；既对中小学校教师的师德教风、专业素养等进行全面的考核，又结合学校的特色和本校教师队伍建设中的突出问题进行评价。①

📖 案例

北京十一学校在设计学生评价老师的指标体系时，首先列出最能代表教师职业特点的 10 大要素作为评价指标，包括"我觉得老师风趣幽默、平易近人""老师既能发现我的优点，又不放过我的问题""老师的人格魅力影响了我"等，然后由学生在这 10 项指标下对每位老师进行评价。汇总后，只确定等级，让每位老师清楚自己在哪一个指标上得到学生的爱戴和敬佩，哪些方面有大部分学生认可，哪些方面需要继续改进。评价后，教师的职业成就感油然而生，发展方向也了然于心。②

结合学校发展需求和教师个性特征开展评价，引导教师向真向美向善，鼓励教师扬长避短，形成一定的教学风格。

五是强化教师团队评价。教师评价应鼓励教师合作而非竞争，通过评价团队，引导教师重视团队建设，从而形成团队，在合作中谋求共同发展。在新课程改革的背景下，探究性、实践性、综合性学习屡见不鲜，跨学科教学强调不同学科教师之间的合作，"形成乐于协作互助的团队氛围比精确的教师评分更重要"③，把个体教师评价置于团队评价中，能够更好地凝聚团队力量，体现新发展理念。因而在发展性教师评价中，要引导教师积极参与，寻找同伴、寻求合作，用改革的思路解决改革中出现的问题。评价团队合作时既注重自我评价，更强调他人评价，重点考察教师是否主动（愿意）承担集体工作，是否在团队建设中发挥作用等。

📖 案例

广州市黄埔职业技术学校联合广汽本田汽车有限公司、广州市黄埔区职业能力建设中心共建产教融合示范基地；创新现代学徒制人才培养模式，推进校企协同育人，提升职业教育人才培养质量，联合龙头企业（广州本田、京东、海格通信等）建立电子商务、数控、机电、汽车、物流共五个人才培养基地。

---

① 李和平. 优化中小学教师评价机制［N］. 人民政协报，2021-03-18.
② 李希贵. 面向个体的教育［M］. 北京：教育科学出版社，2014：171.
③ 任春荣. 提升教师评价素养，发挥教学评价促进作用［J］. 人民教育，2023（21）：60-63.

这些创新团队的建设，重视学生跨学科综合能力的培养、实践性评价等，需要打破专业壁垒，寻求多个学科教师的合作，最大限度地整合内部和外部资源，聚集团队力量。在教师评价中，要注重团队人员的分工与合作，从师德、职业风格、专业知识、实践能力和创新思维等多个维度参与评估和评价，科学诊断团队发展的优缺点，及时调整团队发展目标，促进学校发展。

六是引导教师超越自我。教师评价的目的是判断价值、发现价值、促使价值增值，激发教师发展的内生动力。新课程改革对教师提出了新的挑战，尽管"课程改革的失败不一定在于教师"，但"成功一定在于教师，理想的课程是否在到达学生层面依然理想，关键在于教师的专业发展"①，这就要求教师与时俱进，不断学习，获得提升。此外，还可以设计一些挑战性的任务，通过制度引导教师自主选择，为教师发展提供无限可能。

📖 案例

上海市晋元高级中学以项目为载体，设计了挑战性评价制度。教师可以自主选择参与与否，自主选择自己擅长的方向，自主选择可以生长的项目，总体规划、年度分解，年复一年地做下去。学校从立项指导、中期评估和成果评价三个环节为教师们提供支持和服务，并把项目评价的结果作为绩效工资单项奖励中最为重要的一部分，努力引导教师在研究中形成实践智慧。尽管学校对挑战性评价不作硬性规定，但是有超过80%的教师都加入了项目研究队伍。教师的专业发展水平、研究素养也在不断提升。②

在教师评价中，树立"为促进教师发展而评价"的理念，改进教师评价内容和机制，以项目为载体，在研究中不断提升专业素养，彰显学校精神。

四、利用信息技术推动教师评价方式变革

教育评价改革是一项世界性、历史性、实践性难题，数字技术为全面深化评价改

---

① 沈毅，崔允漷. 课堂观察：走向专业的听评课 [M]. 上海：华东师范大学出版社，2008：1.
② 季洪旭. 让评价成为教师专业发展的"发动机" [J]. 上海教育，2021（Z1）：42.

革提供了重要机遇。①《总体方案》提出要充分利用信息技术，提高教育评价的科学性、专业性、客观性，因此，教师评价要广泛运用人工智能、大数据等现代信息技术，创新评价手段，丰富评价方法，优化评价流程，推动评价方式变革，提高评价效能。就区域教师发展评价而言，要加强顶层设计，投入技术力量，研发评价工具，通过采集过程性数据，展示教师专业成长全过程，定期为教师数字画像，根据评估结果及时调整和优化转型策略，更好地赋能教师发展。

案例

2023年黄埔区教育研究院启动中小学见习教师培养项目，加大新教师的培养力度。为及时、准确地了解见习教师的学习情况，项目组依托某科技公司开发的"黄埔区中小学见习教师规范化培养信息平台"，设计多项评价指标，使见习教师培养的过程数字化，如教师参加培训、提交作业、解疑答惑等均可在该平台呈现，培养过程清晰可见，单项评价和综合评价一目了然，评价效率明显高于传统的评价方式，较好地促进了新教师的培养工作。（表5-3）

表5-3 见习教师培养期末考核评价

序号	教师姓名	任教学段	任教学科	指导教师	已提交作业	作业完成率	工作校评分	基地校评分	考勤分值（20）	作业提交分值（50）	工作校评分分值（15）	基地校评分分值（15）	班委赋分值（10）	总分	评价结果	说明
1	***	小学	音乐	***	26	100%	99	100	20	50.00	14.85	15	5.00	104.85	优秀	综合评分第1名
2	***	初中	英语	***	26	100%	98	98	20	50.00	14.7	14.7	5.00	104.40	优秀	综合评分第2名
3	***	小学	数学	***	26	100%	95	95	20	50.00	14.25	14.25	5.00	103.35	优秀	综合评分第3名
4	***	初中	语文	***	26	100%	99	90	20	50.00	14.85	13.5	5.00	103.35	优秀	综合评分第4名
5	***	初中	语文	***	26	100%	99	90	20	50.00	14.85	13.5	5.00	103.50	优秀	综合评分第5名

智能时代教育教学评价改革是时代需求、技术进步、教育发展等多方面共同作用的结果。基于大数据分析技术的评价，可以全方位、全过程采集教学数据，获得情感因素、心理倾向、实践能力等非结构化数据；通过跟踪和记录学生的学习过程并适时发起学习干预，可为教师和学生提供动态、实时的评价反馈，对教师的教学行为进行诊断，形成分析报告，帮助教师及时调整教学进程，改进教学工作，真正推动广大教

---

① 曹培杰，王阿习. 新一代数字技术何以赋能教育评价改革［J］. 人民教育，2023（20）：30-31.

师教学行为的深刻变革。①

五、发展性教师评价结果的运用

教师评价是教师发展的重要推动力。在发展性教师评价中，要重视评价结果对教师的反馈、激励、调节等作用，依据评价结果对教师的教育教学进行诊断和指导，为教师提供更为详尽和专业的评价结论，帮助教师建立教育的自我认同和价值认同，不断改进工作促进师生共同成长。

2021年国家义务教育学生学习质量监测结果报告显示，黄埔区四年级数学教师课堂教学管理能力高和较高的比例之和为89.2%，高于2018年16.4个百分点；八年级数学教师课堂管理能力高和较高的比例之和为85.5%，高于2018年4.5个百分点。这一调查结果，显示了黄埔区数学教师的教学管理能力明显增强。对此，数学教研活动及时反馈，对学科教师予以充分的肯定，鼓励老师们不断提高教学管理水平，促进学生成长。

《总体方案》提出，要健全教师荣誉制度，发挥典型示范引领作用。在教师评价中，将教师参与实施课程教学改革深化行动的成效，纳入岗位聘任、绩效评估、职称竞聘、评优表彰等教师关心关注的事项中，让课程教学改革深化行动的积极参与者、成效显著者，既有面子，又有里子，持续推进新课程改革。

近年来，为提升教师职业荣誉感和吸引力，国家初步构建起以"人民教育家""全国教书育人楷模""全国模范教师""全国优秀教师"等为代表的教师荣誉制度，以及富有各地各校特色的教师荣誉体系。广东省先后四次举办"中小学青年教师教学能力大赛"，着力培养青年教师的教学基本功和实际应用能力；广州市评选"最美教师""最美班主任"，宣传先进人物事迹，营造浓厚的尊师重教氛围。2023年，黄埔区教育局为获得国家、省级教学成果奖者与省级名校长名教师工作室主持人颁发"年度风云人物奖"，旨在发挥教师评价的导向和激励作用，增强教师教书育人的荣誉感和责任感。

教师的工作具有复杂脑力劳动的特点，具有极大的创造性与灵活性，具有鲜明的

---

① 杨宗凯. 利用信息技术促进教育教学评价改革创新［J］. 人民教育，2020（21）：30-32.

示范性，是一项充满变量的工作，因而教育效果具有滞后性、集体性、复杂性，教师对学生发展的影响通常在多年后才充分显现，教师以集体合力的方式对学生施加影响，而学生发展也受到同伴、家庭、社会等因素的影响。① 同理，教师发展具有多方主体性，校长、同事、学生和家长等，都会影响教师的教育教学行为，特别是教师的情感、态度、价值观等多方面难以量化测量和评估，要借助科学的评价标准和工具对教师发展进行评价，同时还要注重定量分析和定性分析相结合，建立符合知识分子工作特点的显性与隐性相结合、长期与短期相结合、过程与结果相结合、深度与广度相结合的县域教师发展性评价制度。②

通过教师发展性评价，为教师及时提供反馈信息，提高评价结果的认可度，如教师是否需要在职进修、培训，学校应该提供什么样的支持帮助；通过评价者，向县域教师提供其工作表现方面的信息，从而改善区域教师的现有表现。③ 此外，在教师评价结果的运用时，还要建立正常的教师申诉通道，当教师对评价结果不认同或不满意时，要让教师知晓可以通过正常渠道来表达意见建议，形成信任、协作的学校文化氛围，及时消解负面情绪④。

"评价的目的不是证明，而是改进。"高质量的教师发展是学生进步的必要条件和前提，而教师评价是教师高质量发展中不可或缺的教育行为，贯穿于教师发展的全过程。一方面，要建立科学的教师评价体制机制，以"品德、能力、业绩"为导向，从"对教师的评价"走向"为了教师的评价"和"教师自己的评价"，通过评价改进教师工作，激发学生的学习积极性，提高教育教学质量，促进学生全面发展。另一方面，教师发展又是一个持续的复杂的过程，任何评价都不能一蹴而就，无法立竿见影，需假以时日，根据教师发展的不同阶段，选用恰当的评价方式，注重评价主体的多元与互动，充分利用现代信息技术推动评价方式改革，完善评价结果运用，引领教师发展。

---

① 孟照海. 推进新时代教育评价改革难在哪里［J］. 人民教育，2023（20）：16-17.
② 于维涛，杨乐英. 县域教师发展支持体系建设研究［M］. 北京：北京师范大学出版社，2020：297.
③ 于维涛，杨乐英. 县域教师发展支持体系建设研究［M］. 北京：北京师范大学出版社，2020：304.
④ 李和平. 优化中小学教师评价机制［N］. 人民政协报，2021-03-18.

第三节 让评价成为区级教师发展中心建设的"助推器"

在影响教师发展的诸多外在因素中,除了学校外,区级教师发展中心也是一个重要的因素。加强区级教师发展中心建设,提高区域教师发展中心的品质,能够促进区域教师发展。通过建立科学有效的评价体系推动教师发展,以教师发展推动学校发展,以学校发展推动教育发展,从而促进区域教育优质均衡发展。

一、时代要求:推进教师发展中心建设

"十二五"以来,国家高度重视县级教师发展中心建设,先后出台了一系列政策文件,大力加强中小学教师培训工作,全面提升培训质量,深化教师队伍建设改革。其中,加强县(区)级教师发展中心建设成为教育领域的一项重点工作。主要要求如下:

一是推进教师培训机构与相关机构的整合和联合,促进资源整合,形成上联高校、下联中小学的区域性教师学习与资源中心。

二是深化教师教育改革,推进市县教师培训机构与教研、科研、电教等部门的整合与联合,规范建设县域教师发展平台,统筹县域内教师全员培训工作。

三是深化中小学培训模式改革,全面提升培训质量,依托现有资源,加快推进县级教师培训机构与教研、科研和电教部门的整合,建设县级教师发展中心,发挥其在全员培训的规划设计、组织实施和服务指导等方面的功能。

四是全面深化新时代教师队伍建设改革,建立健全地方教师发展机构和专业培训者队伍,依托现有资源,结合各地实际,逐步推进县级教师发展机构建设与改革,实现培训、教研、电教、科研等部门有机整合。

五是以优质市县教师发展机构为引领,推动整合教师培训机构、教研室、教科所(室)、电教馆的职能和资源,按照精简、统一、效能原则建设研训一体的市县教师发

展机构。

综上所述，建设"研训一体"的县级教师发展中心，已经成为我国基础教育教师队伍专业化的时代需要，纳入各级教育督导的范畴。所谓"研训一体"，指的是科研、教研和培训原来三个分属于不同职能部门的相对独立的运作，通过某种方式成为一个整体，在这个过程中信息技术作为技术手段，可以更好地为科研、教研和培训提供路径与平台。① 这是新时代区县级教师发展机构建设的价值取向。

二、评价依据：制定教师发展中心建设标准

县级教师发展中心在县域教师发展中具有不可替代的地位和作用。为加强对县级教师发展中心建设的督导和评价，确保县级教师发展中心建设工作落到实处，"针对当前县级教师培训机构在发展中存在的目标不明、职能交叉、师资力量薄弱、办学条件简陋、资源整合困难、办学经费短缺、培训经费紧张、质量堪忧等问题"②，2017年底，广东省教育厅、广东省机构编制委员会办公室、广东省人力资源和社会保障厅、广东省财政厅等联合印发《关于推进县级教师发展中心建设的意见》，明确广东省县级教师发展中心建设标准（表5-4），以期规范中心建设、落实主要职责、促进功能发挥，为基础教育改革发展提供有力支撑。

表5-4 广东省县级教师发展中心建设标准

一级指标	二级指标	具 体 标 准
组织领导	机构定位	1. 县级人民政府领导，县级教育行政部门主管，具有独立法人资格的事业单位，承担本区域教师培训、教研、科研和教育信息化等方面策划设计、组织实施、服务指导、管理评价等方面的基础性工作。 2. 实现教师培训、教研、科研、电教等机构的相关职能和资源的有效整合，建成县级教师发展中心

---

① 徐伯钧. 教科研训一体化：县域教师发展中心的功能融合［J］. 教育理论与实践，2015（11）：31-33.
② 于维涛，杨乐英. 县域教师发展支持体系建设研究［M］. 北京：北京师范大学出版社，2020：148.

续上表

一级指标	二级指标	具 体 标 准
组织领导	保障机制	1. 县级人民政府和教育、机构编制、人力资源和社会保障、财政等部门高度重视县级教师发展中心建设，将其纳入当地教育现代化发展规划，制定建设计划方案。 2. 县级人民政府将教师发展中心经费列入年度财政预算予以保证，原则上整合后的教师发展中心财政经费不少于整合前几个单位经费总和
	领导班子	1. 领导班子实行任期目标责任制。 2. 领导成员政治素质好、组织管理能力强、具有胜任岗位职责所必需的专业知识和职业素养，全部具有大学本科及以上学历和中级以上职称，主要负责人应具有高级职称。 3. 领导成员道德品行端正，遵纪守法，廉洁从业
基础设施	校舍条件	1. 有独立校园。校园的办公、教学、生活用房配套、布局合理，有体育活动场地。 2. 建有能满足教研、科研、培训和教育信息化所需的校舍功能教室和配套生活设施。校舍和配套生活设施能同时承担100人以上专项集中培训
	研训条件	1. 具备计算机网络教室、多媒体教室、多功能学术报告厅、心理健康辅导室、图书资料室、综合实验室、音乐教室、美术教室、研训室等专业教室，能满足本地区教师培训、教研、科研、教育信息化工作的需要。 2. 建有千兆以上局域网，百兆到桌面，互联网出口带宽不低于100M，与区域内所有学校互联互通。数据管理、资源存储、信息安全、信息共享功能齐全，设备运转正常、使用率高，符合安全、消防、卫生等方面要求。 3. 建有覆盖全区域的教师学习资源平台、资源库和教师网络研修社区，能有效支持本地区教师开展网络培训、工作坊研修和校本研修。 4. 根据教育信息化的需要，拥有相当数量的能满足教师需求的电子图书，实现省、市、县、校网络互通，资源共享共建，并进行及时更新

续上表

一级指标	二级指标	具　体　标　准
教师队伍	人员规模	中心专任教师（含教研员）人数要能够满足中小学教研、科研、培训和教育信息化工作的基本需要
教师队伍	研训教师	1. 专业素质高，综合能力强，能够胜任教科研训一体化工作要求。 2. 粤东西北地区教师发展中心专任教师均具有8年以上基层学校工作经历，副高级以上职称比例达到60%以上并逐年提高，50周岁以下教师均具有大学本科以上学历，硕士研究生比例达到10%以上，特级教师或正高级教师占专任教师比例不低于3%；珠三角地区教师发展中心专任教师均具有8年以上基层学校工作经历，副高级以上职称比例达到80%以上并逐年提高，50周岁以下教师均具有大学本科以上学历，硕士研究生比例达到15%以上，特级教师或正高级教师占专任教师比例不低于5%。五年内需到一线中小学任教一年，保持队伍活力。 3. 建立教师培训专家库。兼职教师来源广泛（包括省内外高校、科研机构、中小学一线优秀教师），结构合理，具有副高及以上职称，熟悉教师培训基本规律，有学科专长，能有效开展培训。兼职教师与专任教师比例不低于1.5∶1。 4. 建立研训教师准入机制，新进入教师需有副高以上职称，师德高尚，专业水平比较高，指导能力比较强
教师队伍	专业管理者	1. 配备一定的专职技术、管理人员，保证教师培训、教研、教育信息化工作的正常开展。 2. 各类技术人员、管理者具有相应的专业技能和管理能力，能胜任岗位工作要求
功能发挥	教育研究	1　科学规划区域内教研、科研工作，制定五年规划和年度实施计划，工作目标明确，制度健全，措施到位，保障有力。 2. 开展教育教学、教师教育、教师培训、教育信息化等研究，有效组织和指导区域内教师开展教育教学研究和教改课改实验。 3. 建立区域教研、科研、研训信息化质量监控与评估体系。 4. 形成教研、科研成果转化机制，推广优秀教育教学经验和成果
功能发挥	专业指导	1. 深入中小学校了解指导教研、科研、培训和教育信息化工作。 2. 建立和完善区域内校本研修制度，统筹组织开展区域内中小学校校本研修，指导本地区中小学制定校本研修计划，规范实施。 3. 加强对区域内省、市、县名教师、名校（园）长工作室管理指导，充分发挥名师、名校长在教师、校长培训中的示范引领作用。 4. 建设优质网络平台，为教师提供专题讲座、微课视频、案例课例、教学素材等网络资源，加强专业指导

续上表

一级指标	二级指标	具 体 标 准
功能发挥	培训实施	1. 开展本区域教师、校（园）长专业发展状况调研，提出教师、校（园）长专业发展的规划和指导意见，科学制定教师、校（园）长专业发展培训研修计划。 2. 有计划地开展教师五年一周期的全员培训；系统开展新任教师岗前培训、在职教师岗位培训和骨干教师提高培训等，有效组织课程改革、思想政治、师德修养、心理健康、安全教育、教育信息化和紧缺学科教师等各种专项培训，为教师专业发展提供平台。 3. 组织开展中小学校长、幼儿园园长培训研修。 4. 组织实施乡村教师支持计划，开展本地区乡村中小学教师、校（园）长培训工作
	示范引领	1. 定期开展示范性研训活动，为本区域学科教师进行示范性教学科研、专题讲座、专项培训和教育科研观摩活动。 2. 有8~10所教师专业发展学校作为培训实践基地，办学有特色、有较好的社会声誉，发挥示范引领作用。 3. 成为本地区教师干部培训中心、教科研指导中心、教育教学评价与质量监控中心、信息资料中心、网络教育中心
	服务管理	1. 为本区域教育行政部门开展教师培养、培训、职称评审、管理等方面的工作提供基础性服务，开展相关专题研究，提供决策与咨询服务。 2. 构建统一、开放、规范的教育信息化运行服务体系，推进教育信息化工作。 3. 网络研训和网络管理形成常态，信息化保障队伍健全，信息资源建设有规划、有成效，信息资源利用率高。 4. 为所在地区相关机构、组织、社区提供学习资源、设施设备与咨询指导等服务，在推动学习型社会建设方面发挥积极作用。 5. 为本地区中小学、幼儿园，提供有效的专业咨询服务
特色创新	特色创新	1. 在研训一体化方面机制健全，措施有力，成效显著，特色明显，在省内起到一定的示范作用，在同行内具有一定影响力。 2. 教科研成果突出，应用到教师培训中，效果好

广东省以专业标准来规范和优化县区级教师发展中心建设，既体现了教师发展机构的性质，也为区级教师发展中心建设提供了依据，较好地推进了全省各地教研、科研、培训和信息技术部门的整合，为后续督导评价奠定了基础。

三、实施评价：开展教师发展中心认定

为推进市区教师发展中心建设，广东省、广州市教育督导部门把区域教师发展中心建设列为教育督导事项，确保各项措施落实到位，取得成效。2018年，《广州市教育局关于做好区级教师发展中心建设工作的通知》发布，要求加快区级教师发展中心建设。2019年，广州市黄埔区教育研究院（加挂"广州市黄埔区教师发展中心"牌子）正式成立，并结合认定指标体系，积极推动区级教师发展中心建设，在精简、统一、效能原则下，实现教育资源的集约化运转，推进区域教研，组织教育科研，负责教师培训，支持技术发展，并通过456N教师发展模式的研究与实践，更好地服务区域教育教学工作，促进区域教师专业发展。

2021年，广州市教育局印发《广州市加强区级教师发展中心建设的意见》（以下简称《意见》），要求各区结合实际，根据教师队伍现状，解决教育改革的"瓶颈"问题，整体标准高于省对区级教师发展中心建设指标和认定指标。突出可持续发展和内涵发展，重点对持续推进研训条件建设、发挥区级教师发展中心功能以及教师队伍的内涵发展提出具体要求，通过各项指标推进建设和发展。注重科学有效评价，坚持以评促建，对认定通过的区级教师发展中心每两年进行一次评价，促进其不断建设完善；坚持问题导向，推动教科研训一体化发展，坚持科学有效，探索增值评价，健全综合评价，提高评价的可续性、专业性、客观性。《意见》还明确区级教师发展中心的"三个坚持"和"六大职责"（表5-5），全力打造"1+6+11+N"模式的教师发展支持体系，即在广州市教育局的领导下，发挥6个市级教师发展中心、11个区级教师发展中心和N所教师发展学校的作用，形成定位准确、层次分明、特色明显、资源共享、可持续发展的中小学教师发展新体系，全面提升教师专业素质和教育教学能力。

2021年9月，广州市政府教育督导室对区级教研机构建设进行督导，黄埔区教育研究院获"优秀"评价。同年11月，广州市教育局组织专家对各区教师发展中心开展认定指导。来自省市教师发展中心的专家们认为，黄埔区的培训、教学、科研、电化教育机构职能整合到位；领导班子水平高、能力强；教研与培训队伍满足要求，人员配置齐备；教师发展信息化管理平台建设好；工作成效和专业指导成果显著；附属小学平台搭建"中心+基地"模式值得推广。对于存在的问题，专家组提出了相应的指

导意见，区教师发展中心高度重视，提炼出黄埔区456N区域教师发展模式。

表5-5　广州市区级教师发展中心建设意见

三个坚持	政府主导、统筹规划
	资源整合、共建共享
	协同创新、精准施训
六大职责	促进教师、校（园）长专业发展
	开展教师专业发展研究及成果推广
	深入中小学校开展专业指导
	推动教师教育信息化建设
	提供教育决策服务
	完成上级交办的教师教育相关工作任务

2022年2月，黄埔区接受市教育局组织的专家组现场认定。区教师发展中心从基本情况、主要举措、存在的问题和下一步工作等方面进行了汇报，专家组围绕中心的功能定位、品牌特色、教师专业发展等问题进行提问，深入了解中心的建设和未来的功能定位。在实地考察过程中，专家组认真查阅资料，查看功能场室、办公条件、设施设备等情况，与干部教师代表座谈，与培训学员访谈交流，了解工作成效。专家组结合实际，从机构定位、师资队伍、工作保障、硬件建设等方面梳理了特色亮点、存在的问题，反馈认定实地考察意见，为区级教师发展中心"把脉开方"。

在专家组看来，黄埔区456N教师发展模式较好地促进教师专业发展，具体表现在新教师成长迅速、新秀教师能力凸显、骨干教师发挥作用、名师工作室建设上台阶、专家型教师示范引领，有力地推动了黄埔区基础教育的发展。今后要在传承中发展，在发展中创新，形成具有黄埔特色的教师发展路径，彰显黄埔区教育的力量。

专家们对黄埔区教师发展中心建设给予充分的肯定：机构设置合理，功能整合到位；建章立制，落实各项保障；师资队伍能力较强，配备满足需要；注重教师专业成长，助力区域教育高质量发展。建议在今后的工作中，加强硬件设施建设，优化研训教师队伍结构；加强科研对教学改革的引领，促进区域教育高质量发展；加强区域教育规划，提升区域影响力。经过评审，黄埔区教师发展中心通过广州市教育局的认定，并成为广东省第一批通过认定的区级教师发展中心。

无论是对教研机构的督导还是对教师发展中心的认定，都是依据一定的标准进行的。无论何种标准，都要遵循教师发展规律，具备科学性、专业性、发展性和可操作性，才能有效引领教师发展，推动区域教师整体素质的提升。[①] 此后，黄埔区教师发展中心结合专家反馈意见，优化人员结构，推广教学成果，加大宣传力度，扩大影响力，取得了新的进展。评价成为区域教师发展中心建设的"助推器"。

未来，黄埔区教师发展中心还要以评价促进教师发展为目标导向，体现专家引领、行政支持、同伴互助和教师参与的多方互动，构建良好的评价支持环境，通过多种形式引导广大教师适应教育发展新阶段、新任务的要求，创新教师发展体制、机制、体系、模式、方法、手段，实现区域教师的全面、协调、可持续发展。

本章小结

教师评价是确保和提升教师队伍质量的一个重要手段，既关乎教师队伍的发展活力，又影响教育改革的切实成效。实施发展性教师评价，要结合不同学段的教育教学特点，考虑教师的专业发展情况，注重评价主体的多元化，坚持单项评价与综合评价相结合，强化教师团队评价，以现代信息技术推动评价方式改革，发挥教师评价的导向、诊断和激励作用，通过评价帮助教师认识自我、发现自我、提高自我，促进教师专业发展。

---

① 徐伯钧. 县级教师发展机构研训员自我效能感提升策略 [J]. 江苏教育，2021（40）：25-30.

第六章

结　论

当前，我国教育改革发展已进入一个新的阶段。全面落实立德树人根本任务，促进人的全面发展，关系中华民族复兴伟业。人才是第一资源，高质量的教育需要高水平的教师队伍，只有以优秀的教师培养优秀的学生，才能真正实现教育的高质量发展。

第一节　教师发展的四大要素

教师是新课程改革的关键因素。课改是否取得成功，很大程度上取决于教师是否更新教育理念、是否学习新的标准、是否掌握新的方法、是否具备新的技能……可以说，新课程改革给广大教师带来了新的挑战，厘清教师发展的四大要素大有裨益。

一、教师发展的前提是师德为先

为人师表，行为世范。师德修养在专业标准中居于首要位置，是教师发展的前提条件，因为"好教师之好，首先好在有道德，好在尚德，好在种德，好在育德，好在立德""做教师是篇大文章，而这篇大文章的核心，就是课程与教学，大文章的主旋律就是立德树人"。[①] 教师发展首先要提高教师思想政治素养和职业道德水平，突出全员全方位全过程师德养成，因为师德，主要解决中小学教师"想不想"做好教育教学工作的问题；师能，主要解决中小学教师"能不能"做好教育教学工作的问题。二者之间相互影响，但"想不想"对"能不能"的影响，更具前提性、决定性和根本性。[②] 可以说，师德是教师知识修养和文化品位的体现，需要广大教师内化于心外化于行，增强价值判断能力、价值选择能力、价值塑造能力，引领学生健康成长。

有学者认为，当下教师专业发展有很大进展，但还缺少突破和超越，其中一个重要原因就是缺少大视野，发展格局还不够大。在教师发展中，锤炼的不只是能力、艺术，丰富的不只是知识、见识，最为重要的是自己的价值观。因此，教师的发展不仅

---

① 成尚荣. 做中国立德树人好老师 [M]. 上海：华东师范大学出版社，2020：4 – 5.
② 吴振利. 中小学骨干教师培训理论与实践 [M]. 北京：人民出版社，2019：123.

在于专业发展，而且在于全面发展，让教师的格局更大、视野更宽、格调更高，从而让课堂教学发生根本的转向，从育分转向育人，让课程育人、学科育人、教学育人、活动育人、管理育人成为课程教学改革的方向盘与指南针。①

二、教师发展的关键是能力为重

教育光有"爱"和"关心"是不够的，教师的专业知识和专业能力，是教师从事教育教学工作的必备条件，是教师发展的关键所在。其中，专业知识包含一般教育知识、学科知识、学科教学知识和通识性知识；专业能力包含教学能力、班级管理能力、沟通合作能力与自我发展能力。作为专业技术人员，教师应根据不同年龄段学生的身心发展特点，理解运用教育理论，深化拓展专业知识，提升专业实践能力，采取相应的教育教学方式，促使每一位孩子在原有的基础上获得进步。如今，新课程标准更加突出时代特征、国际视野和本土意识，强调发展学生核心素养。因此，教师要具有五大关键能力，即课程设计、课堂实施、学生发展评价与指导、信息技术应用和系统反思能力。这些教师关键能力的培养既是教育改革发展的迫切要求，也是教师专业发展的职业需求，更是教师教育改革的必然趋势。②

三、教师发展的核心是教师学习

"教师学习"指的是教师作为个体和群体在其实践中通过各种学习机会发生改革的过程，是一个具有自主性、社会性、复杂性、转化性、长期性的系统化过程。具体表现在教师学习是教师作为学习者的自主学习，其前备知识、信念、动机是影响教师学习方向和成效的重要因素；教师学习具有社会性，因为其学习不是发生在真空之中，教师信念、动机的激发往往来自环境的刺激；教师学习具有转化性，因为学习本质上意味着转化，无论教师还是学生；教师学习是一个复杂的系统，教师学习在学习者自

---

① 成尚荣. 做中国立德树人好教师[M]. 上海：华东师范大学出版社，2021：21-22.
② 李文萱. 推进育人方式变革的区域教学改进研究[M]. 上海：华东师范大学出版社，2021：79-80.

身、学习情境的复杂互动中展开，互相制约，相互促成；教师学习是持续的长期过程。[①]

"作为学习者的教师"是经济合作与发展组织（OECD）对教师教学的国际调查的主题，揭示了教师的本质，具有深刻性、时代性、未来性和引领性。2015年，OECD在《反思教育：向"全球共同利益"的理念转变？》一书中指出："学习既是手段，又是目标；既是结果，又是过程；既是个人的事，又是集体的努力。"将教师定性为学习者，已成为教师发展重要的国际走向。实际上，新课改期待的教师角色转型不仅在于对教师角色重新进行外部定义，更重要的在于教师将课程开发者、课程意义创生者、教学研究者等具有领导者意涵的角色群内涵，成为滋养自身专业实践的持久的专业身份。要实现这一角色转型离不开教师学习。[②] 可见，"终身学习"是教师专业发展的原动力，也是教师直面和有效解决各种教育问题的法宝。

四、教师发展的支撑是技术变革

科技是第一生产力。信息技术发展推动时代变革，以人工智能、大数据、云计算、5G技术等为代表的新技术驱动人类社会快速进入智能时代。在教育领域，新技术以数字化应用为基础，大大增强教学的交互性和体验性，延展了教学的时空，增加了课前课后的教研环节。

面对新技术的变革，教育界要主动适应，积极构建以校为本、基于课堂、应用驱动、注重创新、精准测评的教师信息素养发展新机制，通过技术手段采集课堂教与学行为数据，借助数据分析支持变革教学的方式方法，全面促进信息技术与教育教学融合创新发展。在大数据时代，信息技术的高速发展，改变着人们的思维方式、工作方式、生活方式和学习方式，给教师提出了新的挑战。如果说在工业时代，人才培养的着力点更多比的是记忆、计算、体力，考察人的记忆力和反应力，现在比的是思维、

---

① 曾艳. 教师领导与教师学习：教师专业发展的双重路径及其整合［M］. 上海：上海交通大学出版社，2020：165.

② 曾艳. 教师领导与教师学习：教师专业发展的双重路径及其整合［M］. 上海：上海交通大学出版社，2020：61.

创新和想象。① 未来，基于数据的精准学习、混合现实、虚拟现实将实现真正的大规模的个性化教学，发现差异，尊重差异，实现个性化学习、差异化教育。② 教师发展离不开现代教育技术的支撑，面对不确定的世界变化，教师唯有识变、应变、求变、善变、智变，才能得到长足的进步。

发展是世界万物的生命之源，也是教师的立身之本。"发展"是对教师职业生命内涵的解读和诠释。回望教师发展的历程，从学历补偿到继续教育，从教师培训到教师研训，从教师研修到教师学习，不同时期的表述略有不同，即变被动为主动，变短期为长期，变个体为群体，凸显的是教师发展的时代特征。无论时代如何变化，教师发展都是教育发展的先导，只有当教育者重视涵养，不断完善自我，做到以德立身、以德立学、以德立教，才能真正促进学生的健康成长，赢得学校的可持续发展。

第二节　456N 区域教师发展模式的走向

理念先行，发展理念是否对头，从根本上决定着发展成效乃至成败。基础教育的发展，核心是教育质量的提升，目标是教育现代化。提高教育质量，课程改革是核心，而课程改革的成败，很大程度上取决于教师。③

一、回顾往昔，456N 教师发展模式卓有成效

近年来，黄埔区教育秉持"创新、协调、绿色、开放、共享"的新发展理念，结合多年的教育实践，形成 456N 区域教师发展模式。

就教师整体发展而言，"四位一体"强调以科研为引领，提高教师的研究意识；以教研为主线，聚焦教师的主责主业；以培训为抓手，促进教师的专业发展；以技术为支撑，拓展教育的时空，提高教学的效益。

---

① 罗滨. 面向未来的区域教师学习中心建设 [J]. 中国教师，2015 (22)：81 - 88.
② 周世祥. 教师如何用好课堂上的信息化"神器" [N]. 光明日报，2021 - 01 - 12.
③ 余慧娟，赖配根. 尊重教育规律才是科学发展 [J]. 人民教育，2016 (5)：14 - 19.

就教师个体发展而言,"五级阶梯"强调教师发展同中求异,学习重点不一:新教师和新秀教师培养重在基本技能,强化理论实践化;骨干教师培养以提高性内容为主,重在提高教育教学能力,总结教育教学经验,以更好地指导青年教师;名师培养以拓展性内容为主,重在提升教研能力,探索教育教学规律;专家型教师培养重在实践理论化,形成个人风格,扩大影响面,发挥示范引领作用。明晰教师发展的五个阶段,在不同的阶段采取不同的学习方式,有助于教师以学习为中心,不断超越自我。

就区域教师发展而言,"六个层级"强调从教育部的课程改革、教育技术、对外交流等高端资源,到省、市教研院的优质资源,以及贴近区情、校情的各种资源,对于不同类型的学校、不同发展阶段的教师,会产生不同的作用。此外,开放办学,立足本地,放眼全国,走出国门,可适当发挥"N种资源"的优势,支持黄埔教育的发展。

实践表明,456N教师发展模式具有创新性,能够适应新时代的发展,在现实中行得通,促进区域教师发展的效果好,有力地推动了区域教育的发展。

二、展望未来,456N教师发展模式继续深化

当前,面对百年未有之大变局,面对纷繁复杂的社会形势,无学习不发展。而社会的进步离不开教育,培养人才是为了未来而非过去;教育的发展离不开教师,发展教师是为了未来而非过去。面向未来的456N区域教师发展模式,还要坚持目标导向和问题导向,重视示范引领与整体提升结合,建立教师自主发展机制,探索教师自主选学等模式,推进人工智能与教师研训融合发展,在深度、广度和温度上加强研究,促进区域教师内涵发展。

1. "四位一体"推陈出新

在教研上,突出课堂教学质量和育人实效的导向,引导教师注重教育理论学习,加强对学生成长规律和教学改革的研究,强化教学实践和反思,"立足课堂,着眼课程,中观介入,将育人方式的变革聚焦课程、教学与评价三个关键领域,运用层级转化思想,融入区域、学校、教师和学生等多种实践情境与复杂因素,构建以学习为中心的新课堂"[①],积极推进案例式、探究式、体验式、互动式等教学,实现"教—学—

---

① 李文萱. 推进育人方式变革的区域教学改进研究[M]. 上海:华东师范大学出版社,2021:2.

评"一致性，保证课程实施得有序、有信、有效、有度。

在科研上，拓宽教学成果和研究成果认定范畴，克服唯分数、唯升学、唯论文等弊端。加大研究力度，鼓励"教师成为研究者"，指导教师开展"基于实践、在实践中、为了实践"的研究，改进和完善教育教学实践，在促进自身专业发展的同时培养全面发展的学生。

在培训上，落实教师培训课程指导标准，准确把握教师培训的需求，强化分层分类，明晰具体的培训目标，科学设计培训课程，优化过程性管理，客观评估培训效果，走专业化、精准化的培训之路，服务教师专业发展。尤其要突出教师核心素养培养，综合提升学科育德、教学实施、学生评价和家庭教育指导能力，推进教师常态化学习。完善线下集中培训、在线培训、校本研修融合的混合式培训，指导教师立足自身专业实践，充分利用已有的教学经验，将感性的、表面化的经验提升，获得教育智慧。

在信息技术上，指导教师与时俱进，勇于创新，在新科技浪潮中巧用技术，丰富教学资源，提高信息素养，胜任人工智能背景下的教育教学工作。加强研训资源和平台建设，持续开发、遴选精品资源，推动现有信息化平台优化升级，建设教师研训资源平台，汇聚优质研训资源，供教师自主选择学习，实现优质资源全面覆盖与全体共享。建立基于大数据的教师专业发展测量与评估机制，对教师精准测评、指导，实施智能化、个性化、交互性、伴随性研训，形成人工智能支持教师终身学习、持续发展的机制。

2. "五级阶梯"激发动力

马斯洛需求理论提出了人类需求的五级模型（图6-1），从底部向上，分别为生理需求、安全需求、爱和归属感、尊重和自我实现五种需求。

教师是自我教育者，教师发展的根本动力主要源自内在的力量，这是任何外力都无法取代的。根据马斯洛需求理论，教师梯级培养的重点在于激发教师的内驱力，让教师体会爱、有归属感、感受尊重，自觉做到进德修业，立己达人，实现人生价值。因此，在"五级阶梯"中，需突出教师的主体地位，以学习者为中心，尊重和满足教师个体需求，激发教师高层次的学习动机，引导教师注重专业发展的自我导向、自我规划、自我管理和自我提升，在更新教育理念、转变态度行为、补充知识技能、改进教学方式方面着力，促进师生共同发展。

需要指出的是，教育工作只是教师人生的一部分，并非全部。教师首先是人，既有悲欢离合，也有喜怒哀乐。面对繁重的工作，营造良好的氛围，增强教师的幸福感，是每个学校必须正视的重要问题。

优秀的校长会想方设法激励教师，引导教师自我实现。以广州市第八十六中学为例，学校早在2005年前后就鼓励教师参加学历提升，为教师发展创造条件，支持教师

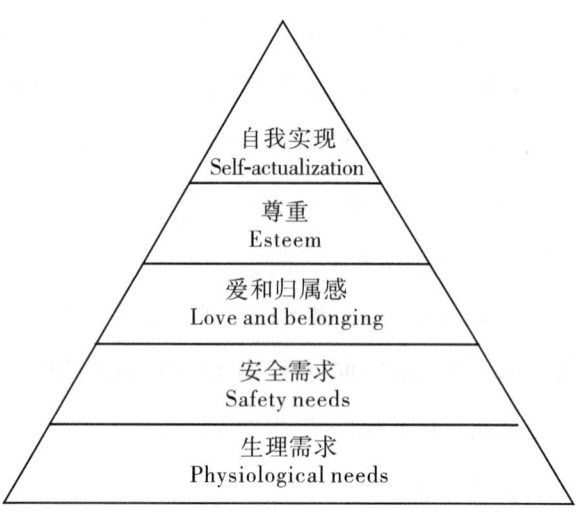

图6-1 马斯洛需求理论模型

"升值"，当年研究生学历占全校教师的40%；寒暑假，组织行政干部到省内外的名校访学，开阔眼界，增进感情，凝聚力量；在区内首创体育节，倡导教师健康生活，人人有一专长；组织教师到学校厨房亮相，烹制拿手菜，让学校充满烟火气。在校长看来，要让教师幸福，就要使老师们有价值、有未来、能成长，从"活着"到"生活"，虽然只有一字之差，其内涵相差甚远。因为只有感受到幸福的老师，才能培养出健康的学生。因而，面向未来的教师，要"两有两会"，即有品位（有文化）、能跨界（有才能）、会创生（会创新）、会玩儿（会生活）。这样的老师，才是学生喜爱的老师。"亲其师，信其道"，受到学生喜爱的老师，更能体会职业的幸福感，更能获得工作的成就感。

3. "六个层级"整合力量

教育实践是一项具有高度丰富性、复杂性、情境性的交互活动。在教师专业发展实践中，教师要经历学教、会教和教会学生学习三个专业服务的阶段，提供这些专业服务的前提是教师要在精神层面上具有专业认同，在知识层面上具有学科知识和专业知识，在能力层面上具有学科能力和专业能力。①

因此，面向未来的456N区域教师发展，要充分发挥教育部教材所、省市教研院等

---

① 朱旭东. 论教师专业发展的理论模型建构[J]. 教育研究, 2014（6）: 81-90.

高端智库的专家力量和优质资源,加强区级教师发展中心建设,发挥专业支撑作用,为各阶段教师发展搭建学习的平台,支持各教育集团成立教师研训中心,主抓集团内的教师发展工作,通过片区协同教研,营造教师学习的氛围,提高研训质量。强化校本研修,形成各校特色,促进全体教师练就过硬本领,在原有基础上进步,以适应新课程改革的需要,更好地履职尽责。

4."N种资源"汲取养分

身处变革时代的教师,除了具有深厚的专业素养外,还要"思接千载,视通万里",拥有开明的思想、开放的心态和开阔的视野,具备国家认同、责任担当、人文底蕴、科技创新、跨文化交往等素养,能够打破固有的框架,具有超越经验性、封闭性和机械性的思维方式,实现自我净化、自我革新、自我完善、自我提高。

因此,面向未来的456N区域教师发展要主动学习高等院校、科研院所的前沿理论,在专家指导下开展行动研究,在实践中检验理论的可行性,促进自身的发展。学习省市属名校的办学经验,取其长处为己所用,在借鉴中提高自身的办学水平。采取项目引领的方式,调动广大教师投入课程改革的积极性,在团队合作中凝聚力量,在学习与借鉴中实现"共赢"。此外,身处广州开发区这片热土上,区域教师发展还要继续发扬"开发区精神",在积极进取中丰富涵养、充实知识、增强能力,在干事创业中成就自己、成就学生、成就未来。

教师的专业活动是发展性的。要遵循教师发展规律,以动态而非静态的视角来看待教师发展问题,注意各阶段的相互衔接,使教师发展过程成为既相对独立又连续统一的整体教育过程。在制定教师专业发展目标的基础上,充分考虑各阶段的特点,引导各层级教师持续学习研究,主动建构自我与世界、与他人、自身内部的精神世界,对专业发展进行自我管理,丰富专业内涵,走向可持续发展之路。[①] 充分发挥各种资源的辐射引领作用,为不同发展阶段的教师提供必要的专业支持。

---

① 胡惠闵,王建军. 教师专业发展[M]. 上海:华东师范大学出版社,2014:76.

第三节　建设高品质的区级教师发展中心

教师专业发展是教师个体专业不断发展的历程，在动态上体现为向上前进的态势，静态上体现为整个发展过程中的阶段性或终结性目标达成。在这一过程中，既离不开教师个人在自身专业发展中的主动性，又离不开促进教师专业发展的外在支持。只有外在推动力量与教师的内在改变力量相结合，才能顺利而有效地实现教师的专业发展。[①] 作为教师发展的外在力量，建设高品质的区级教师发展中心，如教育研究院、教师进修学校、教师学习中心等，为中小学校营造良好的外部环境，为教师的主动发展与变革的持续推进提供内生动力机制，成为区域教育的必然之举。

一、建设高品质的教师发展中心是时代发展的要求

人才是第一资源。在教育改革的新形势下，全面提高教育质量，提升区域教育软实力，需要造就一支优秀的教师队伍。区级教师发展中心（研训机构）"是颇具中国特色的教师专业化发展的专业性组织，兼具行政领导力和专业影响力，在教育教学改革的理念传播、方法探究、行为示范、教师指导等方面的作用不容小视、不可替代"[②]，机构自身的变革、转型与创新尤为重要。

正如前文所言，区域教科研训实行"一体化"运作，就要以教育科研为先导，通过有专题、有系列的教研活动对教师进行有目的、有计划的培训，使教研活动成为教师培训的课堂，使教研活动与教师的专业提升结合起来，教师通过参与问题解决的过程来获得经验，促进教师由"个体被动的专业发展"转向"个体主动的专业发展"，由"个体主动的专业发展"转向"区域群体主动的专业发展"，取得以训促研、以研

---

① 杜尚荣，王笑地. 中小学教师培训模式的改革与创新 [M]. 北京：中国社会科学出版社，2020.
② 唐西胜. 区域研训教现代转型研究与实践 [M]. 杭州：浙江大学出版社，2018：1.

带训、研训结合的效果,从而整体提升区域教育教学质量。①

浙江大学刘力教授认为,区域研训机构的转型,是理念、职能、模式、方法、手段、人员素养与作风等诸多方面创新发展的过程,是传统型研训向现代型研训演进的历程,研训形态与方式将发生重要的改变,即从封闭型研训走向开放型研训,从单一型研训走向一体型研训,从大一统研训走向差别化、个性化研训,从线下研训走向线上线下的混合式研训,从外延式发展走向内涵式发展。转型,也是一种平衡的打破,是主动求新求变的过程。区域研训机构的转型,必须是全体动员、全员参与、全面推进、全程发力的过程。转型需要顶层设计、系统构建和制度支撑,当中要坚持以师生发展为本的价值取向。②

2022年5月,教育部等八部门印发《新时代基础教育强师计划》,提出要发挥国家教师发展协同创新实验基地建设的示范作用,通过建立标准、项目拉动、转型改制等举措,推动各地构建完善省域内教师发展机构体系,建强县级教师发展机构及培训者、教研员队伍。可见,教师发展机构的转型发展,是区域研训机构内生能力的必由之路。

二、高品质教师发展中心的建设路径

面向未来的区级教师发展中心建设,要在传承优良传统的基础上改革创新,通过研究先行、聚焦教研、培训助力、信息支撑、评估推动等多种路径,促进区域基础教育高质量发展。

一是明确机构定位,加强教师发展研究。推进区级教师发展中心建设,完善教师发展支持体系建设,是全面提升区域教师专业素质和教育教学能力的重要保障。聚焦中心的主责主业,关心、支持和指导教师发展,包括促进教师、校(园)长专业发展,开展教师专业发展研究及成果推广,深入中小学校开展专业指导,推动教师教育信息化建设和提供教育决策服务。当中,要坚持以教师发展为目标,以问题为导向,以项目为载体,通过主动服务区域教学改革,制定区域教师发展规划,注重研究与实践,在推进课程改革、指导教学实践、促进教师发展、服务教育决策等方面发挥应有的作

---

① 唐西胜. 区域研训教现代转型研究与实践[M]. 杭州:浙江大学出版社,2018.
② 唐西胜. 区域研训教现代转型研究与实践[M]. 杭州:浙江大学出版社,2018:2.

用。正所谓"上下同欲者胜,风雨同舟者兴",建设高质量的区级教师发展中心,需广泛凝聚各方共识,形成合力,促进发展。

二是加强自身建设,引领研训人员发展。深化转职能、转方式、转作风,提高效能,增强中心的领导力、执行力和战斗力。首先,选拔政治素质过硬、职业道德良好、教育观念先进、教学经验丰富、教学成绩优异、教研能力出色、擅长组织沟通、富有团队协作精神的教师担任研训者,兼顾年龄、学科、学历学位、性别、职称、工作经验等因素,优化研训队伍结构。其次,加大研训者、管理者培训力度,提高研训队伍专业化水平。充分调动全体研训人员学习新理念、新内容、新技术、新方法的主观能动性,以期更好地适应教育改革和发展需求。通过举办专题讲座、主题研讨会、工作坊和跟岗锻炼、访学进修、合作课题研究等形式,指导研训人员更新知识,提升技能,增强综合素养,成为推动一线中小学教师成长的关键他人。再次,推动教研工作重心下移,引导教研员深入学校、课堂、教师、学生之中,做到熟悉课程、教材、教法、评价,了解学校、教师、学生所需,将教研工作深植于学校教育教学改革发展。[①] 教研如此,科研、培训和信息技术工作同样重要,高品质的区级教师发展中心建设,须将各项职能一并纳入整体规划,统筹协调,共同发展。

链接

为进一步加强教研员队伍建设,不断提高教研员的整体素质,促进黄埔教研高质量发展,2023年,区教研院分别以"凝心聚力"和"创新引领"为主题,先后两次组织教研员专项培训(表6-1)。培训遵循建构主义理论,以学习者为中心,以问题为导向,主题鲜明,内容充实,形式多样,既有专家引领和理论指导,又有教研员分组研讨和经验分享,从"输入型"学习到"输出型"学习,通过参与式活动,增强培训的实效性和针对性,使教研员在学习、倾听、思考、研讨、交流中加深认识,达成共识,取得预期的效果——凝心聚力谋发展,创新引领共前行。

---

① 汤贞敏,张林静,曾令鹏. 新时代基础教育教研体系建设研究——基于广东基础教育教研现状[J]. 教育导刊,2021(2):5-11.

表 6-1 区教研员专项培训（2023 年）

培训课程	主讲人	培训形式
第一期：凝心聚力		
教研员的使命担当	区教研院院长	专题讲座
以教研创新支撑基础教育高质量发展	市教研院基教所所长	专题讲座
新课程背景下跨学科学习设计与教学实施	省教研院研究员	专题讲座
部门年度工作总结	各部门负责人	经验分享
研讨主题： 如何促进黄埔教研高质量发展 分组研讨： （1）如何加强教研机构的自身建设 （2）如何推进中小学课程改革 （3）如何指导中小学教学实践 （4）如何促进中小学教师发展	（由组长组织研讨）	研讨交流
第二期：创新引领		
新课改背景下的区域教研创新发展	市教研院院长	学术交流
教研经验分享：我是如何做教研的	学科教研员	经验分享
部门经验交流：如何在创新中发展	部门负责人	经验分享

三是关注教师差异，指导校本研修。立足基础教育课程改革和教师专业发展的实际需要，根据培训对象的不同层次与要求，针对不同层次的培训目标，合理采用多样化的培训方式，对不同发展阶段的教师实施不同的培训，[①] 致力于解决不同类型的学校以及不同发展阶段的教师所面临的突出问题。主要路径：首先，加大校本研修指导力度，加强学科教学指导，提高学校科研水平，充分借助区内教育集团（学校）的力量，基于集团（学校）组织各类研修活动；其次，建设一批教师发展基地学校，共同承担教师研训工作，利用已有的优质资源，让研训工作重心下移，让研训发生于中小学一线，重点支持薄弱学校的发展，促进区域教育均衡发展；再次，发挥各级名师工作室的示范引领作用，鼓励骨干教师加入工作室研修，带动区域教育优质发展；最后，鼓励省市区级名师、骨干教师开发建设一批区级课程，为广大教师提供选修菜单，调动

---

① 张茂聪. 中小学教师培训中的矛盾冲突及体系构建［J］. 当代教育科学，2012（13）：25-29.

优秀教师的积极性,让优秀培养优秀,让优秀激励优秀,让优秀影响优秀,从而激发广大教师发展的内在动力。通过多种途径多种形式,引导广大教师终身学习,持续发展。

四是完善场地设施,彰显教育理念。人创造环境,环境也创造人。高品质的区级教师发展中心,要有高品位的文化环境,合理的空间布局,良好的设备设施,彰显教育的发展理念和教师发展的价值追求,达到"润物细无声"的效果,成为区域教师发展的精神家园。基于数字化教育的发展,高品质的教师发展中心还要为教师发展提供先进的现代教育技术设备和配套服务,以应用驱动为导向,通过整合国内外优质的教育资源,建立数字化教育资源库,建设高水平的录播室,形成信息技术与教育教学融合示范中心,丰富教师发展资源供给,为教师提供精准学习、问题解答、研修培训等专业服务,支持教师个性化、差异化发展。加强数据中心能力建设,开发智能、快速、全面的学习分析系统,建立高效、安全、灵活、敏捷的智能化运维保障体系,① 为教育行政部门和中小学提供技术支撑。

五是实施科学评价,促进专业发展。高品质的区级教师发展中心,要推进数字化赋能教师评价,强化教师研训的全过程管理,保障研训质量,对教师学习过程和效果进行综合评价,监测评估教师专业发展成效,并适时提供反馈和跟踪指导。区级教师发展中心的主要职能在于服务区域教育发展,推进智能技术赋能的教育评价改革,每学年可由教育行政部门通过大数据评估、参训学员网络匿名评估、专家抽查评估和第三方评估等对发展中心的履职情况进行全面、深入、客观的评价,强化其重心下移,问需于校、问需于师,切实改进工作作风,提高工作效能,促进教师发展中心建设。

教育转型需要高素质的教育人才,培养高素质的教师,需要建设高品质的教师发展中心。建设高品质的教师发展中心,还要提高其知名度、美誉度,扩大其品牌力、影响力,宣传、推广、运用教育教学成果,形成良好的发展态势,推动区级教师发展中心的再发展。

📝 本章小结

在全面深化课程改革、落实立德树人根本任务的新时期,教师队伍面临着新形势、

---

① 赵凌云,胡中波. 数字化:为智能时代教师队伍建设赋能[J]. 教育研究,2022,43(4):151-155.

新任务、新要求，也面临着新机遇、新挑战、新动能。区级教师发展中心如何适应新的教育教学形势，最大限度地发挥作用，更好地服务于学校教育教学、服务于教师专业成长、服务于学生全面发展、服务于教育管理决策，需要区级教育行政部门做好顶层设计，分步推进。建设高品质的区级教师发展中心，要坚持发展的整体性、系统性和协同性，走改革创新之路，激活教师发展的内在动力，发挥区域层面教育观念、课程资源、培训方式、教师评价等外在作用，实现思想转型、机制转型、工作转型，使之成为教师成长的"加油站"、教师发展的"助推器"和教学成果的"孵化器"，从而提升区域教育质量。

附 录

教育思考

教育：为了做更好的自己

——广州市首期中学卓越校长培养对象之教育思想凝练

一、缘起

1. 教育现状

就目前的教育而言，多以分数论英雄，把分数和升学率视为检验教学水平和办学质量的唯一标尺。学校工作的重点在于传授知识和技能，以教师课堂讲授为主，支持学生提高学习成绩。教育的功能异化为考试、排名，不少学校眼里只有分数没有学生，忽视对学生品行、安全、生存、创新、合作、实践等综合能力的培养，难以适应未来社会的发展。

2. 初中学生特点

初中学生处于生理上的"激变期"，主要表现为发育迅速，体型剧变，身体机能迅速增强，进入性成熟的过渡时期，这种生理变化对初中生的心理形成与发展产生了极大的影响。青春期是一个半幼稚、半成熟的时期，是独立性和依赖性、自觉性和幼稚性错综矛盾的时期，而且初中学习科目多、难度大，学生身心处于不断发展中，不断接受新的挑战，情绪波动和情感变化明显，容易出现"叛逆"行为。

3.《国家中长期教育改革和发展规划纲要（2010—2020年）》

《国家中长期教育改革和发展规划纲要（2010—2020年）》（以下简称《纲要》）提出，教育要"全面贯彻党的教育方针，培养德智体美全面发展的社会主义建设者和接班人"。全面实施素质教育，重点是面向全体学生、促进学生全面发展，着力提高学生服务国家服务人民的社会责任感、勇于探索的创新精神和善于解决问题的实践能力。

二、内涵界定

"最好"与"更好"的区别。"最好"代表的是一种"极致"，达到完美的境界，是一时的表现，而"更好"是一种发展趋势，"今天比昨天好""明天比今天好""一天比一天好"，学生在不断进步、不断提高。现实中，初中学生的人生观、价值观尚未形成，学生的发展无法达到"最好"的程度，"更好"则能体现学生的动态发展，更符合教育的规律。

"为了做更好的自己"这一教育追求，内涵如下：

一是唤醒自己。"唤醒"，意为"叫醒""使醒悟"。教育的本质在于激励和唤醒，初中教育重在生命教育、健康教育和养成教育，为培养合格公民奠定基础。

二是发现自己。"发现"一词的基本义是"经过研究、探索等，看到或找到前人没有看到的事物或规律"。发现自己，重在提高学生的能力，培养学生的兴趣，挖掘学生的潜能，帮助学生超越自我，促进其后续发展。

三是成就自己。"成就"指的是成全自己、完善自己、提升自己，重在传统文化、创新精神和合作能力的传承和指导，以培养优秀公民为指向。

三、理论依据

1. 多元智能理论

多元智能理论由美国教育家、心理学家霍华德·加德纳在20世纪80年代提出，指的是每个人都至少具备语言智能、数理逻辑智能、音乐智能、空间智能、身体智能、人际交往智能和自我认知智能等八种智能。多元智能理论的基本性质是多元的——不是一种能力而是一组能力，其基本结构也是多元的——各种能力不是以整合的形式存在而是以相对独立的形式存在。

多元智能理论强调以下两点：一是尊重学生的差异。每个学生都有闪光点和可取之处，教师应该从多方面去了解学生的特长，并相应地采取适合其特点的有效方法，使其特长得到充分的发挥。尤其是对于学习相对困难的学生，教师正视其差异，唤醒学生的自信心，鼓励学生向前迈进，在原有的基础上有所进步。二是挖掘学生的潜能，引导学生发现自我，激发学生的学习兴趣，在学校教育生活中充分发展其潜能，使学生在学习中获得新知，得到更好的发展。

2. 建构主义理论

建构主义理论主要包括"学习的含义"（即关于"什么是学习"）与"学习的方

法"（即关于"如何进行学习"）两个方面。该理论主张知识不是通过教师传授得到，而是学习者在一定的情境即社会文化背景下，借助其他人（包括教师和学习伙伴）的帮助，利用必要的学习资料，通过意义建构的方式而获得，"情境""协作""会话"和"意义建构"是学习环境中的四大要素。

建构主义倡导以学生为中心，学生是知识意义的主动建构者；教师是教学过程的组织者、指导者，意义建构的帮助者、促进者；教材所提供的知识不再是教师传授的内容，而是学生主动建构意义的对象；媒体不再是帮助教师传授知识的手段、方法，而是用来创设情境、进行协作学习和会话交流，即作为学生主动学习、协作式探索的认知工具。

3. 最近发展区理论

最近发展区理论由俄罗斯心理学家列夫·维果茨基提出。他认为，教学时必须考虑儿童现有的发展水平，以及在有指导的情况下借助成人的帮助可以达到的解决问题的水平，或是借助他人的启发帮助可以达到的较高水平。这两者之间的差距，即儿童现有水平与经过他人帮助而达到的较高水平之间的差距，就是"最近发展区"。因此，教师应根据学生的实际情况，指导学生确定发展目标，鼓励学生"跳一跳就摘到桃子"，激发学生的内驱力，并通过与成人或更有经验的同伴的社会交往而获得发展。

四、教育实践

（一）唤醒自己

著名哲学家雅斯贝尔斯在他的《什么是教育》一书中写道："教育的本质意味着：一棵树摇动一棵树，一朵云推动一朵云，一个灵魂唤醒一个灵魂。"

初中阶段是学生的人生观、价值观形成的关键时期，同时也是学生行为习惯养成的重要时段。在教育中，要注重学生的养成教育，即受教育者形成一种不需要任何外界监督就能自然表现出来的健康的心理素质、道德品质、行为习惯和生存能力。

1. 唤醒自己：珍惜宝贵的生命

早在20世纪90年代，联合国教科文组织就提出学生发展的"四学会"，即学会生存、学会学习、学会做人、学会发展。在学校教育中，生命教育应当放在第一位。所谓"生命教育",就是要培养每一个人成为积极、乐观、主动、自信、友善的个体,让人更好地理解生命的意义、生命的质量和生命的尊严,让每个人珍惜生命,拥有美好的人生。生命教育也是一种责任教育。因为一个人的生命不但属于自己,也属于家庭,属于国家,如果不珍惜生命就是对家庭不负责,对国家不负责。通过多种形式的教育活动,让学生懂得敬畏生命、珍惜生命、珍爱生活。

初中阶段开展"生命教育"课,共有四个生命教育目标:一是让学生体会生命的无常,珍惜自己,关怀别人;二是让学生阐扬生命的光辉,乐于助人,形成良好人际关系;三是让学生了解生命的意义,感恩惜福,爱护大自然;四是让学生珍惜生命的价值,乐观进取,树立正确人生观。

在初中的生命教育中,青春期教育是重要的内容之一。性的逐渐发育成熟是孩子进入青春期的一个明显标志。如果事前没有充分的思想准备,孩子对生理上的巨大变化会感到紧张、困惑。在学校教育中,设置青春期教育课程,帮助学生掌握性知识,有助于他们正确面对成长中的变化,顺利度过青春时光。实践证明,青春期教育必不可少,从生命的诞生,到生命的成长;从美好的童年到青涩的少年,从懵懵懂懂逐渐走向成熟,初中阶段教师的引导、家长的帮助和同伴的交流将对学生一生的发展起到无可替代的作用。

生命教育学家林格认为,生命教育作为大教育,应该成为特色课程出现在所有学校,而这是每所学校都能有所为的地方。开展生命教育(包括青春期教育),唤醒学生的自我成长意识,是学生做"更好"的自己的基础。

2. 唤醒自己:锻炼健康的体魄

初中阶段是学生身体发育的重要时期,要努力让学生养成爱好体育运动、坚持体育锻炼的习惯。"加强体育,牢固树立健康第一的思想,确保学生体育课程和课余活动时间,提高体育教学质量。"按规定开设体育与健康课、落实"阳光体育",保证每天锻炼一小时。加强体育锻炼的宣传工作,倡导"每天锻炼一小时,健康工作五十年,幸福生活一辈子"。组织活动包括竞技项目和趣味项目,培养学生的集体主义精神,掌握技能,学会竞争与合作,在体育锻炼中增强体质,磨炼意志,超越自我。在趣味运动中,师生同台,感受乐趣,增进了解。

少年是人一生中身心发育趋向成熟的重要转折时期。体育锻炼还具有调节人体紧张情绪的作用，能改善生理和心理状态，使人精力充沛地投入学习、工作，有助于消除压力。因此，加强体育锻炼，为学生健康助力。

3. 唤醒自己：培育乐观的心态

《世界卫生组织宪章》指出："健康不仅是没有疾病和病态，而且是一种个体在身体上、精神上、社会适应上健全安好的状态。"良好的心理素质是优良的思想品德形成的基础，是有效学习科学文化知识和进行智力开发的前提，是引导学生正确交往、合作成功的重要手段，是增进学生掌握劳动技能的保证，是促进学生身体健康的必备条件。

在信息化时代，社会处于日新月异的变化之中，学生们在体验自身成长变化的同时，心理发展却相对迟缓。学生处于半幼稚半成熟状态，还要感受激烈的竞争、学习的压力及变革带来的不稳定因素的影响，其内心的矛盾和冲突尤其明显，心理问题更多。因而，加强初中学生的心理健康教育尤显重要。

加强学生心理健康教育。开设心理健康教育课程，举办心理健康讲座，开展心理健康宣传，都是提高学生的心理健康水平的有效途径。针对学生身心发展的特点和社会需要，依据一定的心理辅导理论与方法，引导学生自我了解、自我探索、自我体验、自我发展、自我成长。对学生进行考试焦虑心理的调适，增强临考心理素质。根据每个年级的学生心理特征和问题背景，开展主题教育活动，将心理健康教育融合于教育的全过程，帮助学生做"更好"的自己。

诚如美国前总统华盛顿所言："一切的和谐与平衡，健康与健美，成功与幸福，都是由乐观与希望的向上心理产生与造成的。"

4. 唤醒自己：养成良好的习惯

著名心理学家威廉·詹姆士认为，"播种一种行为，收获一种习惯，播种一种习惯，收获一种性格，播种一种性格，收获一种命运"。好习惯让人受益终身，故养成教育是管一辈子的教育。具体做法：一是建立健全规章制度，指导学生言行举止，支持学生健康成长。二是严格管理，注重引领。坚持以正面引导和表扬奖励为主，批评教育为辅的原则，润物无声，以文化人。三是全员参与，形成合力，从小事做起，从细微处抓起。四是开展主题活动，寓教于活动中。借助"国旗下的讲话"，对学生进行主流社会公认的伦理道德和价值观教育；发挥班会课的教育作用，提高班会课的实效性，培养"知行合一"的合格公民；开展"我心中的好学生是怎样的"学校大讨论，唤醒学生的自觉性；组织辩论比赛，围绕学生常见的思想问题进行辩论，使学生在辩论中明辨是非，自我规范……

（二）发现自己

发现，是人类对于自我的内在、具体的自然及其整体的认识或再创造，是创新的前提。生命的意义在于超越，在一次次自我超越中找到生命的价值和意义，让人生更美好。

1. 认识自己——发现自己

在古希腊德尔菲神庙里，在《道德经》里，都写着"认识自己"字样，东西方先哲们把它放在高位，可见其重要。所谓"认识自己"，指的是善于发现自己的优势和不足，发现自己的潜力和弱点，发现自己的兴趣和爱好，发现自己的价值观和人生目标。只有不断地发现自己，不断地完善自己，才能够成为优秀的人，成就更好的自己。在教育教学中，指导学生认识自己，发现自己，了解自己的多元智能，是帮助学生超越自我、实现自我价值的前提。

2. 提高教学有效性——超越自我

1）构建和谐的师生关系

苏联教育家苏霍姆林斯基说："一个好教师意味着什么？首先意味着他热爱孩子，感到跟孩子交往是一种乐趣，相信每一个孩子都能成为一个好人，善于跟他们交朋友，关心孩子的快乐和悲伤，了解孩子的心灵，时刻都不忘记自己也曾是个孩子。"初中学生具有较强的好奇心，也比较情绪化，对学科、对教师的喜好，往往会决定学习的效果。在教学中，教师应关注学生的感受和体验，学会换位思考："假如我是孩子（假如是我的孩子），我会怎么做？"从而主动营造良好的学习氛围，使学生"亲其师，信其道"，增强教学效果。研究表明，师生关系是教育质量的晴雨表，师生关系越融洽，学生学业表现越突出。

2）培养学生的学习兴趣

"兴趣是最好的老师"，学生是学习的主体，教师对知识的传授、引导，只有通过学生吸收才会内化成自己的东西。教师要善于以多种形式，特别要以积极的期望改善学生自身的心理状态，以达到的小目标来培养学生的成功感，以了解学习目的建立兴趣等多种手段调动学生的积极性，激发学生的学习兴趣，增强教学的有效性，提高学生的学习能力，为学生做"更好"的自己提供支持。

3）组织有效的课堂教学

现代教学要提倡在教师指导下的、以学生为中心的学习，既强调学生的认知主体作用，又不忽视教师的指导作用。在教学中，教师要尊重学生的差异，促进学生在差异中成长。具体而言，就是要以"以学定教、先学后教、教学合一"为原则，以"低起点、小坡度、多活动、快反馈"为主张，实施面向全体、针对差异的课堂教学，"变教师的讲堂为学生的学堂"，让学生"在做中学"，开展小组合作学习，提高教学有效性，为学生提供发展的空间，使学生在原有基础上进步，达到"最近发展区"。

3. 课程建设——挖掘学生潜能

现代教育理论认为，对兴趣的激发、志向的唤醒和智能的发展，这些相对于主体之外的一切发展环境，是发展的客体。客体是外因，主体是内因，客体的作用必须通过主体获得情感体验、引发动机、形成需要，促进行为、实现发展。

潜能是潜在的、尚未被开发和挖掘出来的能力。人人都有潜能，因为人人都有发达的大脑，能够去思考、探索、研究；人人都有双手，可以从事各种劳动。研究证实，人的大脑具有巨大的学习潜能，一般人只使用了其中很小的一部分。

挖掘学生的潜能，发展学生的个性特长，有赖于学校提供合适的课程。广义的课程指学生所学的全部学科以及在教师指导下的各种活动的总称；狭义的课程是指一门学科或一类课程。无论哪一种课程，都由一定的育人目标、特定的知识经验和预期的学习活动方式构成。从育人目标看，课程是一种培养人的蓝图；从课程内容看，课程是一种适合学生身心发展规律的、连接学生直接经验和间接经验的、引导学生个性全面发展的知识体系及其获取的途径。通过国家课程、地方课程和校本课程，完善学生的人格，提升学生的智慧，助力学生做"更好"的自己。因此，各中小学校可根据教师特长，开设专题课程，因材施教，使学生的全面发展与个性发展统一起来。

教育部中学校长培训中心主任陈玉琨教授认为"教育的发展是智慧提升和人格完善相统一的过程。人格完善是教育重要目标，是提升学生智慧的重要手段"，而课程正是促进学生成长的重要载体，能够更好地挖掘学生的潜能，为学生全面发展奠定基础。

(三)成就自己

邓小平同志指出:"教育要面向现在,面向未来,面向现代化。"教育,要完善学生人格,提升学生素养,帮助学生成就自己。

1. 提高人文素养,引领学生发展

中国教育的"根"在中国优秀的文化传统中,尊重历史,追忆过往是为了更好地面向未来,因为"未来将面向优秀的传统"。因此,我们要加强民族优秀文化传统教育,根据学生的年龄特点和认知水平,提高学生的人文素养。

一是传统文化解读。主要包括:①民族文化传承,着重引导学生从传统文化中汲取养分,如儒家学重在培养学生的积极进取心态,道家学说重在培养学生正确的得失观。②岭南文化解说。作为生在岭南长在岭南的中学生,有必要了解岭南文化,熟悉广州乡土地理,感受广州风土人情。③黄埔文化介绍,激发学生爱乡情感,从黄埔军校、南海神庙(菠萝诞)、横沙书香街、港口文化等教育资源中,培养学生的本土情怀。

二是开展礼仪教育。中华民族自古为礼仪之邦,中学生要学有所成,立足社会,就要从学礼、明礼开始。大凡一个讲教养、有风度、受尊敬的人,必定是一个彬彬有礼的人。学习学校礼仪(含课堂礼仪、尊师礼仪、同学礼仪、集会礼仪、升国旗礼仪、公共场所礼仪等)、家庭礼仪、社会礼仪等基本的人际交往礼仪,能够更好地帮助学生传承文化,提高文化修养,做"更好"的自己。

三是建设书香校园。在学校开设图书角,让学校图书馆藏书在各班流动借阅;在学科教学中加强学生阅读习惯的养成。每年4月,结合"世界读书日"举办读书节,以"书香致远,明理修身"为主题,征集读书节的标志设计,推荐阅读书目,举办读书讲座,评比读书征文,评选"阅读之星"……通过各种活动建设书香校园,营造阅读氛围,培养阅读兴趣,让学生在阅读中涵养心灵,陶冶性情,传承文化,丰富思想。

2. 培育创新精神,引导学生面向未来

"教育在培养民族创新精神和培养创造性人才方面,肩负着特殊的使命。"创新精神指的是要具有能够综合运用已有的知识、信息、技能和方法,提出新方法、新观点的思维能力和进行发明创造、改革、革新的意志、信心、勇气和智慧。它是一个国家和民族发展的不竭动力,也是每一个现代人应具备的素质之一。遗憾的是,由于评价体系乃至整个社会对人才的评价方式未发生根本改变,以致在一些地区,"创新"只是一种理念。2009年,有教育国际评估组织对全球21个国家进行调查,结果显示中国孩子的计算能力排名世界第一,想象力却排名倒数第一,创造力排名倒数第五。可见,培育学生的创新精神极有必要性。

培养学生的创新精神,需要老师具有创新精神。学生创新能力的培养,主阵地为课堂,涉及课程、教材、评价等各个教学环节,从教学内容到教学方法,各类活动都蕴藏着丰富的创造力,当然创造力不是"教"出来的,而是挖掘出来、激发出来的,相信每一个学生都具有发现、研究、探索、创新的潜能。鼓励学生独立思考,挖掘教材本身的创造思维因素,指导学生创新性学习。此外,组织创新教育活动,设立科技节,开展形式各样的探究性实践活动。举办科普讲座、数学探秘、物理小实验、科幻绘画等活动,营造科技氛围,弘扬科学精神、传播科学思想、普及科学知识,并为学生提供展现自我的舞台,培养学生的创新意识和实践能力,使学生在体验和创造中成长。

3. 培养合作能力,学会适度竞争

目前,大多数孩子都是独生子女,家长对其宠爱有加,有求必应,不少孩子唯我独尊,目中无人,部分学生错误地认为竞争与合作水火不容,忽视了与同伴的合作。

作为学校培养学生合作精神的载体,合作学习被视为"当代最伟大的教育改革之一"。这是因为合作学习能够为学生提供人际交往的过程,有助于激发学生的学习动机,为学生的终身学习和发展提供机会。因而,在教学中,教师要创造小组合作学习的环境,促进学生的合作。

开展社团活动。针对初中生的特点,加强社团的管理,成立由教师和学生代表组成的社团联合会,指导学生开展活动。要求各社团制定章程,明确活动计划和活动内容,定期接受检查,有助于学生培养兴趣发挥特长,提高沟通交流和团队合作能力,促进学生自由而全面地发展。

五、保障体系

民族复兴,重在教育;教育发展,贵在教师,故强教必先强师。只有教师奋发图强,超越自我,方能让学生做"更好"的自己。

（一）重视学校管理，建设高素质队伍

一是制定发展规划，提高办学质量。系统分析学校的办学基础，确定学校的发展方向，发现学校的优先发展项目，促使学校挖掘潜在资源，提高管理效能，提高办学质量。二是完善规章制度，规范办学行为。依法办学，建立健全各项规章制度，提升教育治理水平和能力，优化教育的良好生态。通过实施规范管理和目标管理，使全体教职工有章可循，朝着同一个目标前行。三是实施民主管理，增强管理效能。实行校务公开，保障教职工合法权益，建设民主宽松、和谐进取的学校文化，让教师安心从教、静心从教、舒心从教。

实践表明，干部队伍素质的高低直接关系到学校管理的成败，注重干部队伍建设乃是学校工作之重点。在学校管理中，我们要以建设高素质的干部队伍为目标，健全干部选拔任用制度，加大干部培养力度，完善干部管理考评，努力建设一支具有竞争力的干部队伍——想干事、能干事、干成事的充满活力的队伍，推动学校的可持续发展。

（二）加强教师队伍建设，提高教师整体素质

1. 强师德：注重思想引领，增强职业幸福感

孔子言："其身正，不令而行；其身不正，虽令不从。"加强教师队伍建设，首先应增强教师的责任感。只有认真贯彻国家教育法规，扎实开展师德师风教育，落实教师职业道德规范要求，才能做到有法必依，有章必循。此乃教师职业的底线。

切实加强教职工队伍的价值观培养，引导教职工把育人为本作为教育的根本要求。通过师德报告会、师德座谈会、开设专题讲座、师德专题演讲会、师德辩论赛和撰写师德征文等多种形式，开展一系列教育活动，提高师德修养。

尊重教师，关爱教师身心健康。爱因斯坦说："真正的快乐是对生活的乐观，对工作的愉快，对事业的兴奋。"只有阳光教师，才可能育出阳光学子。如今，教师的职业压力大，精神负担重，面对学生的安全问题、学业质量等，许多教师身心疲惫，不堪重负，而教师做好教育教学工作的前提条件是拥有健康的心态。因此，维护和保障教师合法权益和待遇，营造宽松民主的和谐氛围，使教师有存在感、获得感和幸福感，是教师从事工作的活水源头。

举办多种活动，褒奖教师。例如："教师节赠语"，夸夸我们的教师；评选"十位我最喜爱的教师""最有爱心的老师"等；设立"班主任节"，让班主任感怀教育的美好；成立"教师成长工作坊"，举办沙龙、讲座、拓展活动，丰富教师情感体验，提高教师发展的内在动力；开展教师社团活动，是降低教师职业倦怠感的有效途径。

教师是学校发展最宝贵的人力资源，尊重、信任、团结和赏识每一位教师，正视他们的差异，发挥他们的长处。"教育的使命是使每个个人发展自己的才能和创造潜力"，不仅对学生而言，对教师同样适用。

2. 促师能：提高专业素养，实现个人价值

华东师范大学郑金洲教授认为，素质教育对教师专业发展提出了新的要求，新时期的教师是创意设计者，因为教育是创新的工作；教师是文化相对论者，因为教师具有相对丰富的学识；教师是信息整合者，因为教师要在大量的信息面前精挑细选供学生学习；教师是终身学习者，因为学习是教师的立身所在；教师是反思研究者，教师要在反思中研究教学改进教学。以教师发展促进学生成长，主要有以下做法：

一是加强校本培训，完善培训机制。"推进教师队伍专业化进程，通过系统的教育科学知识学习和应用提高教师的专业素养，引导教师不断超越经验，逐步走向专业化。"校本培训的主要内容：学习教育理论，建立学习型组织，以理论引领教学，借助教育提升教育智慧；学习名家教育经验，提高教师的专业素养，引导教师不断超越经验，逐步走向专业化，为教师提高教育教学质量奠定良好的专业知识和技能基础；"走出教育看教育"，以丰富学识、丰厚学养为目标，学习现代社会各领域的知识，激发教师自我发展的内驱力。

二是关注教师差异，激励教师发展。指导教师根据自身发展特点制定专业发展计划，有针对性地开展研修工作，让教师有方向、有目标、有干劲、有行动、有效果。教师的发展因人而异。新教师，重在教育教学技能，助其迅速适应岗位要求；青年教师，重在激励成长；骨干教师，重在发挥引领辐射作用；名教师，重在教学研究；老教师，重在提升其自身价值。关注不同类型教师的发展需求，建立目标导向正确、指导调控有力、评价激励有效的教师管理机制，营造有利于促进教师成长的良好环境，是建设发展型教师队伍的关键。

三是坚持教研结合，搭建展示平台。"教研结合"既是现代教育对教师专业发展的

要求，也是教师实现专业成长的必由之路。因为研究才能保证教学的学术含量，研究才能保证教师的不断发现，研究才能让教师成为有思想的行动者。组织不同的研修活动，建设以教研组（备课组）的学习型团队，定期开展读书、听课、交流活动。为教师搭建展示的平台，组织面向全校教师的观摩课：青年教师汇报课、骨干教师研讨课、高级教师示范课……通过集体备课—课堂观察—课后研讨等形式，形成浓厚的教研氛围，促进教师的专业发展；组织"教师成果展"，展示教师的研究成果，引领学校发展；举办教师论坛，展示教育思想，让教师在交流中产生思维碰撞，启迪教育智慧。

四是培养创新人才，推进技术运用。《纲要》指出："探索有效运用信息技术提高教育质量。重点是探索运用信息技术改进学校教育，构建与信息化时代相适应的学校教育新模式。"成立学校信息技术团队，吸纳有热情、有能力的教师参与实验，开展教学改革，进一步探索信息技术与学科教学的整合，鼓励教师将"英特尔®未来教育"项目、魔灯、翻转课堂等现代教育技术的理念运用到课堂教学中，提高教育质量，培养学生的创新精神和实践能力，面向未来培养人才。

五是制定评价制度，指导教师改进工作。每学年组织一次评教活动，通过问卷调查和座谈交流等形式对教师的师德表现、敬业精神、教学方法、教学效果等进行多元评价，评价方式为教师本人的自评、同事之间的互评和学生、家长的评价，目的在于改进教学工作，促进教师发展。

教育家蔡元培先生说过："要有良好的社会，必先有良好的个人；要有良好的个人，必先有良好的教育。"良好的教育，就是为了做"更好"的自己。教育重在求真、求实、求善、求美。做"更好"的自己，正是以"唤醒自己"引导学生求真，以"发现自己"引导学生求实，以"成就自己"引导学生求善求美。学校教育，可以使学生在原有的基础上有所进步，挖掘潜能，完善人格，提升能力，促进其自由而全面地发展，从而为其终身发展奠定基础。

2013 年 6 月

刚柔并济　相得益彰
——谈消减教师职业倦怠的对策

【摘要】 面对单调的学校生活、繁琐的教育工作和晋升有限的职业前景，部分教师出现了明显的职业倦怠，影响了自身健康，制约了学校发展，不利于学生成长。消减教师职业倦怠，既要营造氛围，以价值引领学校发展；又要付诸行动，以制度规范教师行为。刚柔并济，相得益彰，才能增添教师的幸福感，激发教师的内驱力，提高教师的生命质量，促进学校的可持续发展。

【关键词】 价值引领；制度规范；刚柔并济

一、关于教师职业倦怠问题

蔡元培先生说："要有良好的社会，必先有良好的个人；要有良好的个人，就要先有良好的教育。"而良好的教育，取决于良好的师资。近年来，国家加大教师培养力度，关注教师教育发展，教师队伍整体水平得到提高。

然而，面对单调的学校生活、繁琐的教育工作和晋升有限的职业前景，部分教师在不同程度上出现职业倦怠，主要表现为工作满意度低、工作热情和兴趣丧失以及情感的疏离与冷漠。东北师范大学教育学部的一项调查表明，中小学教师职业倦怠状况严重，有45.5%的教师已经出现职业倦怠，其中14.6%的教师出现严重的职业倦怠。[1]

故有学者指出，教师职业倦怠已成为我国教育事业中的一个黑洞，像一只蛀虫一样在慢慢地蚕食教师的积极性和主动性，使教师的内在潜能难以充分发挥，导致教育质量下降，因为"教师职业倦怠不解决，损失的不是一群不想工作的庸才，而是学校最优秀、最具实力和潜力的师资力量"[2]。

可见，教师职业倦怠，既影响教师的健康，又制约学校的发展，更不利于学生的成长。因此，消减教师职业倦怠，是学校管理中不可回避的话题。

二、消减教师职业倦怠的对策

（一）营造氛围，以价值引领学校发展

教育家苏霍姆林斯基说："对于学校的领导，首先是教育思想的领导，其次才是行政上的领导。"建设积极的学校文化，形成正确的价值引领，传播正能量，对学校发展至关重要。

1. 树立正确的观念

学校文化是学校全体成员或部分成员习得且共同具有的思想观念和行为方式，其中最具决定作用的是思想观念特别是价值观念。[3]正确的价值观将凝聚共识，形成强大的精神力量，加快学校的发展。

马斯洛理论把人的需求分为五种层次，作为教育人，老师们更重视的是归属和爱、尊重和自我实现需求等精神层面上的追求。所以，预防教师职业倦怠，学校首先要营造一种适合教师工作和生活的氛围，倡导"少一点强制，多一点尊重；少一点疑虑，多一点信任；少一点不准，多一点自由"的理念，关注、尊重、理解、欣赏每一位教师，以民主宽松的管理为教师解压。美国管理学家埃德加·施恩指出："领导者，所要做的唯一重要的事情是创造和管理，领导者最重要的才能就是影响文化的能力。"校长不可替代的神圣使命就是学校价值思想观的建构，特别是学校的价值领导[4]。

的确，教育是一个塑造人、培养人的过程，学校的发展，扎根于历史，立足于现实，着眼于未来，离不开价值观的引领。实践表明，一所学校的发展，需要让大多数人看到希望，校长给老师们以希望，老师们才会带着希望追随校长前行。克服教师的职业倦怠，就要创造积极健康的文化，使之成为传播正能量的生命场，让老师们获得尊重、感受关爱、得到发展。

2. 建设温馨的环境

环境建设是学校文化建设的重要组成部分，一草一木、一桌一椅，都能起到文化引领、润物无声的作用。整洁、高雅、精致的校园，能够给全体师生以安全感和归属感，是学校价值引领的物化，有助于降低教师的职业倦怠感。

高尔基说："当工作是一种乐趣时，生活是一种享受；当工作只是一种义务时，生

活则是一种苦役。"身处环境优美的校园中，教师生活就是一种享受，所以国内先进地区的名校无不重视教师活动室的建设，优雅的环境、温馨的布置、舒适的沙发、贴心的茶点饮料，还有悦耳的音乐、精美的杂志，都在建设一种宜人的校园环境，使老师们在潜移默化中得到熏陶、濡染和浸润，增加职业幸福感。环境育人，于师生而言，同样重要。

3. 开展激励性的活动

仪式和典礼是学校文化的载体，文化是无形的，但是在学校里却要通过有形的仪式和典礼把它体现出来。[5]

开学，让全体师生走红地毯，迎接新学期的到来；校运会，学生们盛装出场，穿着各国服饰，尽情释放青春活力，邀请老师入场，赢得一片欢呼；校园狂欢节上，校长身披战袍闪亮登场，让人过目不忘……学校举办班主任节，使班主任成为主角，让他们感受学生的爱戴、体验教育的快乐、享受幸福的到来……给节日赋予深刻的内涵，用活动增添教师的快乐，在充满温情的校园里，教师岂有职业倦怠呢？关爱教师身心健康，有学校通过组织教师文化沙龙、教师阳光体育活动、"教师心理成长工作坊"、教师心理讲座等多种方式，积极开展教师心理健康教育活动，丰富教师业余生活，引导教师发现职业之美，从而提升教师的职业幸福感，减少教师的职业倦怠。

华东师范大学终身教授陈玉琨认为："改变一个学生首先要改变他的人生目标，改变一个教师首先要改变他的价值追求，改变一个学校首先要改变他的校园精神。"通过价值的引领、环境的建设以及活动的激励，营造适合教师工作的氛围，鼓励教师在工作中寻找成功的体验，实现自我的价值。如此，教师的职业倦怠也就无从谈起了。

（二）付诸行动，以制度规范教师行为

全球管理咨询公司麦肯锡公司曾做过一项调查，学校获得成功的因素是让合适的人成为老师，并将这些老师培养成为最有效的指导者，从而确保为每一个孩子提供最好的教学。这当中，制度建设无疑能够为学校发展保驾护航。在强调依法治国、依法治教的今天，制度建设尤显重要。

1. 建立教师专业发展制度

引领教师专业发展的渠道很多，学校制度的引导作用最为明显。建立教师发展的规章制度，能够较好地规范教师行为，提高教师水平。在新课改中，不少学校重视校

本培训，形成制度，指导教师开发课程，从"课堂"迈向"课程"。凡此种种，均以制度形成共同的行为规范，提高学校管理效能。

教师的职业幸福，起点在课堂，源泉也在课堂。进入新课改以来，教育部出台相关规定，要求"建立健全教师专业发展的制度，推行校本教研，完善教研训一体的机制，落实每位教师五年一周期不少于 360 学时的培训要求"。2012 年，教育部颁布《教师专业标准》，强调教师需要经过严格的培养与培训，掌握系统的专业知识和专业技能。培训是教师的权利和义务，学校有责任通过各种形式的培训，建立教师自我培养、自我提高的体系，优化教师的知识结构，提高教师的专业地位，消弭教师职业发展和生命幸福的疏离，使教师体验职业的尊严和持续发展的动力，从而减轻教师的职业倦怠感。

教育专家叶澜教授说过："我们强调提升教师发展的自觉，其目的不只是停留在造就一批优秀的教师，而是为了使每个教师意识到，自己能成为自身职业生涯的主人，只有努力实现自我，才能胜任当代教师的职责，并在成就学生的同时，提升自己的生命质量，活出特有的职业尊严和欢乐。"

2. 完善教师评价制度

现实中，教师评价体系尚未完善，评价指标比较单一，评价方法过于量化，依赖他人评价而忽视自我评价，未考虑教师评价的发展性作用等因素，给教师发展带来了负面影响。发挥教师评价的导向作用，以约束性、规范性和激励性相结合的原则，支持教师专业发展，让教师在工作中体现个人价值，增添幸福感和成就感，可以有效消减教师的职业倦怠。

改革教职工发展性评价制度，打破单纯以考试分数衡量教师工作的单一评价，把学生评价、教师互评、领导评价纳入其中，评价内容具体化，可操作性，并以专业发展建议为教师发展提供指引。在评价中，注重团队合作，主张合作胜于竞争，评价教师，主要看态度而非能力，强调"个体付出、团队成果"，建设师生成长的共同体。学校管理的标准可适当降低："能够完成工作的是好老师；超额完成的，是更好的老师；专业发展的，是优秀的老师"。教师评价标准还可多样化，除"优秀教师"外，还有"快乐教师""感人教师"等。

在学校教育中，我们主张多用一把尺子衡量学生，其实，老师评价亦是如此。发现教师的"最近发展区"，帮助教师发挥潜能，在工作中找到归属感、满足感和幸福感，是学校义不容辞的责任。教师同样需要激励，多为老师们竖起大拇指，多为老师们展露笑脸，让老师们工作更有热情。当然，一味地表扬也不利于学校的发展，该批评时也当批评，只是讲究方式方法而已。

德国教育家第斯多惠在《德国教师教育指南》中说："教学的艺术不在于传授的本领，而在于激励、唤醒、鼓舞。"这在教师教育中同样适用。激励，意味着肯定，倦怠，自然就避而远之了。

3. 健全教师交流轮岗制度

在诸多职业中，教师是最稳定的职业之一，很多老师自毕业起就在同一所学校任教，直至退休。社会发展日新月异，成长中的学生不断变化，而部分老师却抱着"以静制动""多一事不如少一事""以不变应万变"的想法，不愿改变，不敢创新，试图以不变的课程、不变的教法应对快速变化中的学生，不断"重复着昨天的故事"。长期从事教育工作，缺少与外界的交流，教师的人际关系相对简单，生活相对封闭，以致在日复一日的工作中，一些老师墨守成规，职业倦怠随之而来。试问，缺少创新精神、缺乏工作热情的老师如何培养出积极心态、勇于创新的学生呢？

在2011年12月举办的广东省中小学教师队伍建设论坛上，时任省教育厅厅长罗伟其指出，当前我省中小学教师队伍建设中存在"二不、三缺少"问题，即中小学教师队伍建设与教育改革发展的新需要不相适应，教师队伍建设资源配置不均衡，地方各级教育行政部门缺少持续的教师队伍建设规划、缺少教师队伍建设的资金投入、对教师缺少科学合理的激励机制。[6]

针对教师资源配置不均衡的状况，2014年9月，教育部《关于推进县（区）域内义务教育学校校长教师交流轮岗的意见》提出，国家力争用3至5年时间实现县域内校长教师交流轮岗的制度化、常态化，率先实现县域内校长教师资源均衡配置，支持鼓励有条件的地区在更大范围内推进。[7]

古语云："树挪死，人挪活。"适当的变化，是消减老师职业倦怠的一种有效方法，能够有效地避免教师晋级后没有积极性、年龄到后等退休的现象。通过适当的交流轮岗，改变教师的工作环境，转变教师的思维方式，能够为教育工作注入活力，提高教师专业素养，利于学生的整体发展。未来，教师交流将成为教师发展的新常态，科学合理的教师交流必将为学校发展带来生机和活力。

实践是检验真理的唯一标准。现实中，很多学校不是缺少制度，而是缺少与时俱进、落到实处的规章制度。方向很重要，当规章制度不合时宜的时候，是否需要修正？落实更重要，当学校的规章制度被束之高阁时，是否加大执行力度？当学校态度鲜明、规范管理、坚持执行时，良好的校风也就自然形成了。

制度不是写在文字上、挂在墙壁上、藏在档案室里，制度，应该是融入学校生活的方方面面。制度，只有执行，才有生命力。倘若能够建立健全制度，规范学校管理，促进教育公平，那么，教师的职业倦怠感也会随之降低。

三、结语

唯有改革，才有变化；唯有变化，才有创新；唯有创新，才有生命；唯有生命，才有活力。教师这一职业亦不例外。

氛围的营造，在柔；制度的执行，在刚。在学校管理中，刚柔并济，方能相得益彰。价值引领和制度规范的结合，既"有情"又"有理"，双管齐下，方能消减教师的职业倦怠，激发教师的内驱力，给教师以发展的希望，给教师以发展的支持，给教师以发展的快乐，从而提升教师的生命质量，最终成就教师、成就学生、成就学校、成就未来。

参考文献：

[1] 胡洪强，刘丽书，陈旭远. 中小学教师职业倦怠现状及影响因素的研究［J］. 东北师大学报（哲学社会科学版），2015（3）：233-237.

[2] 金忠明，林炊利. 教师，走出职业倦怠的误区［M］. 上海：华东师范大学出版社，2011.

[3][4] 郑金洲. 教育文化学［M］. 北京：人民教育出版社，2000.

[5] 项红专. 学校文化建设的理论与实践［M］. 杭州：浙江大学出版社，2010.

[6] 魏文琦，龙建. 5年投入25亿元，为"创强争先建高地"提供人才保障［J］. 广东教育，2014（1）：18.

[7] 中华人民共和国教育部. 三至五年我国县域校长教师交流成常态［N］. 中国教育报，2014-09-03.

（本文2015年发表于《华南师范大学学报（社会科学版）》）

加强校本培训　促进教师专业发展

【摘要】校本培训是教师继续教育活动中的一种重要的培训形式。本文针对目前校本培训中出现的一些问题，结合中小学实际，就校本培训的重要性、如何开展校本培训、巧用培训资源等方面提出了看法。

【关键词】校本培训；教师发展

校本培训是指在教育行政部门和有关业务部门的规划与指导下，以教师任职学校为基本培训单位，以提高教师教育教学能力为主要目标，把培训与教育教学、科研活动紧密结合起来的一种继续教育形式，是一种为了学校、在学校中进行的、基于学校发展需要的培训形式。相比其他形式，校本培训更具针对性、自主性和灵活性。

早在1999年，教育部就在《关于实施中小学教师继续教育工程的意见》中提出了"校本培训"的要求："各中小学都要制定本校教师培训计划，建立教师培训档案，组织多种形式的校本培训。"目前，校本培训已成为我国教师继续教育的一种重要形式，发挥着越来越大的作用。但是，校本培训仍面临着一些问题，如校本培训工作没有得到足够的重视，学校自主组织培训的能力不强，培训资源比较缺乏，培训管理跟不上，校本培训的功能未能完全发挥出来等。结合当前中小学的实际情况，笔者谈谈浅见。

一、重视校本培训，发挥培训功能

作为学校教师继续教育的第一责任人，校长应重视校本培训，增强校本培训的责任意识。确定培训计划，兼顾教师的整体培训和个别培训，考虑不同教师类型、成长方向，提高培训的有效性。学校领导以身作则，带头参加校本培训，通过校本培训将自己的办学理念转变成教师的思想，通过提高教师素质增强办学实力。

实践证明，只要校长有想法，并将想法落实到培训中，不断努力，终有成效。区内某小学校长为广东省名教师工作室主持人，工作有热情。两年前，其所在学校成为某教育技术应用的示范学校。此后，该校长创新办学思路，加强教师培训，支持教师参加省内举办的专题培训。同时，积极探索校本培训的模式，结合学校发展，多次邀请香港的专家到校培训教师。经过一个学期的校本培训，教师的教学观念和教学行为有了明显的改观，获得多个省内外奖项，学校成为全国创新应用示范学校。

校长为一校之长，犹如航船之舵手，指引着学校前进的方向。校长关注什么，主张什么，必将会对教师产生影响。而教师的关注点，也会在无形中影响学生的成长。重视校本培训并付诸实践，促进教师专业成长和自主发展，必将促进学校的发展。

二、加强培训管理，自主组织培训

学校工作千头万绪，任务繁杂。加强校本培训的管理，建立在校长领导下的培训团队，充分发挥培训骨干的作用，有利于将培训落到实处。

学期初，围绕如何让教师全面发展这个中心，学校进行深入调研，与相关部门沟通，以教师座谈或问卷等形式，了解教师最想学、最需要学的、学校发展中最需要掌握的情况，调整培训内容和方式，确保培训的有效性。

了解校本培训的需求后，学校应制定相应的培训计划，如明确培训的主讲者——或外请专家，或本校骨干；明确培训的主要内容——或教育理论，或师德修养，或专业技能，或教育技术；明确培训的时间——或全校大会，或科组活动，或级组活动；明确培训的要求——或全员参加，或部分参与……培训计划明确后，相关部门、团队、个人各尽其责，积极做好各项培训工作。培训后及时做好总结，积累培训经验，增强培训效果。甚至还可推出校本培训的精品课程，为今后高效培训、为其他学校校本培训提供指引和借鉴。

（一）全员培训

提高教师的整体素质，需要科学的校本培训。在校本培训中，以下三项内容为全员培训的必修课程。

现代教育理论：教育理论是人们对教育实践活动的高度理性认识和系统分析概括。在教学中，教师通过理论引领实践，通过实践运用理论，将理论和实践结合起来，更能够促进教师的专业发展。

师德修养：培养德才兼备的教师，是学校持续发展的重点。在校本培训中，应着重加强师德教育，以案例为载体，在集体研讨、案例分享、团队活动中，潜移默化地增强师德意识，使教师自觉遵守职业道德，爱岗敬业，投身教育。

现代教育技术：现代教育技术的广泛应用，对传统教学形式产生了冲击。为更好地激发学生的学习兴趣，拓展学生的视野，提高教学的有效性，必须提高教师运用教育技术的能力。加强这一方面的培训势在必行。

（二）分类培训

1. 针对不同群体的校本培训

根据教师成长的一般规律，对于新教师、一般教师、骨干教师、名教师等不同层次不同类型的教师开展不同的培训，校本培训兼顾差别性，制定符合教师发展的目标要求和培养培训方案，分类实施。

对于新进校的青年教师，注重开展教学基本功的培训，使新任教师尽快适应教育教学的需要，适应素质教育的需要。校本培训中可从如何上好课、如何做好班主任工作等方面入手，首先指导青年教师顺利进行课堂教学，学会基本的班级管理方法。其后，通过科组、备课组活动，研讨教学之法；通过班主任会议、级组活动、个案分析等，探索德育之路。例如，广州市内某重点中学，凡是新教师入校，暑假时除了参加教学基本的培训外，还要到高三年级听课学习；入校若干年的新教师每年都与高三学生一起参加高考模拟考，统一改卷后公布成绩。压力不小，但通过这种校本培训，提高了青年教师的学习意识，对其教学水平的提高大有裨益。

对于工作多年的骨干教师，主要通过研讨课及其课后反思、教学点评等，促教学水平提高。学校通过举办研讨课、观摩课、优质课、示范课等，实现教师交流思想、切磋经验、共同研讨，以课促培，以课促教，促其专心教学、专注研讨，加快骨干教师的发展，继而达到共同提高、共同进步的目的。鼓励、支持骨干教师参加申报课题或参与课题研究，根据课题级别帮助其解决一些实际的困难，如经费、研究时间等，使骨干教师在实践的基础上进一步提升理论水平，迈向更高层次。"通过培训，逐步造就一支符合时代要求、能发挥示范和辐射作用的骨干教师队伍，形成国家、省和市（地）骨干教师梯队，带动整个中小学教师队伍建设。"

对于经验丰富的"老"教师，则重视发挥其"传帮带"的作用。挑选师德好、教育教学水平高且乐于助人的"老"教师担任新进教师的导师，通过教案设计、课堂教学指导、课后交流等形式，扶助新进教师成长。对于具有一技之长的老教师，可由其担任主讲教师，开设面向教师或者学生的专题讲座，发挥其特长。同时，对于老教师，学校可着重做好其健康方面的培训，让老教师保持身心健康，为学校发展继续做出更大的贡献。

2. 形式多样的校本培训

专题讲座、学术报告、学习心得体会汇报会等。这些培训形式知用合一，耗时不多，信息量大，培训效果明显。师德培养、教师礼仪、课堂教学语言、信息技术应用、心理辅导、保健常识等培训，凡教师感兴趣的、对教师发展有利的内容，都可纳入校本培训范畴。在培训中，可以由专家引领，高屋建瓴，提高理论水平；可以请本校有经验的教师传授，亲切自然，体会尤深。提高教师的思想素养，拓展教师的知识面，丰富教师的校园生活，是开展校本培训的意义所在。

基于课例的研讨是校本培训的有效方式。教师的阵地在课堂，课堂教学是教师风采和学校内涵发展的重要体现。因此，作为校本培训的重要内容，广泛开展各类公开课及其研讨活动，理应被提上学校的议事日程。推进素质教育研讨课、青年教师基本功大赛、骨干教师优质课大赛、高级教师示范课等，都是学校常见的培训，对教师发展起到立竿见影的作用。

课外活动是课堂教学的延伸。把课外活动组织管理纳入校本培训的范畴，同样能够起到良好的效果。区内有一所中学多年来坚持开展"学科活动月"，每个月安排一个学科的课外活动供学生参加，如书画展示、电影视听、实验演示、模具制作、英语演讲、历史漫画、心理讲座、歌唱比赛、课本剧表演等，形式多样，内容多彩。而各学科教师在活动中的策划与组织、合作与交流等，其实也是一种校本培训。可以说，学科活动月教师的组织水平、合作能力，就在这些面向全校的活动中得到提高。

教师网络研讨是方便快捷的培训形式。由主持人确定主题，教师参与网络研讨，免除了调课集中培训的不便，培训面较广，通过校园网、论坛、QQ群、博客、微博等广泛听取教师看法，再由主持人进行小结，推动校本培训的深入开展。

其他常见的校本培训方式还有：课题研究活动，组织校内教师开展立项课题研究，在课题研究中对某一特定的领域系统学习，扩充专业知识，训练专业技能，提炼研究成果，促进教师专业发展；建设书香校园，开展读书活动，指定书目，集中一段时间研读，交流读书体会，提高教师人文素养；做好教学反思，写好教学随笔，讲述教育故事，进行案例分析。诸如此类，校本培训形式丰富多样，"做中学、学中做"就是校本培训实践性的最好体现。

三、巧用培训资源，增强培训效果

作为一种无形的培训资源，校园文化对师生的影响潜移默化。百年老校有其悠久的历史，发展中的学校有其进取的特性，新建学校有其蓬勃的朝气。简言之，历史积淀、文化熏陶、制度建设、人文关怀等无不给其师生以深深的烙印。让学校的每一面墙都会说话，在校本培训中，应注重发挥校园文化的重要作用。

广雅中学，百年名校，前身为清代两广总督张之洞于1888年创建的广雅书院，是清末首屈一指的大书院。取义"广者大也，雅者正也"，旨在培养"知识广博""品行雅正"之人才。1928年，教育家梁漱溟出任校长后，将广雅精神提炼为"务本求实"四个字，并成为延续至今的校训。现在，在南粤众多名校中，在传承传统文化方面，广雅中学独树一帜。走进校园，具有民族特色的建筑随处可见，古朴的冠冕楼，幽雅的亭园，弯弯的小桥，曲折的小径，翠绿的竹林，香溢的荷花……深厚的文化底蕴，鲜明的校园文化就是校本培训最佳的教材，用好这里的一景一物，一人一事，校本课程（培训）自然生成，无论对学生还是对老师而言意义深远。

青岛一中，始建于1924年，是山东省重点示范高中，办学成绩斐然。参观校园，印象最深的是其校史室。校史室陈列，展现着学校发展的足迹，一座座奖杯，一面面锦旗，一张张毕业照，让人记忆尤深。腹有诗书气自华，学校的底气十足，驻足其间，教师满怀自豪的同时，自然也平添了几分压力。巧用培训资源，校史室就是其中之一。

大连市开发区七中，创建于2000年，办学特色鲜明。步入校园，随处可见学生的笑脸；踏入走廊，呈现面前的是班级文化的宣传海报，个个班徽、句句班言，张张笑脸相迎；走进课室，触目的是孩子们阳光般的自信的笑容。课堂放歌也好、给外国电影配音也罢，通过学生的表现，我们不难发现，这里的教师以阳光的心态，伴随着学生成长，让孩子在全面发展中张扬个性，提高综合素质。教学相长，教师也在和学生的相处中感受阳光。这样的校园生活，难道不是极佳的校本培训吗？

做生活的有心人，做培训的有心人。只要善于抓住有利资源，校本培训就无处不在。发挥校园文化和校园环境的力量,通过文化育人,通过环境育人,通过校园群体的互助,促进整体提升,有益于教师的专业发展。

教师是学校发展的生命线,促进教师专业化成长是一个循序渐进的过程。凡是重视校本培训的学校,必然是学习型的学校。只有加强管理,认真做好校本培训工作,积极发挥校本培训的功能,才能丰富教师的视野,拓宽教育的广度,加深教学的深度,促进学校的可持续发展。

参考文献:

[1] 中华人民共和国教育部师范司. 教师专业化的理论与实践[M]. 北京:人民教育出版社,2001.

[2] 中华人民共和国教育部. 关于实施中小学教师继续教育工程的意见[Z]. 1999.

(本文于2018年收入由北京师范大学出版社出版的《教师教育发展的趋势与对策》一书)

谈谈教师培训课程的设置多元性

【摘要】 质量是教育的生命线。提高质量，教师是关键。在教师培训工作中，培训课程是核心要素，决定培训的质量。在课程设置中，按需施训是前提，多元设置是核心，创新开放是根本。唯有如此，才能支持教师发展、促进学生成长。

【关键词】 教师培训；课程；质量

"十二五"以来，我国中小学教师培训事业蓬勃发展，教师培训市场整体渐趋成熟，培训体系逐渐完善，不过，"大市场小作坊"式的培训依然存在，个别培训项目比较功利，理论不落地、实操不管用的现象时有发生，未能完全满足不同教师发展的需要，培训的实效性有待提高。

综观教师培训工作，培训课程是核心要素。目前，教师培训课程中主要有以下不足：一是课程设置随意性大，针对性不强，缺乏个性化设计；二是理论脱离实践，"说一套做一套"；三是部分培训内容陈旧，缺乏创新性。2014年，广东省顺德区曾对1754名中小学教师进行问卷调查，71%的教师认为"课程设置针对性不强"是目前教师培训中存在的一个主要问题。

提高教育质量是当前和今后一个时期教育改革发展的统领，而提高质量的前提是提升教师专业化水平。教师是学校发展的宝贵资源，"十三五"期间，如何优化教师培训课程，进一步提高培训质量，是摆在每一个教师培训者面前的重要课题。作为基层进修学校的教师培训工作者，笔者对此深有感触，特从教师培训的课程设置方面提出自己的一孔之见。

一、按需培训是提高培训课程质量的前提

众所周知，教师在职培训是为了适应社会发展和知识技能更新的再学习、再变化、再发展，贯穿于教师职业生涯的全过程。在教师发展的过程中，不同学科、教龄、职

称的老师呈现不同的特点和需求，即使是同一教师，不同阶段也有不同的发展要求，初任教师、成熟教师、骨干教师、学科带头人、名教师的发展路径不一，教师培训的课程应有所差异。现在的教师培训课程多由培训机构和培训专家根据自身实际开设，缺少差异性，同质化的课程无法满足不同教师的多层次需求。

教师培训具有成人教育的特点，注重短期效果，实践取向强。调查显示，中小学教师普遍喜欢如下课程：与教学实践紧密结合的课程，如教学技能提高等；工作中遇到困惑亟需解决的课程，如学校应急管理等；专业发展的"瓶颈"问题，如课题研究等。这一结果说明，教师参加培训目标明确，希望以解决问题为导向，能够在工作中应用，促进自我的成长。因此，教师培训课程应充分考虑教师发展的需求，增强教师的学习动机与教师学习的内驱力，这是提高培训质量的前提。理想的教师培训课程，是能够发现教育教学工作需求与教师个人实际能力之间的差距并加以改进的课程。"多样化、选择性、便捷性、针对性、实用性的课程最容易满足成人差异性的学习需要"[1]。

如今，教育改革进入"深水区"，从"以学科知识结构为核心的传统课程标准体系"转向"以个人发展和终身学习为主体的核心素养模型"，教师观念也应从"学科教学"转向"学科教育"。由此，教师培训要应对教改带来的理念、知识和技能的转变，培训课程的设置就要因时而设、因势而变、因能而行，努力满足教师发展的个性化需求，既给教师想要的培训，更给教师需要的培训，从而为学校教育教学带来变革元素和发展活力。那种"理论不落地，落地不生根"的"天马行空"式的课程是无法受到教师欢迎的，因为"一套完善的教师在职培训课程，需要兼顾学校组织、教学工作和教师个人生涯发展的需求，才能有效提升进修品质与发挥应有功能"[2]。

二、多元设置是提高培训课程质量的关键

当今的社会是多元化的社会，社会中的人有多种选择、有多种机会，教师培训亦不例外。在教师培训中，更新培训理念，创新培训思路，设置多元课程尤显重要。

1. 通识课程与专业课程

通识课程指向教师主体发展，关注教师专业属性之外的生命价值。教师首先是人，教师发展首先关注的是"人"的发展。在教师培训中开设教师素养课程，如中西文化、

艺术欣赏、科技发展、创新思维、情绪管理、教师礼仪修养等人文和科学素养课程，完善教师知识结构，增强教师综合素质，引导教师通过生命自觉、道德自觉和专业自觉，提升职业幸福感，使之具备较高的综合素养，继而影响学生，成就学生的全面发展。

专业课程指向教师专业发展，关注教师在校内、在课堂的表现。作为专业技术人员，教师发展必须具有良好的教育教学能力。教育理论、专业标准、学科教学、班级管理等专业课程的开设，旨在提高教师的专业水平，促进教师的专业发展，使之更好地胜任教育教学工作。当前，教师培训中的课程多为"短平快"的课程，如学科教学技巧、班级管理技能等，以期在较短时间内帮助老师们解决工作中存在的问题，特别受一线教师的青睐。但是，这也容易造成课程碎片化、经验化、技巧化的不足，我们很有必要将它分门别类地整理为有教师年龄特征的系统性、实操性的课程，培训的针对性更强。

教师发展先是"人"的发展，后是"师"的发展。通识课程有助于调动教师自我发展的主体意识，弥补教师发展生命意识的缺失，引导师生生命的和谐发展。专业课程则有利于教师专业能力的提升，促进教师科学指导、有效教学，为学生的可持续发展奠定基础。"为人"和"为师"是教师职业不可分割的整体，通识课程与专业课程缺一不可。关键是如何将课程根据教师需求科学地细化对应，找出课程设置与教师专业提升的对应点。

2. 超市课程与精品课程

超市课程指培训机构为教师提供的种类齐全、形式多样的培训课程，其中包括通过共享整合、合作引进、自主研发、定制开发等多种渠道引入的国家级培训、省级培训项目，与全国高等院校和培训机构合作的课程等。这些课程以"菜单"的方式呈现，放在网上超市中，教师可根据个人习惯、兴趣和职业生涯规划，自行选择适合自己发展的课程。近年来，广州市大力开展教师远程培训，仅2015年下半年市级常规远程培训就开设了1238门课程，供全市中小学教师选择。实践表明，可供选择的课程越多，教师自我发展的目标性越强，参加培训的积极性越高。

精品课程指具有较高的教育教学理论价值和较强的教育教学实践指导意义的课程，这些课程具有一定的影响力和较强的示范性，能够体现教师培训的先进性、实践性、创新性和发展性。以广州市为例，自 2013 年起，广州市教育局定期邀请国内一流大学的知名学者为一线中小学教师开设专题讲座，其中不乏精品课程；来自全国各地优秀的中小学教师的课堂教学实况，则为参训教师提供了学习借鉴的机会，具有较强的示范意义。所以，加快教师培训课程建设，统筹、整合和优化课程资源时，各级培训机构应有所侧重，着力培育拳头项目，大力开发特色课程，充分发挥高校学者、优秀中小学教师的作用，以提高教师培训的质量和效益。

超市课程为广大教师提供必需品，重在选择的多样性，而精品课程则为部分教师提供质优品，重在提升培训的课程质量。两种课程的设置点面结合，广泛性和先进性兼备，更能体现教师学习的主体性，促进教师的发展。

3. 指令性课程与生成性课程

指令性课程是上级部门根据教育发展的需要安排的课程，属"规定性"课程，教师按要求参加培训。例如，教育部门举办师德培训，"通过一个文件，招来一批学员、请来一个教师、举行一个讲座"，要求教师全员参与；人力资源和社会保障部门把"专业技术人员权益保护"视为公需课，要求教师报读，以获得相应学分通过年度验证；等等。教师培训需求分应然需求和实然需求，指令性课程为应然需求，有其存在的必要性，优质的指令性课程同样受到老师们的欢迎。

生成性课程是指培训中教师主动构建的课程，属特定的课程。"它是培训者所组织、学员所体验的经验总和。它既来源于教师在培训活动中提供的各种资料、传授的言语信息、呈现的观摩现场、营造的学习气场，也来源于学员在学习过程中的聆听、发问、交流、反思、行动等积极状态，以及师生在互动过程中所生成的体验情境、正式和非正式的交往环境"[3]。因此，生成性课程重视教师在培训中的价值，"通过加强学员的参与意识，使参加培训的学员成为主动平等的交流者、积极的参与者和问题解决策略的贡献者，使其将培训中学到的知识与技能运用到日常的教育教学实践中"[4]。近几年，各地以名师工作室（坊）等形式开展的教师培训，较好地体现了生成性课程的特点，增强了培训的实效性。

美国学者·R. 博亚特兹曾提出"素质洋葱模型"：处于核心层的是动机和个性，是个体的内在特征和主观愿望；处于中间层的是自我形象、价值观、态度和社会角色，是个体对自己和外部世界的主观认识；处于外围层的是知识和技能。当下的中小学教师培训课程,大多还处于外围层。无论是指令性课程还是生成性课程,都应重视教师的参与体验和互动交流,增强教师发展的内驱力,提高培训的质量。

三、创新开放是提高教师培训课程质量的根本

创新、协调、绿色、开放、共享是我国的新发展理念。要提高教师培训质量,就要打破常规、突破现状、敢为人先、敢于挑战未来,谋求新的发展。

传统的培训"以教师为中心",容易出现脱离实践的知识灌输,无视学习者需要的独白式讲座等现象,"培训时激动、培训中触动、培训后不动"的情况屡见不鲜。要改变这一状况,教师培训者应转变观念,创新思路,做到"以学员为中心",引导老师们"在做中学,在学中做",建设一种基于教师实践的"学习共同体",通过专题讲座、现场教学、同伴研修、经验反思等形式的培训课程,以问题为中心,以实践为导向,以合作促发展,增强参训教师的主体意识,使之成为培训中的参与者、合作者、学习者,实现培训效果的最大化。

当前我国基础教育改革的重点在于培养发展学生的核心素养,学生的核心素养即指学生应具备的、能够适应终身发展和社会发展的必备品格和关键能力,突出强调个人修养、社会关爱、家国情怀,更注重自主发展、合作参与、创新实践。这对教师的知识结构和素质能力提出了更高的要求。现实中,很多老师从大学"校门"到中(小)学"校门",生活相对单一,视野相对狭窄。由于学校环境相对独立于社会环境,教师培训通常被置于与社会环境隔离的环境中进行,培训课堂疏远于真实的世界,教师无法从培训中感知外面世界的精彩与无奈,从书本到书本的培训,不能不说是一种缺憾。"当下的教师社会性不足,教师的公民生活的意识不够强,体验欠丰富,成功扮演社会生活角色的能力须提高。"[5] 眼界决定境界,当教师的"视界"只停留在学校、课堂、书本时,怎能指望其培育出具有 21 世纪核心素养的学生呢?

因此,教师培训课程应从封闭走向开放,把教师培训课程置于整个社会发展的文化环境中,加强教育尤其是教师与社会联系尤为重要。通过社会实践,增加一些必要的校外培训场所,如企业、社区、社会机构等,使教师发展与现实生活相连接,不断扩大教师视野,加深教师对社会的了解,弥补教师的社会性不足,丰富教师的生命体验,引导他们"跳出教育看教育",使之成为"社会中的教师",更好地服务于学生的

成长。[6]

质量是教育的生命线。在中小学教师培训工作中，我们只有遵循规律，按需培训，重视课程的针对性、多样性、开放性，才能为教师提供有用、可用、好用的课程，从而提高教师培训的质量，支持教师的发展、改进学校的工作、推动教育教学的改革，最终促进学生的全面发展。

参考文献：

［1］［3］余新. 教师培训师专业修炼［M］. 北京：教育科学出版社，2012.

［2］刘径言. 对教师培训课程设计的思考［J］. 东北师范大学学报（哲学社会科学版），2013（6）：210－213.

［4］吴春. 重视教师培训中的"隐性课程"［J］. 教学月刊·中学版（教学管理），2014（10）：39－40.

［5］刘淑兰. 论教师的社会性不足及其补救［J］. 教师教育研究，2007（6）：19－23.

［6］朱广清. 教师培训：向上提升还是向下沉沦——对当下教师培训的省思［J］. 教育科学研究，2015（4）：64－68.

（本文发表于2016年第3期《广州师训》）

浅谈教师培训方式的有效、高效与优效

【摘要】 教育改革发展进入新时代,发展学生的核心素养,离不开高素质的教师队伍。面对新的形势,我们可结合"学习金字塔理论",改进中小学教师培训方式:一是有效的教师培训要有针对性;二是高效的教师培训要依技术性;三是优效的教师培训要重实践性,从而使培训更加符合教师专业发展需要,更能够提高教师培训的质量,最终促进学校和学生的全面发展。

【关键词】 培训方式;有效;高效;优效

当前,我国教育改革发展已进入一个新的阶段。发展学生的核心素养,对教师的知识结构和专业素质提出了更高的要求。2018年初,中共中央、国务院颁布《关于全面深化新时代教师队伍建设改革的意见》,为新时代教师队伍建设做出顶层设计。如何改进教师培训方式,提高教师培训质量,解决教育发展对高素质教师的需求与教师个人实际能力之间差距的矛盾,是摆在教师培训部门面前的一大任务。

长期以来,各地教师培训多"以培训者为中心",培训课程针对性不强,培训方式较为单一,培训成效受到制约。其实,美国学者爱德加·戴尔早在1946年就提出了"学习金字塔理论"。他认为,听讲、阅读、视听、演示等被动学习形式,两周后的学习保持率从30%递减到5%,相反,讨论、实践和教授给他人等主动学习形式,两周后的学习保持率则从50%递增到90%。可见,学习方式会对学习成效产生重要影响,而教师培训的本质就是引导教师学习,因此,改进教师培训方式,"以教师为中心"组织培训,可充分运用"学习金字塔理论",使培训从低效走向高效,从有效迈向优效,实现培训效益的最大化。

一、有效的教师培训要有针对性

教师培训是指有目标、有计划、有指导地组织教师参加与教育教学工作相关的学习与训练活动。有效的教师培训，要突出教师个体的差异性，依据教师不同的发展阶段提供支持，参照"学习金字塔理论"开展培训，指导教师由授受式学习转向参与式学习，由被动学习转向主动学习，由个人学习转向团队学习。

一是职初教师指导式。新教师入职头三年，是教师专业发展的关键时期。目前中小学普遍采用"师徒结对"，即通过新手教师和资深教师结对的形式，使新教师通过对资深教师教学实践的观察、模仿以及资深教师对新手教师的具体指导，帮助新教师掌握基本的教育教学技能，较快地适应新的教育教学环境。而"师傅"也能站在更高位看待教育教学问题，实现与"徒弟"的同进步共发展。

二是新秀教师竞赛式。新秀教师是学校发展的希望，是教师专业发展的重要阶段。为促进年轻教师的成长，可以通过举办竞赛活动开展培训。一方面，为新秀教师提供展示才能的舞台，如教学基本功大赛、微课大赛、一师一优课评比、教育教学论文评比等比赛，可视为特殊的培训形式，通过"以赛促学，以赛促培"，激励新秀教师迅速成长。另一方面，竞赛中的分享交流，也能促使参赛教师借鉴他人长处弥补自身不足，推动新秀教师的发展。

三是骨干教师示范式。骨干教师是学校的中坚力量，在个人修养、教育教学和科研等方面都能够起到引领作用。在骨干教师培训中，要多为他们搭建平台，适时地组织一些示范课，在教学实践中增强他们的自信，支持他们主动学习、积极探索，鼓励他们自我发展、深入研究，启发他们在反思、体验、感悟中不断提高课堂教学质量，逐渐形成自己的教学风格，走持续发展的道路。

四是知名教师引领式。名教师是师德高尚、业务精良、学识广博的学科带头人，是学校发展中不可多得的力量。发挥名教师的辐射引领作用，可以组建名师工作室，使之成为"集交流、研讨、展示、传播、孕育、培训为一体的人生与职业生涯舞台"[1]，并成为优秀人才的集聚地，实现成员间优势互补、经验分享、思想交锋、智慧启迪的目标。选拔具有发展潜质的年轻的优秀教师进入工作室学习、研修，形成学习共同体，使工作室成为年轻人成长的孵化器。

五是卓越教师导师式。卓越教师指专家型教师，具有高尚的师德、精湛的技艺，理论水平高、教研能力强。在终身学习的背景下，可以采取导师制的形式开展卓越教师的培训。即为这些卓越教师配备高校学者作为理论导师，进一步扩大教育视野，提高理论素养，开展高层次的教育教学研究，帮助他们凝练教育思想，形成教育主张。培训时可到高校访学，甚至兼职授课。同时，为卓越教师配备业务能力强的中小学教师作为实践导师，使其在同伴交流中丰富教学思想，深化教学主张，指导其超越自我。

二、高效的教师培训要有技术性

面对庞大的中小学教师群体，集中面授、现场教学等培训方式已经无法满足广大教师的培训需求。在"互联网+"时代，运用"学习金字塔理论"，让网络培训超越时空的限制而获得更多信息，受众面更广，课程更丰富，学习更便捷，培训效果更加高效。

一是培训的灵活性。依托网络的培训，老师们不再受限于时间、地点，而是直接凭借数字化网络获取教育资源，通过远程教育参加国家、省、市等各级各类培训。例如，自由观看培训讲座、自主阅读培训资源、在线交流互动、名师指导答疑、优质资源共享、独立完成作业等。可以说，网络教育为教师培训提供了多元化选择，增加了培训的灵活度。

二是培训的自主性。网络学习环境汇集了大量的数据、档案资料等资源，可提供给成千上万的学习者同时使用，实现培训课程的资源共享，因此网络培训具有面授培训无法取代的优势。广大教师依托网络开展培训，如微信公众号的推送、阅读习惯的培养、英语课程的学习、翻转课堂的掌握等，自主选择学习时空，实现高效培训。

三是培训的参与性。"纸上得来终觉浅，绝知此事要躬行"，借助网络平台的远程培训，需要教师积极参与、动手操作、实践演练。以广州市中小学教师信息技术应用能力提升工程为例，从诊断测评到课程推送，再到学后能力测评，无不体现了以学习者为中心、与学科教学相结合的特点，教师只有在远程教育中学技术、用技术，在参与、体验中完成培训任务，才能实现"做中学、学中做"，提高教育技术水平。

改进培训方式，就要推动信息技术与教师培训的有机融合，通过"听讲""阅读""视听"和"演练"等多种形式，既满足教师差异化学习的需要，又实现大规模培训，有效缓解教师的"工学矛盾"，提高培训效能。

三、优效的教师培训要重实践性

教师培训的目的主要在于改进和发展教师的专业知识、专业能力和专业态度，提高教师的专业素养。作为成年人，教师更重视在自身经验的基础上学习新知识新技能，希望在较短的时间获得可用于工作实践的知识和技能，解决实际问题。

现实中，教师培训多以专题讲座、学术报告等形式组织教学，关注的多是静态的前沿理论而非动态的教育实践，教育教学技能重在理论传授而非体验参与。实际上，前者侧重"解释问题"，教师的学习多停留在"听讲"，其学习保持率仅为5%；后者侧重"解决问题"，教师的学习方式更注重实践性，其学习保持率更高。

无独有偶，有学者对J省1600名教师进行了调查，结果显示，专题讲座、主题研讨和实践指导在培训方式需求中占据的比例分别为16%、35%和49%，即教师更愿意采用研讨和实践的形式参加培训。[2] 所以，理想的培训应紧密结合教育教学一线实际，引领教师走进真实的教育教学现场，通过观察并仿效其他教师的行为来学习。例如，老师们走进学校，可以感受学校文化；走进课堂，可以观摩教学实况；走近教师，可以交流分享经验等。在现场培训中，老师们通过培训提供的各种教育资源，在学习中聆听、发问、交流、反思，在研修中建立同伴互助关系，吸取他人的经验教训，从中巩固专业态度、提高专业能力、完善专业结构，实现培训的优质高效。

实践表明，"好的教师培训一定是突显培训对象主体地位、参与意识的培训；好的教师培训一定是基于培训对象经验的、基于现实问题解决的、基于适切学习任务的培训。"[3] 新时代改进中小学教师培训方式，可结合"学习金字塔理论"，走"有效—高效—优效"之路，即根据教师不同的发展阶段，广泛依托网络学习，切实走进教育教学现场，坚持形式为内容服务，构建教师研修共同体，持续提升教师专业能力与整体素质，促进学校和学生的全面发展。

参考文献：

[1] 李更生，吴卫东. 教师培训师培训——理念与方法［M］. 杭州：浙江大学出版社，2014：135.

[2] 刘赣洪，杨敏. 隐匿在互动交流中的教师培训真实需求发掘［J］. 中小学教师培训，2018（5）：8.

[3] 程明春. "乡村教师访名校"项目审思——基于社会公正视角［J］. 中小学教师培训，2018（1）：19-21.

（本文发表于2019年第3期《广州师训》）

黄埔教师书院：打造区域教师发展的"高端智库"

【摘要】 作为广州市首个"教师书院"，黄埔教师书院继承中国古代书院的优良传统，为区内中小学教师开辟学习、研讨、交流的新场所。教师书院结合热点难点问题，邀请名家讲学论道，鼓励教育教学创新，以学术讲座、名师论坛、主题研讨、教师沙龙等多种形式，从教育科研、课程建设、学科教学、艺术素养等多个角度组织系列培训，逐渐成为黄埔师训的特色品牌，有力地促进了区域教师发展。

【关键词】 书院；教师发展

一、了解中国古代书院

历史上，书院兴起于唐，以修书、藏书为核心；流行于北宋，形成了白鹿洞书院、岳麓书院、应天府书院、嵩阳书院等"四大书院"；南宋程朱之学流行，理学书院盛极一时，延续到明朝初年；明代中后期，书院以抨击时弊、引导舆论为己任，故遭遇当权者镇压，逐渐没落；清雍正十一年（1733），朝廷明令各省建书院，改采鼓励态度，书院渐兴，皆受政府监督；直到光绪二十七年（1901），清政府下令改"书院"为"新式学堂"，传承千载的书院制度就此瓦解。[1]

在当代学者看来，作为古人读书、讲学、做学问之地，书院历经千余年发展，累积了对文化传承、教育、艺术、哲学、社会礼仪等多方面的认知，是文化保藏、精神蕴蓄的重要载体，对推动文化传承、民族文化振兴有着重要价值。不过，现在的书院不是传统意义上的书院，而是一个文化传承的载体，应有更多符合时代需求的内容。[2]

二、创设黄埔教师书院

2021年5月，广州市黄埔区教育局在黄埔区教育研究院正式设立"黄埔教师书院"。全国知名教育专家、时任北京十一学校联盟总校校长李希贵为书院揭牌并作首场报告。新华社、光明网、南方日报、羊城晚报等主流媒体作专题报道，充分肯定黄埔教育的创新举措。

黄埔教师书院是广州市首个"教师书院"，旨在为教师开辟学习、交流、研讨新场所，为区内各中小学、幼儿园教师专业成长搭建平台。自成立以来，教师书院围绕立德树人根本任务，以学术讲座、名师论坛、主题研讨、教师沙龙等多种形式，从教育科研、课程建设、学科教学、艺术素养等多个角度组织系列培训，持续探索面向未来的教育，成为黄埔师训的特色品牌，有力地促进了黄埔区内中小学教师的发展。

（一）党建引领，培根铸魂

历史上的书院既是公办教育的重要补充，更是文化传承、社会主流价值传播的重要载体与渠道，对培养人才和引导社会文明风尚发挥着重要作用。[3]

为传播主流价值，黄埔教师书院坚持把提高教师思想政治素质摆在首要位置，以提升教师职业道德水平和文化素养为使命，突出全员、全方位、全过程涵养师德。2023年春，国家"万人计划"领军人才、华南师范大学陈金龙教授应邀为黄埔中小学校级干部、思政学科教师讲授书院本年度首场报告"中国式现代化理论体系的建构"，对党的二十大报告中的"实施科教兴国战略，强化现代化建设人才支撑"进行解读。他全面深刻地阐述了自己对中国式现代化道路的理论和实践的理解，为中小学思政教育做出具体的指引。教师的道德情操、行为准则直接影响学生的人格养成，关乎育人的成效。如何进一步下好党建引领"先手棋"，打好师德涵养的"组合拳"，教师书院一直在探索、在实践，努力为教师职业道德建设搭建舞台，以培养有理想信念、有道德情操、有扎实学识、有仁爱之心的"四有"好老师。

（二）名家讲学，高端引领

传统的书院不仅是传道授业解惑的地方，也是思想、文化、观念交流碰撞的地方，可谓名家荟萃，群星闪耀。为此，黄埔教师书院多次邀请名家讲学，分享教育思考，传播先进理念，引领教师发展。

一是校长修炼，更新理念。陶行知先生说过："一个好校长就是一所好学校。"校长的价值观念和管理方略决定了学校的办学理念和发展走向。在黄埔教师书院的首场报告中，中国教育学会副会长、国家督学李希贵校长作专题报告"新时代校长的十项修炼"。他结合自身教育实践，分享了新时代中小学校长应具备的十项修炼，拓宽了黄埔中小学校长的教育视野，指导校长们更新教育理念，提升专业素养。此后，教师书院多次举办"名家讲坛"，邀请知名专家从文化建设、课程改革、师生关系等方面，分享理念和体会，提高校长的领导力、执行力、学习力和创新力，促进学校内涵发展。

二是关注教师，支持发展。"强教必先强师"，教师是教育强国的第一人力资源。课程与教学能否顺利实施，管理与评价能否顺利进行，很大程度上取决于广大教师。黄埔教师书院关注不同阶段教师的发展需求，开设相应的培训课程，支持教师专业发展。在新教师成长的关键期，书院邀请国务院政府特殊津贴获得者、广州市教育学会副会长李赤教授前来讲学。他以"站稳青春的讲台"为题，结合大量的实际案例和名师课例，深入浅出地阐述了教育与未来、教师与未来的联系，为新教师答疑解惑，助力新教师成长。在名教师发展的重要节点，书院邀请中国教育学会副会长、全国教育名家吴颖民校长为区内中小学名校长名教师名班主任工作室揭牌，并作专题报告。吴校长联系自身经历，勉励工作室主持人不为名所累，在学思悟行中实现人生的价值，为名师发展指明了前行的方向。关注差异，因人施训，黄埔教师书院竭力为干部教师的学习提供专业支持，建设教师发展学校，引导广大教师激发内驱力，增强自觉性，促进可持续发展。

三是着力科研，改进实践。教育科学研究是教育工作的重要组成部分，对教育改革发展具有重要的支撑、驱动和引领作用。为鼓励中小学教师积极参与教育教学研究，不断深化对教育教学改革的认识，推进素质教育，2021年10月，黄埔教师书院邀请华南师范大学资深教授、博士生导师扈中平教授以线上授课的方式，为全区教师作专题讲座"问题意识与批判精神"，指导教师正确面对"双减"政策带来的变革，主动求知勤于思考，增强科研意识，改进教育教学实践。这一专题培训，较好地引导教师从课堂中发现选题、在课堂中实施研究、用科研成果反哺课堂的新科研样态，探索适应新时代要求的教书育人的有效方式和途径，做到与"双减"同频共振。

四是春风化雨，以美育人。古代书院向来注重文化、历史、哲学、艺术等人文素养的培育。新时代的教育主张全面加强和改进学校美育，提高学生的艺术素养，这对教师提出了新的要求。2023年6月，著名音乐家李海鹰应邀在黄埔教师书院讲学授课。他围绕"中小学合唱歌曲创作及排练"这一主题，以其创作的脍炙人口的作品为例，从音乐理论、作品创作、合唱排练到歌曲演绎等方面，与老师们分享创作经验，展现艺术魅力，为中小学创建高水平的合唱团出谋划策。如何创作校歌、如何开展美育工作、如何挖掘不同课程的美育价值，需要教师具有发现美的眼睛。书院邀请艺术大家讲学，为的是提高教师的艺术素养，帮助学生热爱美、发现美、创造美，实现"以美育人"的课程价值。

（三）聚焦问题，明晰路径

中国古代书院不仅是教书育人的重要场所，而且是学术思想的交流中心，在中国历代人才培养、学术研究、社会治理和风气引领等方面发挥着十分重要的作用。[4]2021年7月，"双减"政策正式颁布，强化学校教育主阵地、提高课堂教学质量和课后服务水平、优化作业设计，成为义务教育阶段教师必须面对的重要课题。教师书院顺应时代要求，聚焦重点难点热点问题，举办多场专题报告。2021年9月，浙江省教育厅教研室主任任学宝受邀为黄埔教师书院作专题报告"强化专业实践、提高育人质量"，谈"双减"背景下学校的作为，明确提高作业设计和课堂教学质量的策略和路径，为提高课后服务水平做出指导。2022年3月，广州市教育研究院东部分院院长、黄埔区教育顾问李碧武应邀作专题报告"关于'双减'政策出台及实施推进的思考"，提出要"优在课堂，重在服务，成在共育"。

书院以其浓厚的学术氛围，引领着时代的学术潮流，在文化导向上发挥着重要作用，在学术研究和文化传承上表现出鲜明的特色，对人才的培育及学术文化的发展起到积极的推动作用。[5]黄埔教师书院结合时政要点和教育热点组织系列高端培训，引导广大教师学习政策、掌握尺度、实践运用，为促进学生全面健康发展做出有力的回应。

（四）教育创新，看见成长

科技是第一生产力，人才是第一资源，创新是第一动力。除了名家讲坛外，黄埔教师书院弘扬历代书院先贤的创新精神，以主题研讨、学术沙龙等形式，从"输入"转向"输出"，鼓励校长教师通过书院这一平台发表见解，在学习中不断提高理论素养和专业水平。

2021年12月，在教师书院的活动中，黄埔区教育顾问陈伯良名校长工作室组织"从育分转向育人，化赋分为赋能"的主题研讨，多位校长联系学校实际谈思考说举措，陈校长做点评促发展。2023年5月，书院创新工作思路，以"看见成长，创新引领"为主题，邀请黄埔区内六位青年教师代表分享各自的教学创新案例，体现了新课程新理念，展现了黄埔青年教师的风采。来自高校的专家对这些案例给予充分肯定，认为其题材丰富，注重发展学生核心素养，具有较好的创新性，有效促进了青年教师的专业发展。

人民教育家于漪老师认为，教育的力量在于教师的成长，而教师成长的根本在于深度的内心觉醒。黄埔教师书院以"看见"教师成长为己任，以"促进"教师发展为目标，以"推动"教育创新为抓手，不断为教育积蓄力量。

（五）协作共享，扩大影响

随着教育信息化的不断推进，城乡、区域数字差距逐渐缩小，优质教育资源覆盖面不断扩大。黄埔教师书院坚持"创新、协调、绿色、开放、共享"的新发展理念，以信息技术为载体，通过线上线下相结合的方式，拓宽培训的受益面，为教育注入了更多的活力。以扈中平教授的讲座为例，共有超过4800人次实时在线观看了专题讲座的直播，累计约1.85万次的访问量。教师书院的培训，还面向贵州黔南州、福建龙岩以及省内的清远、湛江等对口教育协作地区开放直播平台，实现优质资源共享，受到了教育协作地区学校的欢迎。

此外，黄埔教师书院系列培训，还在新华网、光明网、中国教育在线、南方日报、羊城晚报以及"学习强国"等主流媒体客户端宣传推广，扩大了社会影响力和辐射力，起到较好的示范引领作用。

三、面向未来的黄埔教师书院

千余年来，作为我国独特的教育机构和学术机构，在历经辉煌、困顿和沉寂中，书院承担着继承和弘扬优秀传统文化、培育英才的重任。今天，书院不仅是传统文化传承和展示的窗口，更是作为一种活态化的文化形态日益融入现代人的日常生活，成为当下文化活动的重要实践空间，蕴蓄着一种独立自主、理性思考、启迪教育、教化国民的一种精神性存在，成为对民族精神的一种守护和创新的载体。[6]

现实中，"教师是教育发展的第一资源"，有高水平的教师才会有高质量的教育。黄埔教师书院自成立以来，继承和发扬中国古代书院精神，组织区域教师研修，创新培训形式，在提高教育格局、拓宽教育视野、加深教育理解、改进教学实践等方面发挥了积极的作用。

那么，面向未来的黄埔教师书院，如何实现高质量发展呢？

一是加强书院的自身建设。要深化研训一体，筑牢强师之基，就要着力培养一支具有广阔胸襟、扎实学识、积极心态、全面发展的研训队伍，以科学性、创新性、合作性促书院的高质量发展。打造高品质的文化活动空间，丰富书院藏书，为讲学传道、研讨交流创造良好的学习环境，使黄埔教师书院成为文化传承和教育交流的重要载体。

二是挖掘书院的现代价值。文化传承是书院存在的重要功能，在传承中华优秀传统文化、培育社会主义核心价值观、提高教师职业道德水准的前提下，黄埔教师书院要增强文化自信，做好文化传承、文化创新和文化价值的传播，通过名家大咖的高端引领，注重理性思考，追求"求道"与"求学"的统一，从而挖掘资源、汲取智慧、获得启迪。此外，黄埔教师书院还要继续利用"互联网+"，在数字化背景下拓宽培训资源，搭建共享平台，更好地发挥示范引领作用。

三是激发教师发展的内驱力。立足当下，黄埔教师书院要结合新课程理念，切实转变研训观念，坚持"以人为中心"，突出教师的主观能动性，变"讲堂"为"学堂"，组织教师开展学术研究、凝练教育成果、分享教学经验，体现知识追求与价值关怀的统一，引导教师学会思考、学会实践、学会反思、学会提升，在推动自身发展的同时促进学生的成长。

"路虽远行则将至，事虽难做则必成。"未来，广州市黄埔区教育研究院将继续打造"黄埔教师书院"这一高端智库，培育特色品牌，做好文化建设，使之成为教师职业道德教育的舞台、教师专业发展的学校、教师学术交流的中心、教师教学研究的基地、教师教学成果的孵化器，为"广州东部教育高地"建设谱写新的篇章。

参考文献：

[1] 王净华，吴光辉. 书院文化的现代意义与当代书院教育的构建[J]. 东南学术，2018（5）：222-228.

[2][3][6] 范玉刚. 书院的文化传承及精神蕴蓄[J/OL].（2018-11-23）. https://theory.gmw.cn/2018-11/23/content_32030360.htm.

[4][5] 袁斐. 探索我国古代书院起源及文化发展[J/OL].（2023-03-28）. http://ent.cnr.cn/zx/20181204/t20181204_524439320.shtml.

加快新教师专业发展的实践研究

——广州市黄埔区 2017 学年新教师发展调查报告

教师是学校发展的第一宝贵资源。教师的入职初期，是教师专业发展的关键阶段，对教师的专业发展乃至职业生涯具有决定性的作用。为进一步了解广州市黄埔区 2017 学年新教师专业发展状况，黄埔区教师发展中心课题组编制问卷开展调查，走访学校观课、交流、访谈，并收集整理相关资料，思考本区新教师专业发展的路径，形成本调查报告。

一、研究背景

2015 年 9 月，新黄埔区成立。三年来，随着广州城市建设的东移，基础设施配套日益完善，新建楼盘逐渐增多，黄埔区内人口呈爆发式增长，义务教育阶段教育出现新态势，严峻的学位供给与需求矛盾凸显，并在未来较长时间内持续。在上级部门的支持下，黄埔区教育局广纳贤才，多次面向全国公开招聘编外聘用制教师。2017 年招聘教师 400 多人，2018 年招聘近 800 人，2019 年预计招聘 1000 人。这些教师分布在初中、小学和幼儿园三个学段，既有普通中小学教师，又有特殊教育和职业教育教师。其中，绝大部分为新入职教师。

作为广州市中小学教师招聘改革的试点区之一，黄埔区新教师入职必须经网上报名、现场资格审核、面试、专业能力测试和笔试、体检、组织考察等诸多环节后才能被录用。由于招聘的流程长，新教师经受的考验多，能够过五关斩六将进入黄埔区中小学（幼儿园）的实属不易。从教师资格证制度改革，到教师招聘中的严格准入，2017 学年黄埔区新教师的起点较高、素质较好。

黄埔区教师发展中心成立于 2017 年初，负责全区中小学教师继续教育、校长培训和教师资格认定、教师职称评审工作，协助区教育局招聘教师。面对剧增的新学校和新教师，黄埔区教师发展中心多管齐下，成立课题组，进行科研攻关，开展实践研究，支持新教师专业发展。

二、问卷情况

课题组编制新教师专业发展状况调查问卷，从基本情况、职业认知、个人发展、培训需求和学校氛围等方面开展研究。2018 年 3 月，课题组对全区新教师进行无记名抽样调查，发出网络问卷 200 份，回收 168 份。问卷共 22 题，分为单选题和多选题，其中，1~12、22 题为单选题，13~21 题为多选题。

（一）基本情况

基本情况	男	女	师范	非师范	班主任	非班主任	幼儿园	小学	初中
比例	15%	85%	79%	21%	54%	46%	16%	74%	10%

调查显示，新教师中男性比例为 15%，女性比例为 85%，男性比例偏低。新教师所处学段：初中占 10%，小学占 74%，幼儿园占 16%，其中小学教师多为女性，幼儿园教师基本为女性。这一性别比例符合当前我国基础教育的现状。未来几年，黄埔区新建学校仍以小学为主，幼儿园居次，所以新教师的基本情况变化不会太大。

就入职而言，师范生优势明显。79% 的新教师为师范生，21% 为非师范生，可见师范生的教育教学基本功强于非师范生，特别是黄埔区试行教师招聘改革，考生需经"面试—专业技能测试—笔试"等环节的考验，更注重实践经验，有师范教育、教育实习经验的师范生明显占优势。

此外，54% 的新教师担任班主任，对其班级管理能力提出较高的要求。新教师既要适应新的环境完成教学工作，还要管理班级提高能力，颇具挑战性。对于只从事教学工作的新老师而言，能够全心投入教学，专注度更高，教学能力提高更快。

（二）职业认知

对"问题 5：您从教的理由"这一题（图 1），选择"喜欢教师职业，理想就是做教师"超 60%，"不是最佳选择，但也不是太糟糕"为 14.3%，"教师岗位的魅力，例如寒暑假"为 24.4%，"迫于无奈，因为父母的意愿"不到 2%。可见，绝大部分新老师喜欢做老师，深厚的感情基础无疑有助于教育教学工作。

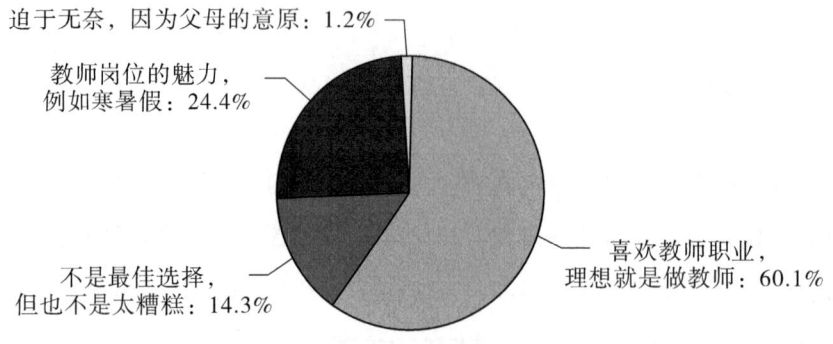

图 1 　从教理由

对"问题 6：目前来说，您对自己从事教师这一职业感到的满意度"一题（图 2），选择"满意"为 26.8%，"比较满意"为 57.1%，"不太满意"为 14.3%，"很不满意"为 1.8%。可见，将近 85% 的新教师比较认同教师这一职业，具有较好的情感基础，与问题 5 互为印证。

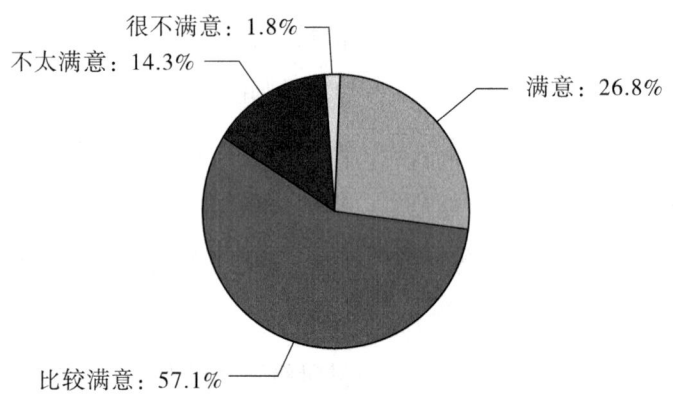

图 2 　职业满意度

在教师专业发展的起始期，其发展目标之一是形成良好的学校适应性。对"问题 12：您认为自己适应教师工作吗"一题（图 3），选择"非常适应"为 67.2%，"比较适应"为 31%，"不适应"不到 2%。调查显示，经过一个学期的工作，98% 的新教师能够根据教师角色规范和任教学校特点，适应教师工作，证明这些新教师整体素质高，适应能力强，发展后劲足。

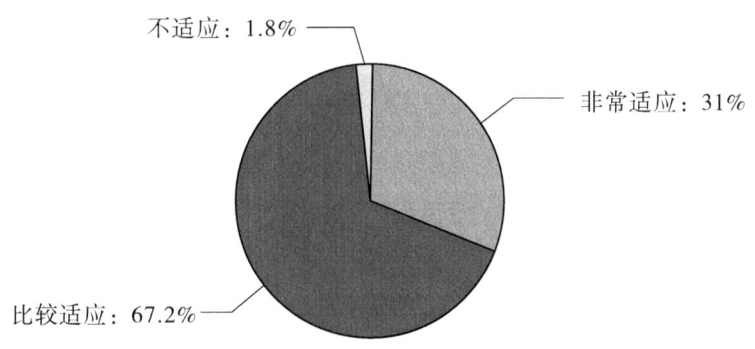

图 3　工作适应度

（三）专业发展

对"问题 7：您对自己的专业发展规划是什么"一题（图 4），选择"经常思考，有自己的发展规划"为 44%，"考虑过，但不知怎样着手"为 52.4%，"听从管理部门的安排"为 3.6%，"从未思考"为零。可见，96% 的新教师已经考虑自己的发展规划，显示其发展的积极性和主动性，但不知道如何着手的比例超过一半，表明新教师的专业发展的引导还需外部的指引，如何建立"合格教师—骨干教师—学科名师—学科带头人—教育专家"五级成长体系，指导新教师走"初任教师、成熟教师、骨干教师、卓越教师、专家型教师"的发展之路还需要教育支撑机构和各中小学加以引导。

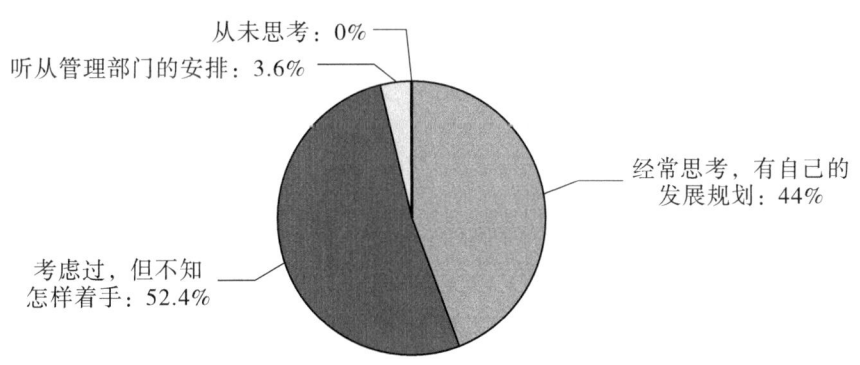

图 4　专业发展规划

美国教育家杜威先生指出，教师是反思的实践者，教师在行动中只有反思才能提升和发展。对"问题 11：您有写教学反思的习惯吗"一题（图 5），选择"经常写"为 29.2%，"偶尔写"为 69%，"从没写"不到 2%。可见，大部分新教师还没有形成书写反思的习惯。实际上，国内外的研究表明，真正意义的教师发展源自教师的课堂教学经验及其对于经验的不断反思,这才是教师发展的重要途径和提高教师质量的有效手段。显然,撰写教学反思比仅停留在思考这一层面更为深刻。

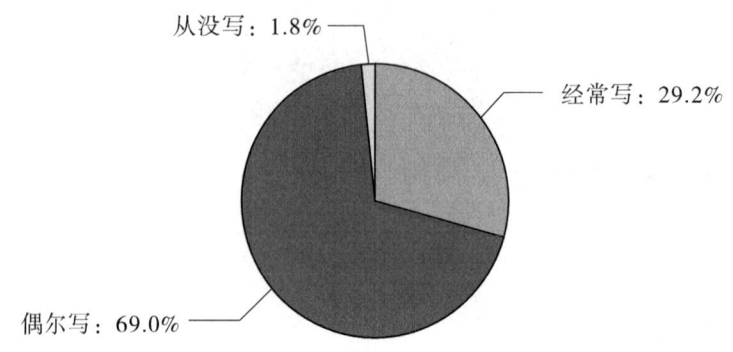

图 5　写教学反思的习惯

对"问题13:您认为对自己比较有效的学习方式有哪些(多选题)"一题(图6),选择"教学案例"为94.6%,"研讨交流"为89.3%,"专题讲座"为61.9%,"网络自学"为41.1%,"任务驱动"为45.8%。在新教师看来,源于教学实践的案例及其研讨是最有效的学习方式,教师培训时应有针对性地举办一些案例研讨活动。信息量大、受众面广、效率高的专题讲座,仍然受到新教师的欢迎。

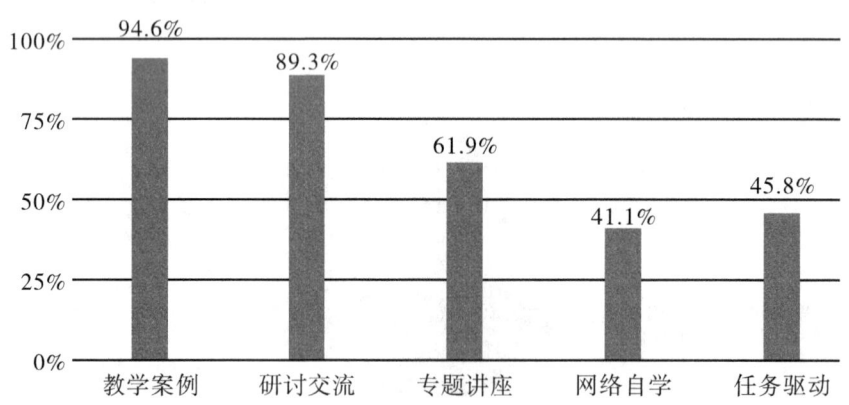

图 6　有效的学习方式

对"问题14:您比较喜欢哪些类型的学习形式(多选题)"一题(图7),选择"集中面授"为80.4%,"远程学习"为36.3%,"校本研修"为60.7%,"线上线下相结合"为73.8%。可见,集中面授有利于面对面的交流,互动性较强。新教师成长于信息时代,学习、生活、工作、交流等深受互联网的影响,线上线下相结合的学习更符合新教师特点。因此，结合培训课程，采取相应的培训方式，提高培训的实效性时需考虑新教师的喜好。

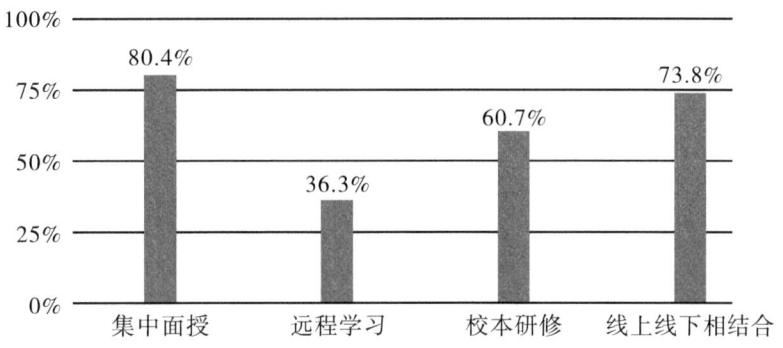

图7 受欢迎的学习形式

对"问题15：您平时的主要专业学习途径（多选题）"一题（图8），选择"阅览期刊报纸"为46.4%，"参加进修活动"为62.5%，"参加教研活动"为91.7%，"学校组织业务学习"为77.4%，"上网搜索信息"为69.6%。可知，教研活动是新教师专业学习的主要途径，优质高效的教研活动是帮助新教师迅速成长的重要途径。遗憾的是，通过期刊报纸学习的比例偏低，这与年轻人的阅读习惯有关，"指尖上的一代"更倾向于碎片化地阅读，习惯通过网上搜索信息来了解教育资讯，掌握发展动态。专业人员需进行有深度的学习，教育名著、专业期刊报纸的阅读，还应纳入新教师专业学习的范畴。

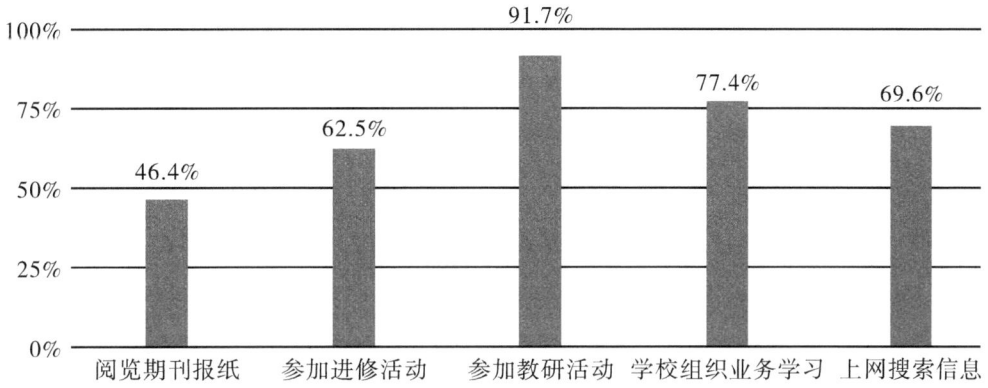

图8 主要的专业学习途径

对"问题16：您认为当前自己最迫切需要得到哪些方面的学习（不超过三项）"一题（图9），选择"教学技能"为73.8%，"班主任工作技能"为54.2%，"科研能力"为50%。可见，新教师最迫切需要的三项内容，恰恰也是教师专业发展中重要的内容，说明初出茅庐的这些年轻人，对于个人的职业发展有比较清醒的认识，能够抓住主要问题思考。其他方面，尽管重要，但不是目前新教师最迫切的需要。要尽快在学校站稳脚跟，非得丰富学科素养，掌握专业技能，提高个人实力。

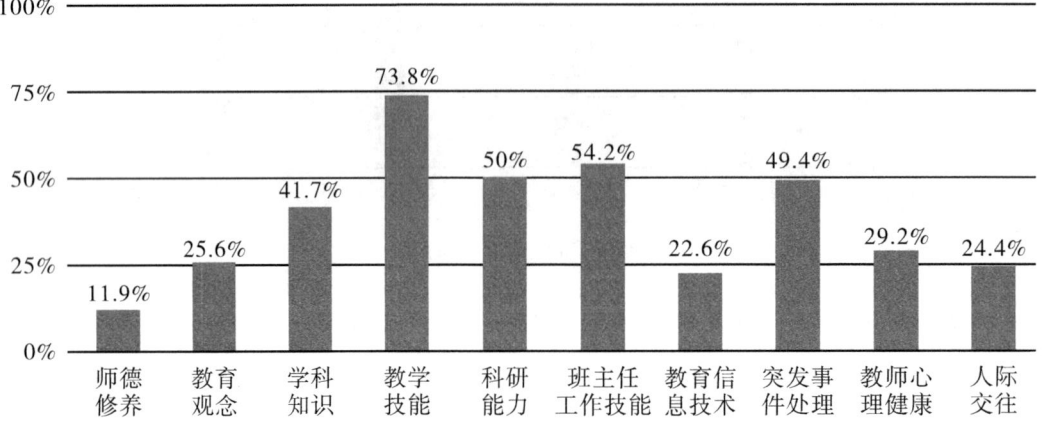

图9 最迫切需要学习的内容

对"问题17：在教学中，您认为自己在哪些方面需要加强学习（多选题）"一题（图10），选择"课堂管理"为71.4%，"教学设计"为69%，"课堂组织"为66.1%，"教学评价"和"教学反思"同为51.2%。"课堂管理"是所有选项中比例最高的，证明这确是新教师工作的难点，符合新教师的实际情况。如何把"设计"付诸行动，需要"组织"，更靠"管理"，而"评价"是教学的一部分，要提高能力，需要"反思"。新教师要面对的问题不少，要学习的内容很多。从问卷来看，新教师十分清楚自己的需要。

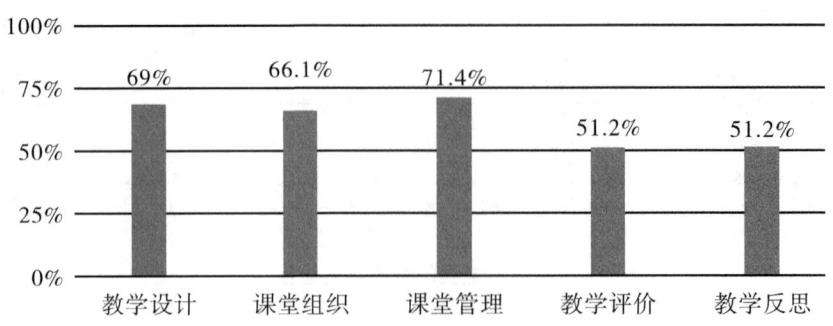

图10 需要加强学习的内容

对"问题18:在班主任工作中,您认为自己在哪些方面需要加强学习(如非班主任可不答题)"一题(图11),选择"班级文化建设"为61.9%,"学生思想教育"为57.7%,"班级活动组织"为55.4%。可见,新班主任的关注点在于文化引领,通过文化建设班级,而"班级活动组织"实际上也是文化建设的一部分,由此证明年轻人能够突破传统的班级管理思想,这与其成长环境和个性特点相应。

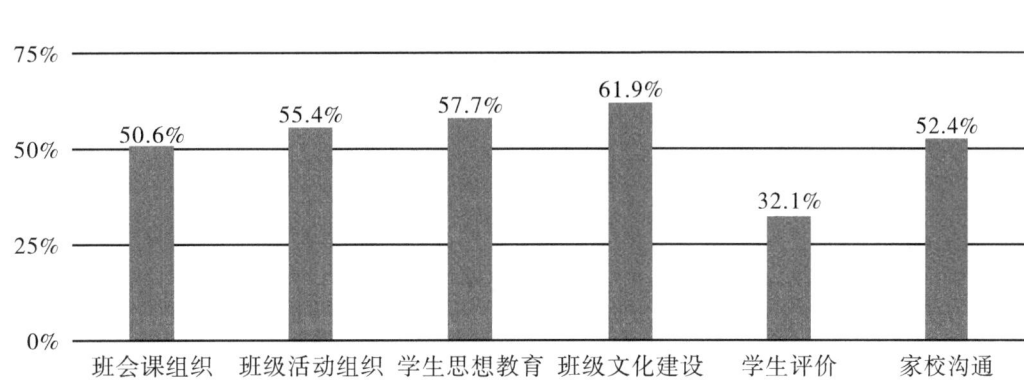

图11　班主任工作中需要加强学习的内容

(四)学校因素

对"问题9:您喜欢现在的学校吗"一题(图12),选择"喜欢"为63.7%,"一般"为32.7%,"不喜欢"和"说不清"都不到2%。面对新的环境,新教师喜欢与否,既与个人的适应能力有关,也与个人与学校文化的融合度有关。如新教师接纳学校文化,喜欢学校的工作氛围,那么,这将有助于教育教学工作的开展,对学生产生良好的影响。

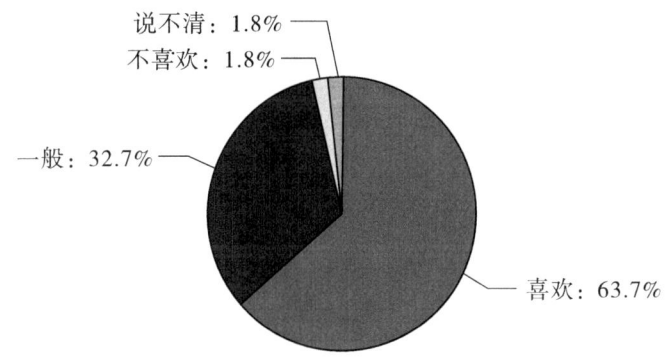

图12　是否喜欢现在的学校

对"问题10：您所在学校的校本研修频率如何"一题（图13），选择"经常性"为53%，"偶尔"为39.9%，选择"很少"为7.1%。可见，校本研修因校而异，有的学校研修常态化，对新教师的指导更到位，其成长更快，而校本研修不足，缺少研修氛围，不利于教师队伍建设，新教师的成长将受到制约。

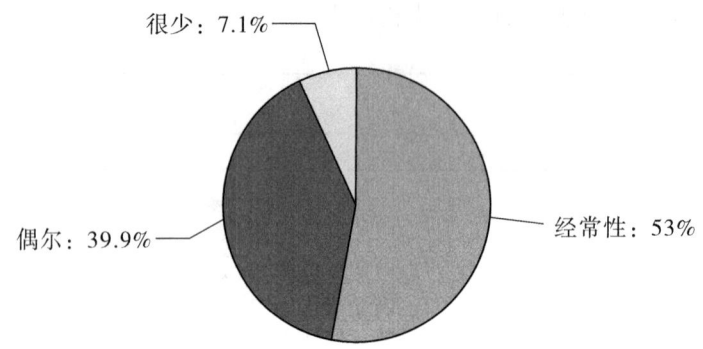

图13　所在学校的校本研修频率

对"问题21：您希望学校为您的专业发展提供哪些机会或条件（多选题）"一题（图14），选择"教学观摩"为78.6%，"创造学习环境"为76.8%，"业务进修"为72.6%。可见，新教师希望学校提供的学习方式还是以"教学观摩"为主，这与上述问题13相吻合。而"创造学习环境"和"业务进修"的想法，再次显示了新教师的学习意愿。

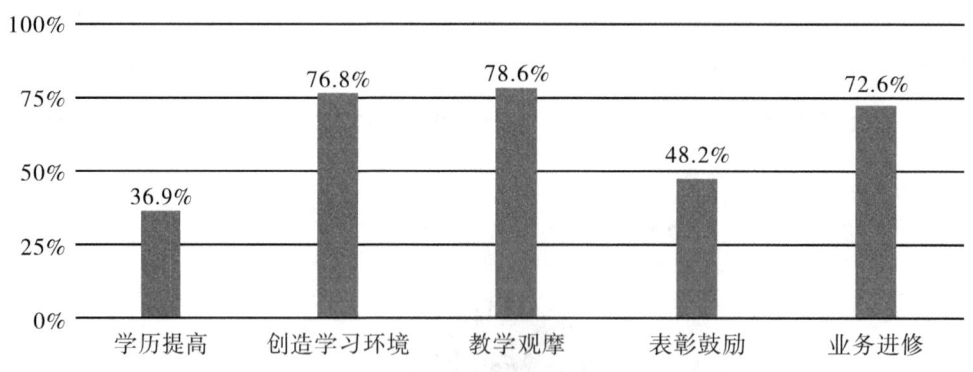

图14　学校为教师专业发展提供的机会或条件

对"问题19：以下影响教师专业发展的主要因素，请依据您认为的重要程度选其中三项（多选题）"一题（图15），选择的前三项分别是"自身能力"占57.7%，"团队气氛"占44%，"教师专业互动"占41.1%。"自身能力"强调的是主观性，"团队气氛"和"教师专业互动"侧重的是团队合作的氛围。在影响教师专业发展的主要因素中，主观因素起决定性的作用，但新教师发展也要重视学校团队建设，因为学校环境与研修氛围的影响潜移默化，合作的学校文化能够浸润人心，对教师发展具有深远的意义。

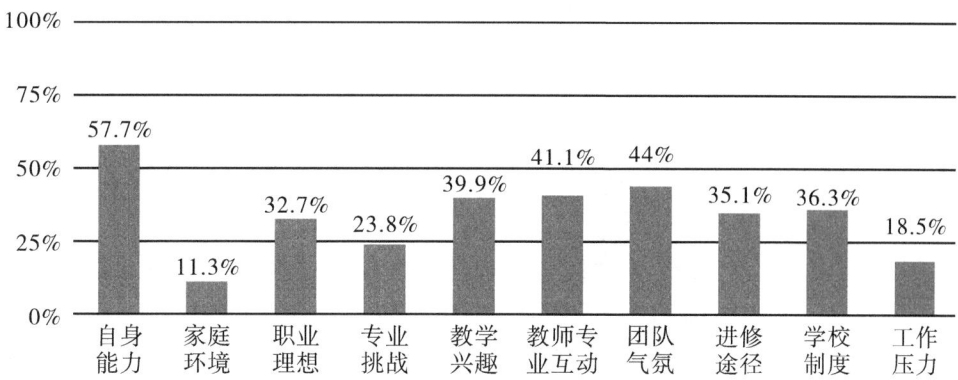

图 15　影响教师专业发展的主要因素

对"问题20：您认为影响教师专业发展的不利条件主要是（多选题）"一题（图16），选择"教师间缺乏合作、交流"为75%，"缺少专家指点"为56.5%，"主观不努力"和"领导不重视"为54.2%。在这些不利因素中，新教师非常看重教师间的合作与交流，这在某种程度上反映了当前某些学校存在教师间缺乏合作的现象，新教师认为缺少专家指导（包括本校教师）会影响个人的专业发展，可见学校氛围的重要性。

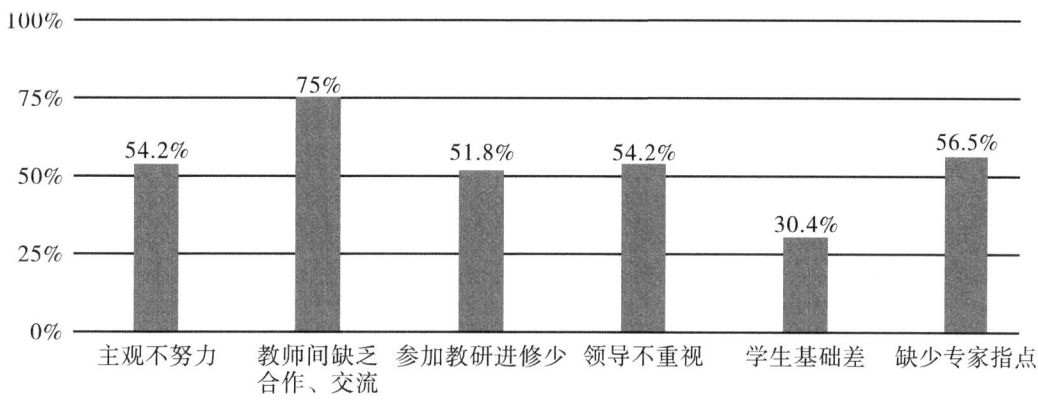

图 16　影响教师专业发展的不利条件

对"问题8：您如何看待影响教师成长的因素（单选题）"一题（图17），选择

"环境的影响大于教师自主成长"为13.1%,"教师自主成长大于环境的影响"为16.1%,"二者同等重要"为70.2%,"其他"不到1%。可见,新教师对于客观环境与教师自主成长的重要性有非常清醒的认识,教师的发展既要考虑教师个人这一内因,也要考虑学校环境这一外因,两者缺一不可。这当中,作为新教师成长的重要场所,任职学校对新教师的专业发展将产生重要的影响。如何通过学校的力量加快新教师的成长,是摆在学校领导面前的一项重要工作。

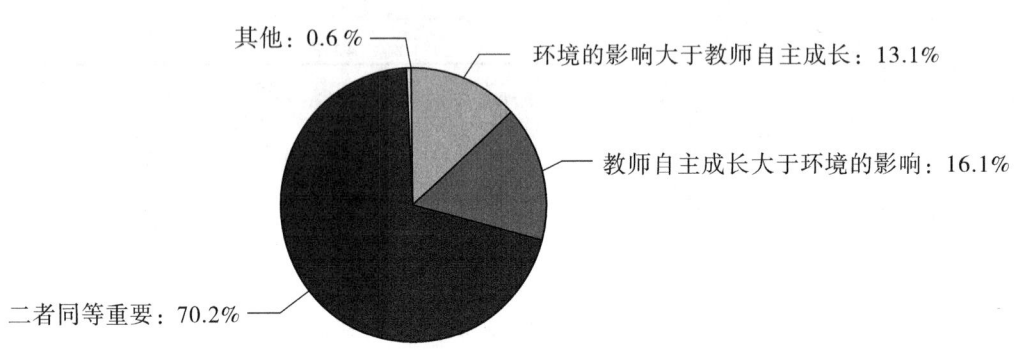

图17　如何看待影响教师成长的因素

三、研究报告

面对新的环境,新教师要实现从学生到老师的角色转换,需要经过一段适应期。这一时期,是教师专业发展较为困难的时期,却又是新教师成长的关键时期,将对教师日后的专业发展产生深远的影响,乃至影响整个职业生涯。根据上述调查情况,结合日常工作的思考,现就广州市黄埔区如何加快新教师专业发展这一问题提出以下看法。

(一)关注新教师发展的身心特点

黄埔区的新教师具有我国"90后"青年的特点。他们绝大多数出身于独生子女家庭,生活于市场经济时代,长成于网络发达的社会。一方面,他们能够较快适应新环境、接受新事物,自信心强,思想活跃,视野开阔,个性鲜明,关注新鲜事物,富有创新精神,价值观和思维方式包容开放;另一方面,他们主体意识强,喜欢独立思考,注重个人的价值取向和利益,比较容易以自我为中心、以个人价值权衡利弊,不愿受过多的约束，不轻易妥协，团队观念和协作能力有待加强。在新教师发展的过程中，需要重视以上特点，注意引导他们扬长避短，根据其身心特点有的放矢加以引导。

（二）关注新教师发展的职业认同

职业认同是新教师发展的原动力和恒动力，认同教师职业是自觉发展的保障。认同感和归属感的强弱，将会影响教师的教育教学行为，而这些行为的出现，与新教师的知识、技能和情感、态度、价值观相关，更影响教师处理问题的方式方法。由于对学校组织结构和制度文化了解甚少，对职业角色要求和规范所知有限，跟实际工作密切相关的专业知识、经验和技能掌握不多，因而新教师碰到的困难大多与如何适应并完成常规的教学工作和管理工作有关。从调查结果来看，黄埔区新教师的职业认同感比较强，普遍认为自己已适应学校的工作，喜欢自己的学校。这一方面反映出新教师适应性强，学校为新教师的工作提供了良好的氛围；另一方面，还需指导新教师认同教师职业特点的专业性、复杂性、创造性，引导其调节情绪，保持积极进取心态，并且要重视学生的全面发展，激发学生的求知欲和好奇心，在全面发展学生的同时促进自身专业发展。

（三）关注新教师发展的内驱动力

教师的内在需求是教师专业发展的原动力。黄埔区公开招聘的编外聘用制教师经过激烈的竞争后签订三年合同，生存压力大，如何立足学校站稳讲台，是每一位新教师迫切的需求。实践表明，新教师的专业发展受多种因素的制约，包括教师专业发展的自我意识、教师从事教育教学情况、教师培训、学校文化、心理健康、职业规划等因素，但其中最重要的是教师自身的努力程度，毕竟内因才是关键。新教师在夯实教育教学基础的同时，要自觉做好个人发展规划，通过不断地学习、反思和探究来深化专业内涵，提高专业水平。在如何做好职业发展规划上，新老师可以向同事、同行请教，借助身边的榜样鼓舞自己前行；可以通过搜集资料，了解教师发展各阶段的要求，做到有的放矢；还可以通过专业阅读，学习行业内优秀教育工作者的成长经历，拓宽视野、汲取经验，少走弯路，稳步向前。在相同的外部环境中，新教师能否增强专业发展的自主意识，是新教师能否迅速成长的前提条件。调查问卷的末题——"您是否愿意参加区里组织的有关新教师专业发展的研究（单选题）"，98%的新教师回答是肯定的，由此可知，黄埔区新教师的发展意愿强烈。

（四）关注新教师发展的学校场域

有研究表明，教师发展学校场域对教师状态的影响明显，社会空间将其权力结构投射到学校空间中，而学校空间也通过特定的文化延续与社会复制，如学校领导力、发展状况、生源结构与质量文化等，对教师发展产生影响。因为教师整体和部分之间、群体与个体之间，是一种相互影响与制约的关系。在新教师发展中，学校氛围极为重要。发挥校长的领导力，在于引导校长重视新教师的发展，加大新教师培养力度，积极开展校本研修，以实用的课堂教学的相关知识、教材分析、教学设计、具体的教学策略、学科教学案例等为主要内容，通过实践训练、观摩点评、师徒结对、课例分析等方式，为新教师搭建学习和发展的平台。此外，由于"90后"群体多崇尚自由、民主，多追求个性、平等，多注重规则、多元，因此，在新教师成长的过程中，学校应多一些指导、多一些鼓励、多一些包容。在新教师的成长中，学校既严格要求夯实基础，也相对宽松支持发展，形成良好的组织文化，营造发展的工作氛围，让新老师更好地从事教育教学活动。

（五）关注新教师发展的区域行动

教师专业发展不仅包括教师个体生涯中知识、技能的获得和情感的发展，还涉及与学校、社会等更广阔情境的道德与政治因素。加快新教师专业发展，离不开区域教育行政部门的支持。"90后"个性强，情绪化明显，容易将生活中的情绪带入到工作当中，因而教育行政部门不仅要关注"90后"的工作，还要对其生活中遇到的问题给予关注，协助他们解决难题，使其能安心、全心、舒心从教。

作为教育支撑部门，黄埔区教师发展中心将持续为新教师的发展提供专业的引领，为新教师搭建交流经验展示才干的舞台。主要表现在：

一是培训课程科学化。教师培训的核心要义是引导教师学习。新教师关注的热点主要集中在教育教学中实际问题的解决策略。据调查，新教师更愿意通过教学案例及其研讨开展学习，所以新教师培训的目标定位在于教师的具体教育教学实践。为此，采取"四分"法进行培训：分专题，如有效调控教学过程、科学组织课堂教学、多维度评价学生发展、加强家校沟通合作、教育教学研究动向等；分学科（段），如职初小学英语、职初小学数学、幼儿园新教师培训等；分专项，如语言类课程、技能类课程、科技类课程等；分学校（片区），根据校（片）情开展培训。通过科学设置培训课程，为新教师提供更多鲜活的案例，丰富教师参与培训的实践体验。

二是培训形式多样化。尊重教师差异，采取理论与实践相结合、集中面授与分散学习相结合、单一与多元相结合、学习与反思相结合，以不同形式推进新教师成长；依托网络培训，建立网络交流平台，不定期分享教师发展的资料、教学技能的方法、班级管理的案例等，以问题为导向，采取短、平、快的方法，帮助新教师解决小问题，获得小经验；区校联动，形成合力，借助省市区名师工作室、教师实践基地等力量，带领新教师走进教学现场，组织案例教学与研讨，引导新教师由授受式学习转向参与式学习，由被动学习转向主动学习，由个人学习转向团队学习，走"有效—高效—优效"之路，促进新教师的专业发展。

三是交流分享经常化。在新教师中构建学习共同体，引导团体成员在学习过程中经常进行沟通、交流，并分享各种学习资源，共同完成一定的学习任务，形成相互影响、相互促进的人际联系。例如，加强教师职业规划的指导，通过专题讲座、经验分享等形式，指导新教师制定个人年度发展计划和三年发展规划。组织新教师教育教学论文比赛、新教师基本功大赛、新教师读书分享活动等，为新教师搭建发展的平台，指导新教师在学习交流中提高。

总而言之，新教师的专业发展关系到教师的个体成长，更关系到区域教育的整体发展。加快2017学年黄埔区新教师的专业发展，在于调动教师个人、学校组织、教育部门等力量，形成"个人求进步、校级助发展、区级建平台"的培养格局，支持新教师在教育理想、专业思想、专业能力等方面取得持续进步，从而为新教师的专业发展筑牢基础，使之更好地推进区域教育优质均衡发展。

黄埔区中小学教师培训工作年度调查报告

2023年暑期，为强化财政资金支出责任，做好教师继续教育专项经费绩效评价工作，黄埔区有关部门委托第三方机构设计问卷，并通过网络面向全区中小学校、幼儿园教师发放问卷，共收回问卷4425份。问卷统计如下：

1. 您所在单位/学校是（   ）

　　A. 幼儿园　B. 小学　C. 中学　D. 职业高中　E. 行政单位

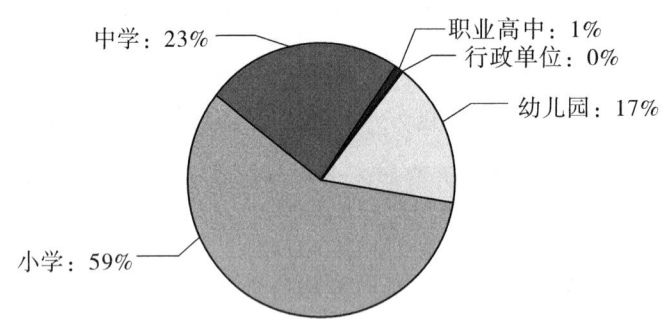

图1　教师所在单位/学校

2. 您教授的科目是（   ）

　　A. 语数外政史地理化生　B. 心理、体育、艺术　C. 行政辅助人员、其他

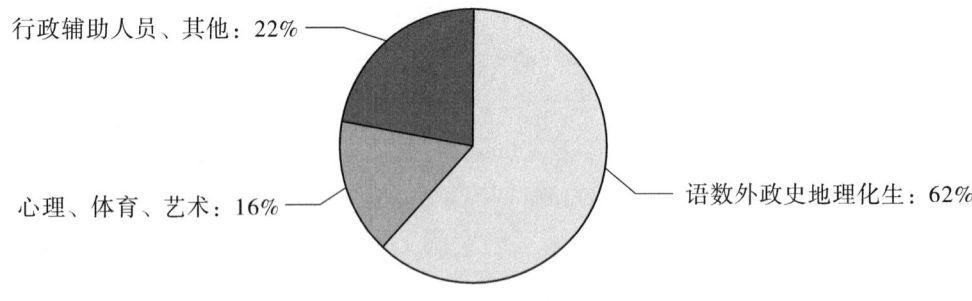

图2　教师教授的科目

3. 您对教师继续教育项目组织开展的各项培训活动整体是否满意？

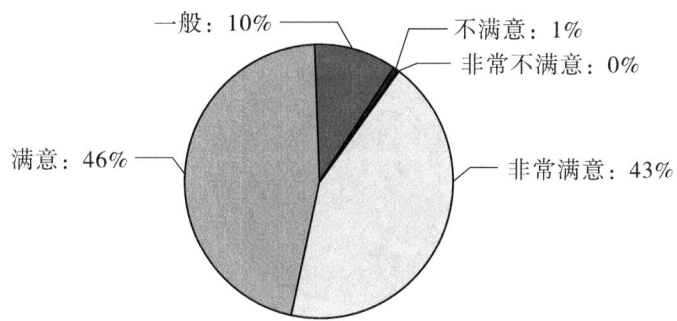

图3 教师对继续教育项目组织开展各项培训活动的整体满意度

调查显示，教师对区级培训予以了充分的肯定，满意率将近90%，只有不到1%的教师表示不满意。

4. 您对各项课程内容的满意度如何？

（1）培训课程内容设计与编排：

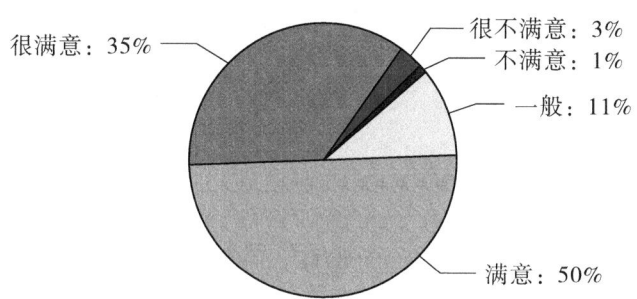

图4 教师对培训课程内容设计与编排的满意度

在培训课程设计与编排方面，满意率为85%，一般为11%，不满意为4%，说明课程设置还有改进的空间。

（2）培训时间、场地安排：

在培训时间、场地安排方面，满意率为85%，一般为11%，不满意率为4%，说明还有改进的空间。

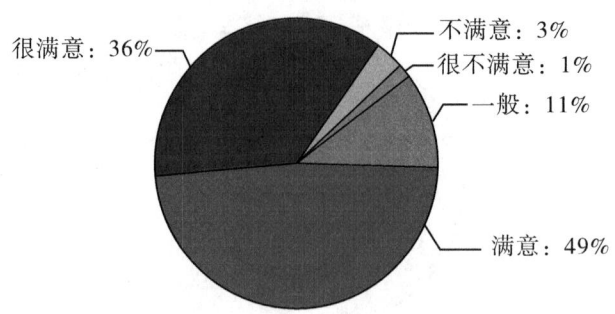

图 5 教师对培训时间、场地安排的满意度

(3) 培训专家/主讲人：

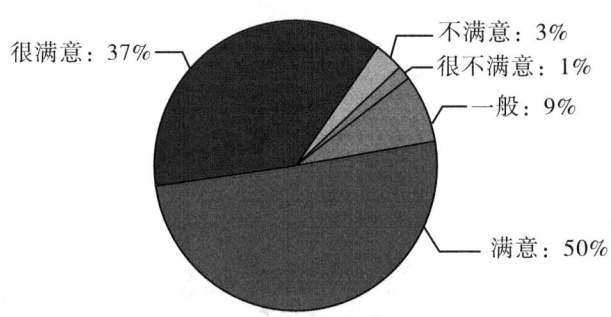

图 6 教师对培训专家/主讲人的满意度

在培训专家/主讲人方面，满意率为87%，一般率为9%，不满意率为3%，说明专家整体水平高，授课受欢迎。

5. 目前开展的继续教育培训课程，您认为哪些培训课程对您帮助最大（多选）？

表 1 教师认为培训课程中对自己有帮助的内容

培训课程	人数	比例/%
课程教学能力培训	3854	87.1
心理健康教育	2965	67
创新性课程教学能力培训	2311	52.2
"三名"工作室培训	867	19.6
高考备考培训	373	8.4
党建思政培训	934	21.1
课题研究能力培训	1776	40.1

从培训课程来看，教师们关注课程与教学，87.1%的教师认为课程教学能力培训对自己帮助大；心理健康教育越来越受到全社会的关注，67%的教师认为心理健康教育对自己的帮助大，说明课程的有效性得到了认可；52.2%的教师对创新性课程教学能力培训感兴趣，今后还要在此方面多开设课程；课题研究是一线教师发展的主要路径，课题研究能力培训有助于提高教师的科研能力，40.1%的教师认为对自己帮助大。而党建思政培训、"三名"工作室培训以及高考备考培训因适应不同的群体，如思政教师、"三名"工作室主持人、高中毕业班教师，如果不是学科教师或高三教师，也不是党建工作者，就不会报读相应课程，也就无法做出相应的评价。因此，对于统计的数据，要客观分析，理性看待。

6. 目前开展的继续教育培训课程，哪些课程对您帮助不太明显（多选）？

表2 教师认为培训课程中对自己帮助不大的内容

培训课程	人数	比例/%
课程教学能力培训	1610	36.4
心理健康教育	1040	23.5
创新性课程教学能力培训	1138	25.7
"三名"工作室培训	1550	35
高考备考培训	1986	44.9
党建思政培训	932	21.1
课题研究能力培训	1177	26.6

这题目的设置与上题有相似之处，指向不同学科、不同学段、不同人群的培训，科学性不强，因为有的培训并非所有老师都要参加，如"三名"工作室、高考备考、党建思政等课程，因此帮助不大乃正常之事。上题关于"课程教学能力培训"，87.1%的教师认为对自己帮助大，而本题又有36.4%的教师认为帮助不大，前后无法印证，从一个侧面反映了问卷的设计还需改进。

7. 您希望增加的培训内容有哪些？

本题为开放式的题目，教师们作答比较积极。参与调查的教师希望增加的课程主要有五类。

一是课程教学类，如新课程的大单元教学设计与实施、跨学科教学、项目化学习等，教师们希望学习教育前沿知识，学习课程设计，提高教材解读能力和教评课能力，上好公开课，做好科组建设，同时在培训中增加优质课堂实录、课堂实践、示范课以及案例分享等环节，以期提高教学能力。教师最为关注学科类教学，在新课程改革的背景下，如何适应学生发展需要组织教学，提高教学水平，成为教师关注的重点，期待能够以课堂实录、课例分析、名师示范等形式，指导教师学课标、用课标，更好地服务学生成长。

二是班主任管理类，如班主任工作的案例分析、学生管理、突发事件处理、团队建设、家园沟通技巧、舆情处理、急救知识等。对于担任班主任的教师来说，希望增加班级管理的课程，助力做好学生管理、家庭教育及各类应急工作。

三是教师发展类，如课题研究能力、教育教学论文写作、成果培育、年轻教师成长、学校教师梯队建设、工作室文化建设、组织教研培训的策略、教师能力大赛系列培训等。调查显示，科研能力、论文写作和成果培育是教师的关注重点，也是教师发展的难点，在研究中发展成为教师们的共识；年轻教师、名师工作室、教师梯队建设和教师能力大赛等，指向教师发展的不同阶段，需求各不一样。教师们希望通过经验介绍、名校参观访问考察等课程，重视以实践为导向，符合教师培训的特性。

四是信息技术类，如科技、信息技术实操、微课、软件应用、多媒体技术与教学融合等课程。随着数字化时代的到来，教师在如何提高信息技术素养这一问题上关注度特别高，表达了积极的学习意愿。

五是综合素养类，如教育时政热点、教师法律法规、劳动保障、劳动仲裁、教师心理健康教育、音乐或电影赏析、教师职业病防治、中医养生知识、摄影、书法、绘画、文史知识、教师礼仪、金融理财等课程。调查中，希望增加对时政热点和法律法规的培训，显示了教师的政治意识和法律意识在增强；希望增加音乐、美术、书法、摄影等课程，显示了教师全面发展的需求，符合全人教育的特点；希望增加教师心理健康课程的呼声比较高，显示了教师在心理健康方面亟待改进，"提高教师的抗压能力""提高教师的幸福感""做好教师职业病防治""学习养生知识"等回答，从另一个侧面反映了当下教师的身心状态，希望引起有关部门的重视。

调查显示，黄埔区教师的培训需求紧扣当前教育教学的热点，呈现多元化，既重视提高专业能力，又注重自身综合素养的提升；既有课题研究、教师发展的期待，又有减轻压力、保持健康的希冀；既要知法懂法，又要学会生活。

从问卷中，我们不难发现，幼儿园教师对培训的需求较大，希望加大对幼儿园教师培训力度，在培训中增加体验式案例式课程、幼儿园游戏案例撰写等，反映了幼儿园教师的心声。

8. 您希望减少的培训内容有哪些？

比较有代表性的意见是"减少一些太抽象、理论性太强的课程""过于理论，缺少实践的培训""形式化的培训内容，没有实用价值的课程，重复性且已经普及的无关教学的培训""非教学类培训""泛泛而谈，与学科关系不大的培训""老旧质量不好的各种培训"。问卷显示，老师们不喜欢纯理论培训，或者理论性过多、实践性不强的课程，希望减少相应的内容。

9. 您对继续教育培训还有其他什么意见？

教师们提出了各种意见，反映比较集中的，如"实用性更强一点，增加一线老师的教学分享，增加案例分析""开展切实、有效、贴身，真真正正为提高老师教学能力的培训""多办互动体验式培训，多关注薄弱地区或学校的教师培训""针对课题研究板块，希望理论与实践相结合，在实践中带动老师进行课题研究"等。此外，调查中还反映了一线教师的心声："线下课程是否可按照距离远近灵活安排？有时往返交通时长4小时，培训1小时，奔波之下，效率低下，影响培训效果。"

本次调查问卷主要从继续教育专项经费的角度设计问题，比较简单，但收集的样本数量多、占比高，可从一个侧面反映黄埔区中小学教师培训的基本情况，有一定的代表性，也为日后改进区域教师培训工作提供参考。

参 考 文 献

专著

[1] 胡惠闵,王建军. 教师专业发展[M]. 上海:华东师范大学出版社,2014.

[2] 叶澜. "新基础教育"论——关于当代中国学校变革的探究与认识[M]. 北京:教育科学出版社,2006.

[3] 庄辉明. 明天的教师:师范生必读[M]. 上海:华东师范大学出版社,2008.

[4] 成尚荣. 做中国立德树人好教师[M]. 上海:华东师范大学出版社,2020.

[5] 曾艳. 教师领导与教师学习:教师专业发展的双重路径及其整合[M]. 上海:上海交通大学出版社,2020.

[6] 陈霞,万立荣,杨兰,等. 化经验为课程——教师培训课程设计50讲[M]. 上海:上海教育出版社,2021.

[7] 唐西胜. 区域研训教现代转型研究与实践[M]. 杭州:浙江大学出版社,2018.

[8] 李冲锋. 教师教学科研指南[M]. 上海:华东师范大学出版社,2012.

[9] 杜尚荣,王笑地. 中小学教师培训模式的改革与创新[M]. 北京:中国社会科学出版社,2020.

[10] 于维涛,杨乐英. 县域教师发展支持体系建设研究[M]. 北京:北京师范大学出版社,2020.

[11] 吴振利. 中小学骨干教师培训理论与实践[M]. 北京:人民出版社,2019.

[12] 余新. 教师培训师专业修炼[M]. 2版. 北京:教育科学出版社,2022.

[13] 陈永明. 教师教育研究[M]. 上海:华东师范大学出版社,2003.

[14] 钟启泉,崔允漷. 核心素养与教学改革[M]. 上海:华东师范大学出版社,2018.

[15] 马尔科姆·S.诺尔斯,等. 成人学习者[M]. 7版. 龚自力,马克力,杨

勤勇，等，译．北京：北京师范大学出版社，2016．

［16］斐迪南·滕尼斯．共同体与社会［M］．林荣远，译．北京：商务印务馆，1999．

［17］杨茜．成为大先生：教师发展论［M］．杭州：浙江大学出版社，2023．

［18］张民选，徐士强．教育的突破：上海优质教育的关键［M］．北京：中国人民大学出版社，2020．

［19］佐藤学．学校的挑战：创建学习共同体［M］．钟启泉，译．上海：华东师范大学出版社，2010．

［20］李更生，吴卫东．教师培训师培训——理念与方法［M］．杭州：浙江大学出版社，2014．

［21］项红专．学校文化建设的理论与实践［M］．杭州：浙江大学出版社，2010．

［22］程红兵．学校文化建设的路径［M］．上海：华东师范大学出版社，2012．

［23］李文萱．推进育人方式变革的区域教学改进研究［M］．上海：华东师范大学出版社，2021．

［24］杜秀芳．教师职业生涯规划与发展［M］．上海：华东师范大学出版社，2014．

［25］李希贵．面向个体的教育［M］．北京：教育科学出版社，2014．

［26］代蕊华．教师专业发展与校本培训［M］．北京：教育科学出版社，2011．

［27］陈玉琨．教育评价学［M］．北京：人民教育出版社，1998．

［28］《教师教育指导全书》课题组．教师教育指导全书［M］．北京：人民日报出版社，2004．

［29］沈毅，崔允漷．课堂观察：走向专业的听评课［M］．上海：华东师范大学出版社，2008．

［30］联合国教科文组织．反思教育：向"全球共同利益"的理念转变？［M］．联合国教科文组织总部中文科，译．北京：教育科学出版社，2015．

［31］朱永新．未来学校：重新定义教育［M］．北京：中信出版社，2019．

［32］饶从满，杨秀玉，邓涛．教师专业发展［M］．长春：东北师范大学出版社，2005．

［33］金忠明，林炊利．教师，走出职业倦怠的误区［M］．上海：华东师范大学出版社，2011．

［34］郑金洲．教育文化学［M］．北京：人民教育出版社，2000．

［35］联合国教科文组织国际教育发展委员会．学会生存——教育世界的今天和明天［M］．华东师范大学比较教育研究所，译．北京：教育科学出版社，1996．

［36］教育部师范司．教师专业化的理论与实践［M］．北京：人民教育出版社，2001．

报纸期刊

［1］朱旭东，赵英．为建设教育强国提供"第一资源"．中国教育报［N］．2019-11-21．

［2］李源田，王正青．"四阶段"教师培训模式设计与实践——以重庆市组织实施"国培计划"为例［J］．中国教育学刊，2012（1）：71．

［3］陈纯槿．国际比较视域下的教师教学效能感——基于TALSI调查数据的实证研究［J］．全球教育展望，2017，46（4）：12．

［4］陈向明，王志明．义务教育阶段教师培训调查：现状、问题与建议［J］．开放教育研究，2013，19（4）：11-19．

［5］钟启泉．教师研修的挑战［N］．光明日报，2013-05-13．

［6］张立迁．构建适应新发展格局的终身学习体系［N］．中国教育报，2020-12-09．

［7］郭勤学．青年教师群体如何快速提升［J］．人民教育，2019（1）：41，43．

［8］徐伯钧．我国地方教师发展机构建设研究［J］．中国教育学，2020（6）：60．

［9］李更生，刘力．走进教育现场：基于研修共同体的教师培训新模式［J］．教育发展研究，2012，32（8）：76-80．

［10］杨彦军，童慧．基于课例研究的教师知识协同建构模型及其实践效果研究［J］．电化教育研究，2015，36（12）：103-108．

［11］赵瑞情，范国睿．实践智慧与教师专业发展［J］．教育导刊，2006（7）：7-9．

［12］吴熙龙．区域性教研工作转型发展的实践与思考［J］．中国民族教育，2017（6）：39-40．

[13] 卢乃柱，陈峥. 赋权予教师：教师专业发展中的教师领导［J］. 教师教育研究，2007（4）：4-5.

[14] 严纯华. 浅谈教学与科研的关系［N］. 光明日报，2020-09-10（16）.

[15] 黄佑生. 基于主题引领的名师工作室运行策略研究［J］. 中小学管理，2023（8）：17-20.

[16] 王长平，吴文哲. 把握五个关键 培养卓越教师［J］. 教育研究，2022（4）：142.

[17] 林忠玲. 如何成为专家型教师？教师成长有哪些关键因素？［N］. 中国教师报，2022-11-11.

[18] 赵明仁. 面向教育现代化的教师领导力及提升路径［J］. 山西大学学报（哲学社会科学版），2023（7）：111-113.

[19] 王崧舟. 特级教师是这样炼成的［J］. 中小学管理，2021（4）：33-35.

[20] 熊焰. 试论教师专业化与校本培训［J］. 课程·教材·教法，2002（7）：49-52.

[21] 苏虹. 发展性教师的教育解读［J］. 教育探索，2004（12）：111-113.

[22] 王洁，宁波. 什么因素在影响着教师的专业发展［J］. 中小学教育，2019（9）：31-34.

[23] 武晓燕. 先生归来——教师职业信仰与"171号站台"的故事［J］. 人民教育，2017（Z3）：64-67.

[24] 袁国彬. 如何实现教师集体的不断优化［J］. 人民教育，2015（6）：69-72.

[25] 钱家荣. "INTEL未来教育"对教师培训的启示［J］. 外国中小学教育，2002（5）：10-11.

[26] 张民选. 基础教育评价改革的六大趋势［N］. 中国教师报，2023-02-16.

[27] 朱旭东. 论教师专业发展的理论模型建构［J］. 教育研究，2014（6）：81-90.

[28] 王鉴，王子君. 新时代教师评价改革：从破"五唯"到立"四有"［J］. 中国教育学刊，2021（6）：88-94.

[29] 李和平. 优化中小学教师评价机制［N］. 人民政协报，2021-03-18.

[30] 窦桂梅. 彼此成就：学校管理的第一哲学——窦桂梅的管理之道［J］. 人民

教育，2019（17）：44-48.

[31] 李刚，李慧婷. 回归立德树人：基础教育教师评价改革的回顾与前瞻[N]. 中国教师，2021-01-14.

[32] 崔允漷. 学科实践：学科育人方式变革的新方向[J]. 人民教育，2022（9）：30-32.

[33] 周文叶. 试论"学为中心"的教师评价框架[J]. 教育研究，2021，42（7）：150-159.

[34] 申继亮，孙炳海. 教师评价内容体系之重建[J]. 华东师范大学学报（教育科学版），2008，26（2）：38-43.

[35] 任春荣. 提升教师评价素养，发挥教学评价促进作用[J]. 人民教育，2023（21）：60-63.

[36] 季洪旭. 让评价成为教师专业发展的"发动机"[J]. 上海教育，2021（Z1）：42.

[37] 曹培杰，王阿习. 新一代数字技术何以赋能教育评价改革[J]. 人民教育，2023（20）：30-34.

[38] 杨宗凯. 利用信息技术促进教育教学评价改革创新[J]. 人民教育，2020（21）：30-32.

[39] 孟照海. 推进新时代教育评价改革难在哪里[J]. 人民教育，2023（20）：16-17.

[40] 徐伯钧. 教科研训一体化：县域教师发展中心的功能融合[J]. 教育理论与实践，2015（11）：31-33.

[41] 徐伯钧. 县级教师发展机构研训员自我效能感提升策略[J]. 江苏教育，2021（40）：25-30.

[42] 罗滨. 面向未来的区域教师学习中心建设[J]. 中国教师，2015（22）：81-88.

[43] 周世祥. 教师如何用好课堂上的信息化"神器"[N]. 光明日报，2021-01-12.

[44] 余慧娟，赖配根. 尊重教育规律才是科学发展[J]. 人民教育，2016（5）：14-19.

[45] 叶澜. 新世纪教师专业素养初探［J］. 教育研究实验, 1998（1）: 41-46, 72.

[46] 汤贞敏, 张林静, 曾令鹏. 新时代基础教育教研体系建设研究——基于广东基础教育教研现状［J］. 教育导刊, 2021（2）: 5-11.

[47] 张茂聪. 中小学教师培训中的矛盾冲突及体系构建［J］. 当代教育科学, 2012（13）: 25-29.

[48] 赵凌云, 胡中波. 数字化: 为智能时代教师队伍建设赋能［J］. 教育研究, 2022, 43（4）: 151-155.

[49] 韩春茂. 强化竞争激励机制 提高教师队伍整体素质［J］. 天津电大学报, 2004（2）: 45-47.

[50] 胡洪强, 刘丽书, 陈旭远. 中小学教师职业倦怠现状及影响因素的研究［J］. 东北师大学报（哲学社会科学版）, 2015（3）: 233-237.

[51] 魏文琦, 龙建. 5年投入25亿元, 为"创强争先建高地"提供人才保障［J］. 广东教育, 2014（1）: 18.

[52] 中华人民共和国教育部. 三至五年我国县域校长教师交流成常态［N］. 中国教育报, 2014-09-03.

[53] 刘径言. 对教师培训课程设计的思考［J］. 东北师范大学学报（哲学社会科学版）, 2013（6）: 210-213.

[54] 吴春. 重视教师培训中的"隐性课程"［J］. 教学月刊·中学版（教学管理）, 2014（10）: 39-40.

[55] 刘淑兰. 论教师的社会性不足及其补救［J］. 教师教育研究, 2007（6）: 19-23.

[56] 朱广清. 教师培训: 向上提升还是向下沉沦——对当下教师培训的省思［J］. 教育科学研究, 2015（4）: 64-68.

[57] 刘赣洪, 杨敏. 隐匿在互动交流中的教师培训真实需求发掘［J］. 中小学教师培训, 2018（5）: 8.

[58] 程明春. "乡村教师访名校"项目审思——基于社会公正视角［J］. 中小学教师培训, 2018（1）: 19-21.

[59] 王净华,吴光辉. 书院文化的现代意义与当代书院教育的构建[J]. 东南学术,2018(5):222-228.

[60] 范玉刚. 书院的文化传承及精神蕴蓄[J/OL].(2018-11-23). https://theory.gmw.cn/2018-11/23/content_32030360.htm.

[61] 袁斐. 探索我国古代书院起源及文化发展[J/OL].(2023-03-28). http://ent.cnr.cn/zx/20181204/t20181204_524439320.shtml.

[62] 国家教育督导团. 关于对河北等10省（自治区、直辖市）实施"中小学教师继续教育工程"督导检查情况公报[N]. 中国教育报,2002-03-16(3).

[63] 杨捷,吴璐珂. 国际视域下的教师培养政策及其发展走向[J]. 比较教育研究,2014,36(10):37-42.

后 记

教师的发展受到诸多因素影响，其中起决定性作用的是教师自身的意愿、努力和策略。

最近十余年，我一直从事区域教师发展工作，从教师进修学校到教师发展中心，从教师管理服务中心、教育研究院到教育评估和教师服务中心，对教师培养、培训、管理、评价等工作颇有体会。这些年，我曾多次参加国家级、省市级的教师培训项目，也组织了一些区级教师培训活动；这些年，学习一直在路上，实践一直在进行；这些年，我一直关注教师的发展，有思考、有感悟、有收获，也就有了写作的动力。回望这些年，领导的关心、专家的指导、同事的信任、亲友的陪伴，让我心存感激，笃行不怠。

本书的出版，凝聚了集体的智慧，得到了广州市教育研究院东部分院院长、黄埔区教育研究院院长李碧武的支持，得力于陈镔、雷旭、梁肇栋、李志刚、庄雪梅、方兴军、周宇轩、杨振兴、唐逢春、钱海燕等诸位同事的帮助，以及全体人员的共同努力。在此表示诚挚的谢意！

感谢我的导师——广州市教育名家李赤先生的谆谆教诲，多年来一直激励我前行，并为本书的出版提供精准的指引；感谢广州市教育研究院李广超博士的热情相助，给予我极大的鼓励和专业的指导；感谢华南理工大学出版社庄严老师、梁玉琪老师耐心细致的指点，使本书得以出版。

"吾生也有涯，而知也无涯。"在教育的天地里，我思故我在，我手写我心，我愿意且学，且思，且行……

张丽璇

2024 年 3 月